SOUVENIRS DES AUTRES

ÉDITIONS GEORGES CRÈS ET Cie

Louis MÉNARD. — *Rêveries d'un Païen mystique,*
édition définitive, augmentée de lettres et de pièces
inédites, et précédées d'une étude sur l'auteur,
par Rioux de Maillou. Un volume in-16 illustré
de deux gravures dont un portrait de Louis
Ménard. . . . . **3 fr. 50**

P. RIOUX DE MAILLOU

Souvenirs des Autres

PRÉFACE DE GUSTAVE GEFFROY

de l'Académie Goncourt

PARIS

ÉDITIONS GEORGES CRÈS & Cie

116, BOULEVARD SAINT-GERMAIN

MCMXVII

IL A ÉTÉ TIRÉ :

1 EXEMPLAIRE VIEUX JAPON A LA FORME, HORS COMMERCE. NUMÉROTÉ 1.

5 EXEMPLAIRES JAPON (DONT 2 HORS COMMERCE), NUMÉROTÉS DE 2 A 4 ET 5 ET 6.

10 EXEMPLAIRES VERGÉ D'ARCHES (DONT 1 HORS COMMERCE), NUMÉROTÉS DE 7 A 15 ET 16.

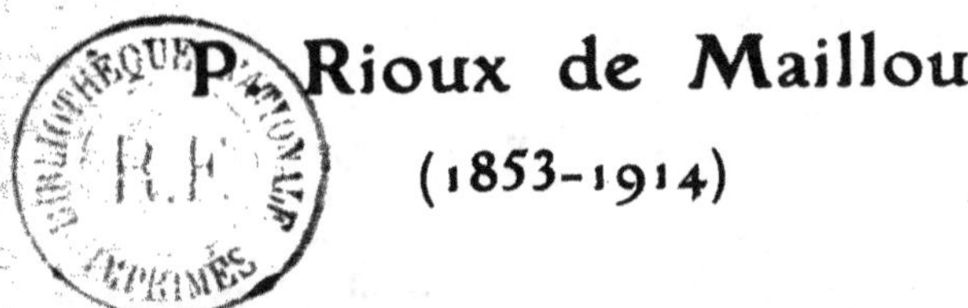

P. Rioux de Maillou

(1853-1914)

Mon ami P. Rioux de Maillou est mort à Villers-le-Sec, près Vesoul, le 20 juin 1914. Il était né à San-Francisco le 15 avril 1853. Quel trajet avait donc suivi son existence pour s'en venir des pays d'Amérique jusqu'au village français où il vécut ses derniers étés ? Son père était de la Charente, sa mère, de l'Auvergne. Je les ai connus tous deux avec lui, alors qu'ils avaient terminé leur temps de voyage et de travail, et qu'après un assez long repos à Tarbes, ils étaient revenus à Paris où ils avaient déjà séjourné.

Pedro, son prénom de Pierre ainsi marqué du hasard de sa naissance à San-Francisco, Pedro Rioux de Maillou avait précédé ici de quelques mois le retour de ses parents, et c'est en 1873 exactement, que je le rencontrai, vivant de sa vie de jeune homme de vingt ans dans une chambre de la rue des Martyrs.

Cette vie qu'il arborait joyeuse, parlante, riante, était aussi sérieuse. Il avait l'amour de l'étude et des livres qu'il a gardé toujours. Il disposait de tout son temps, et il se donna, à grand renfort de bouquins, la solide éducation de sciences historiques qu'il continua jusqu'à sa fin. Il était un peu mon aîné, et je fus tout de suite en sympathie avec ce brillant garçon plein de lectures, débordant de paroles, dont la faconde atteignait facilement l'éloquence, et dont l'esprit, si vivement animé, recélait d'infinies délicatesses de cœur.

A cette époque, et pendant les années qui suivirent, Rioux de Maillou semblait, à tous ceux qui le fréquentaient, destiné à la politique. En 1873, au lendemain de la guerre, du siège de Paris, de la Commune, pendant la période de réaction qui eut ses deux dates d'offensives le 24 mai 1873 et le 16 mai 1877, la politique occupait fort les jeunes gens, et ils se passionnaient pour tout ce que leur révélaient les articles de journaux, les débats du Parlement, les campagnes oratoires menées à travers la France par Gambetta et ses lieutenants. La mort et l'enterrement du père Thiers après sa lutte contre la Droite, son remplacement par Mac-

Mahon, l'essai de coup d'Etat, la sortie et la rentrée des 363, la soumission du maréchal à la volonté de la France, tous ces événements que la guerre de 1914 a reculés dans le lointain d'un autre siècle, étaient de haute importance pour la formation de la France d'alors. La génération de politiques et de littéraires qui les a vécus dans l'action et le spectacle en a subi l'empreinte, mais notre mélancolie n'a pas brisé notre enthousiasme : les feuilles de l'automne qui jaunissent et qui tombent ne détruisent pas les souvenirs et les espoirs des printemps et des étés passés.

Cette perpétuation de la vie, Rioux de Maillou en avait gardé le sentiment en lui, et ses compagnons le garderont aussi, je l'espère, malgré l'horreur nouvelle qui s'est abattue en orage sur la France et le monde. A le voir, de 1873 à 1878, si vivant, si enflammé d'idées, si ardent de paroles, si prompt à la riposte, oui, nous le croyions destiné à un avenir tout proche de polémique et de tribune. Et lui, le croyait aussi, semblait se préparer comme un jeune lutteur à l'entrée de l'arène.

Il était superbe alors d'ardeur généreuse, et plaisant au possible par son allure et ses manières, grand, les cheveux blonds, les yeux bleus sous le binocle, le front bien construit, le nez court bien dessiné, une fine moustache au-dessus de ses lèvres rieuses, car il riait presque toujours, quittant l'idée pour le paradoxe, affectant le scepticisme de la jeunesse, et néanmoins avec un fonds sérieux d'étudiant qui peut devenir un maître.

Il était ainsi rue des Martyrs, et bientôt rue Magnan, près la place du Château-d'Eau, qui devaient se changer en rue Beaurepaire et en place de la République.

Il habitait avec un pyrénéen de ses amis, le musicien Jacques Roques, — Santiago comme il était, lui, Pedro, — et nous en avons passé, là, des fins de journées, et des soirées, et des nuits de réveillon sans que ce fut pour cela toujours Noël, avec de la musique au piano, des danses, des chants, des vers, des discussions, des désirs de révolution et d'art.

Roques amenait du Conservatoire, où il faisait ses classes, des amis, barytons et ténors, dont les noms ont depuis, illuminé de clartés d'étoiles les ciels de toile peinte de l'Opéra et de l'Opéra-Comique : Dereims, Lorrain, Couturier, Stéphane, Furst, Max Bouvet, Sellier, etc. Santiago Roques se souvient de tout cela sans doute, et Max Bouvet, et Victor Focillon, et Charles de Villedeuil, et Lucien Dautrey, et ils se souviennent aussi des disparus, et des femmes certainement charmantes qui apparaissaient dans ce club, à travers les paroles, les chants, les flammes de punch. Berthe, Elisabeth, Fanny, Mélanie, et d'autres, qu'êtes-vous devenues, vous qui chantiez « à voix de sirènes » comme les dames du temps jadis de la ballade de Villon ?

Ce fut ensuite pour Rioux de Maillou un autre décor, le décor familial installé sur la rive gauche, boulevard Saint-Michel, en face le Luxembourg, à l'endroit où la vie du quartier latin s'apaise pour faire place à une belle avenue provinciale de grande ville. Plus de dissipation, mais la vie plaisante d'un intérieur bourgeois où toutes les libertés de pensée et de parole continuaient, avec plus de tenue, dans la compagnie bienveillante de M. de Maillou, beau vieillard blanc de cheveux et de barbe, très animé, très discuteur, comme son fils, et sous la tutelle infiniment bonne et aimable de la maîtresse de la maison, Mme de Maillou, créature d'élite d'une bonté rare, qui accueillit les amis de son fils comme ses fils, et dont le souvenir reste ineffaçable chez ceux qui survivent à ces jours d'autrefois. C'est une des ombres choisies qui continuent d'accompagner ceux qui sont encore sur le chemin de la vie. Je revois toujours la chère femme au sourire fin et indulgent, ses yeux noirs riants sous ses bandeaux noirs à peine tramés de quelques fils d'argent. L'âge n'avait guère marqué son visage, mais elle devait aider d'une canne son corps fatigué, et elle savait garder grande mine lorsqu'elle venait au-devant d'un visiteur pour l'accueil et qu'elle le reconduisait pour le départ. Souvent, le dimanche, elle invitait à dîner ceux qui étaient venus prendre Pedro pour aller tourner autour de la musique du Luxembourg, ou pour aller écouter les doctes paroles de Louis Ménard, cousin des Maillou, dans son logis de la place de la Sorbonne.

A distance, ces après-midi m'apparaissent splendides, et elles l'étaient en effet, avec leurs scènes alternées : le beau paysage du jardin aux grands arbres, aux harmonieux parterres, où retentissaient les cuivres parmi l'assemblée des jeunes gens, étudiants élégants, artistes aux longs cheveux, femmes en robes claires, enfants rieurs; puis la demeure de Louis Ménard, toute poussiéreuse, encombrée de toiles et de bouquins, où l'auteur du *Prologue d'une révolution* (juin 1848), de la *Morale avant les philosophes*, du *Polythéisme hellénique*, évoquait la vie héroïque de la cité grecque, dégageait la signification des religions, faisait l'apologie de la révolte, de 1848 à 1871, et la critique acerbe de la politique contemporaine, menée par une bourgeoisie égoïste, oublieuse de ses origines...

C'était un personnage fort extraordinaire que Louis Ménard, figure sans âge au vaste front bombé, aux yeux bleus et clairs, aux longs et rares cheveux gris bouclés, tel que l'a représenté d'une façon si exacte, si vivante, son neveu René Ménard, par le portrait qui est au musée du Luxembourg.

Discoureur infatigable sur les quelques idées qui lui étaient chères, dernier prêtre d'Apollon célébré par Théophile Gautier dans son Rapport sur la poésie française en 1867, tout chétif, tout malingre qu'il était, le col toujours enveloppé d'une pauvre fourrure, des mitaines aux mains, et sur la tête un vieux chapeau de paille que nous comparions irrévérencieusement à un sac de figues, il était si enflammé, si éloquent, qu'il évoquait, en un langage éclairé par le soleil de l'Attique, les temples de marbre dressés sur les promontoires, les statues harmonieuses des dieux et des déesses, des héros et des athlètes, des nymphes et des amazones.

Ses livres sont impeccables de forme, chaque

page comme moulée sur le relief d'une métope du Parthénon.

Les vers dont il a publié un mince volume et dont il a parsemé les étincelantes et passionnées *Rêveries d'un païen mystique*, achèvent sa physionomie de littérateur qui n'a reçu que la lueur mélancolique d'un rayon de gloire posthume, mais qui gardera un reflet de cette gloire que Balzac a si magnifiquement et si funèbrement nommée le soleil des morts.

Tel quel, méconnu, obscur, devant pourtant connaître, tout à fait sur le tard de sa vie, l'honneur d'une chaire à l'Hôtel de ville pour y enseigner une histoire de l'art, il eut une influence sur la formation de l'esprit de Pedro et de ses jeunes amis, tant par ses écrits savants, ses théories et ses précisions, que par sa conversation familière se plaisant à nos questions, et nous commentant, au cours de longues promenades par les galeries du Louvre, les œuvres de la statuaire antique.

Avec Louis Ménard, nous connûmes son frère René Ménard, souvent son collaborateur, peintre comme lui, écrivain comme lui, mais davantage vulgarisateur, auteur de la *Vie privée des Anciens*, de l'*Histoire populaire des Beaux-Arts*, de la *Géographie artistique*, etc., rédacteur en chef de la *Gazette des Beaux-Arts*, excellent homme qui nous accueillait, rue des Feuillantines, dans son logis aussi chargé de bouquins et de toiles que celui de son frère.

Nous avons fait là quelques bonnes parties avec le jeune René Ménard, peintre célèbre aujourd'hui, alors un gros garçon joufflu, tout gaieté et tout mouvement, qui s'en venait avec nous à la musique du Luxembourg, où sa turbulence rompait fort à propos nos dissertations et nos discussions.

Nous n'étions pourtant pas sans cesse dehors, et nous avons passé bien des après-midi, enfermés dans la chambre de Pedro, dont la fenêtre donnait sur les jardins des Sourds-Muets, dominés par un orme gigantesque : là, Pedro, Léon Dhénin et moi, nous avons perpétré un drame historique : Le *Sorcier*, inspiré de nos lectures de Michelet, et qui fut bel et bien lu par nous, devant le directeur du « Grand théâtre parisien de la rue de Lyon », Benezit, ami de Louis Ménard, lequel poussa la complaisance jusqu'à assister à la lecture.

La pièce fut reçue d'emblée, mais le théâtre fit faillite avant sa représentation, et nous renonçâmes à l'art dramatique pour nous consacrer au journalisme.

Pour être sûrs de pouvoir écrire à notre guise dans des journaux, nous ne trouvâmes rien de mieux que de les fonder nous-mêmes. C'est ainsi que naquirent *Fantasio* et *Paris-Revue*, alimentés par nos cotisations mensuelles et celles de nos amis. Les réunions de cette société d'actionnaires à cinq francs par mois avaient lieu dans un café de la rue Saint-Antoine, à l'enseigne de Charlemagne, où nous mena le graveur Victor Focillon.

Notre ami Rioux de Maillou put alors déployer toute son éloquence, souvent juché sur la table ou le billard, mais il passa subitement à d'autres exercices, sous l'influence de ses cousins, devint secrétaire de rédaction de l'*Art*, où Eugène Véron était rédacteur en chef, et où il me fit débuter par une étude sur la vie et l'œuvre de Moïse Valentin, De là, il eut une influence sur une librairie d'enseignement laïque, qui lui demanda un *Voyage dans l'Afrique australe*, où il n'avait jamais mis les pieds. J'eus la chance d'un *Bernard Palissy*, que je pouvais au moins étudier par les plats et les figurines rustiques du Louvre.

Puis, il arriva ce qui arrive toujours aux amis les plus intimes, aux groupes les mieux unis, la vie sépara ce qui semblait inséparable, les chemins bifurquèrent. Personne ne choisit sa voie, mais on s'aperçoit tout à coup que l'on est déjà loin les uns des autres, et qu'il faut un effort pour se réunir alors que pendant des années on se voyait sans cesse. Louis Ménard épousa sa cousine, Marie de Maillou, sœur de Pedro. M. de Maillou père mourut. Pedro resta avec sa mère, et tous deux s'en furent habiter Montrouge. Il y avait pour lui nécessité d'un travail assidu, il entra comme secrétaire à la librairie Quantin, pendant que j'entrais dans des journaux qui ne se fabriquaient plus au café Charlemagne et qui me prenaient mes journées, mes soirées, et même une partie de mes nuits.

Les réunions s'espacèrent, sans jamais cesser, Mme de Maillou vieillie et inquiète, mais toujours charmante et accueillante aux amis de son fils, Pedro, toujours ardent, mais soucieux, ayant perdu la belle désinvolture de sa jeunesse, se ruant à l'étude, aux lectures, et à la production littéraire qui fut, de ce moment, très abondante chez lui.

Je connus plus tard la raison de cette inquiétude et de ce souci : presque tout l'avoir de la famille perdu dans de malheureux placements, et Pedro voulant éviter à sa mère la triste vérité, lui servant en rentes diminuées les morceaux du capital conservé.

Mme de Maillou mourut, pleurée de tous,

laissant son fils fatigué, malade, la vue singulièrement affaiblie. Il devait connaître presque la cécité. Quelle tristesse pour cet être vivant, aimant la vie, qui avait trouvé la consolation de bien des déceptions dans les livres ! Est-ce que ce monde de l'imprimé, si merveilleux, qui ne console pas de tout, comme l'a dit Montesquieu, mais qui aide à supporter beaucoup, est-ce que ce domaine chimérique, où l'on peut entrer en ouvrant un livre, et qui est comme un double rêvé de la vie, que dis-je, une multiplication infinie de la vie, est-ce que ce pays des réalités et des songes allait être à jamais fermé pour le malheureux garçon ?

Il ne faut plus le plaindre, il ne l'aurait pas voulu. Il avait rencontré, au moment du deuil, de la déception, et de l'incertitude, un être rare qui eut la volonté de se consacrer à lui. Celle qu'il épousa, et qui porte aujourd'hui son deuil, et le deuil de l'enfant qui avait scellé leur existence, si elle ne remplaça pas tout pour lui, elle l'aida à tout accepter parce qu'elle était auprès de lui et qu'elle rendit la vie possible à l'être désemparé et tâtonnant qu'il était devenu. Antigone est à jamais célèbre, parée de la grâce héroïque de la poésie.

Combien y a-t-il d'Antigones inconnues, de femmes humbles et splendides, qui voient pour ceux qui ne voient plus, qui guident les pas de ceux qui ne peuvent plus marcher, qui parlent à l'esprit et au cœur condamnés sans elles, à vivre dans la solitude et le silence.

Mme de Maillou fut de celles-là. Rioux de Maillou passa désormais à son bras, guidé par sa vigilance, à travers ces rues de Paris que sa désinvolture de jeune homme avait si fièrement parcourues.

Avec elle, il fut le promeneur des jardins et des quais, où tous les habitués se souviennent de son visage grave à barbe blanche, aux yeux masqués par de larges verres noirs, et de sa parole qui n'avait rien perdu de son charme rieur et de sa vivacité.

C'est là, sur les quais, qu'il rencontra Georges Crès, qui devint son ami de tous les jours, et qui est aujourd'hui fidèlement son éditeur comme je suis son préfacier. Les quais, c'était la distraction, la chasse aux vieux livres. Sitôt la rentrée, au modeste logis du quartier de Vaugirard, c'était le travail, la lecture infatigablement faite par sa compagne de tout ce qu'exigeait la curiosité inlassable de Pedro : philosophie, sciences, histoire, critique, roman, théâtre, poésie, puis la dictée, lorsqu'il n'écrivait pas lui-même de sa nerveuse écriture montante et descendante, qu'il voyait à peine, qu'un jour il ne vit plus. Parfois, la venue d'un ami tel que Georges Crès, ou son autre intime, l'excellent et fin docteur Krohn. C'est chez lui, entouré des images de Michelet, Proudhon, Balzac, Renan, chez lui, au milieu de ses bouquins, que son petit cousin René Ménard l'a représenté, par le beau portrait reproduit en tête de ce livre, et qui sera un jour l'ornement d'un musée parisien.

C'est ainsi que ceux qui l'ont connu sur le tard de sa vie revoient Rioux de Maillou, chez lui, au dehors, ou chez eux, car maintenant qu'il avait trouvé son guide, il prit l'habitude de venir vers ceux qui survivaient des compagnons de sa jeunesse. Pendant ses dernières années, j'ai eu sa visite presque toutes les semaines, et si j'ai été touché de son affection profonde aux jours cruels de deuil où je l'ai eu auprès de moi, j'ai été émerveillé, comme aux jours d'autrefois, de ses magnifiques facultés d'investigation, d'assimilation, de son fond solide de connaissances acquises sans cesse et qui se révélaient à tout instant à travers ses paroles d'improvisation. L'âge avait pu fatiguer son corps, il avait laissé son esprit intact.

Quelle œuvre a-t-il laissée? demandera le lecteur qui lira cette notice en attendant la révélation prouvée de celui, presque inconnu, présenté ici comme un grand esprit. Hélas ! il n'a rien laissé et il a laissé beaucoup. Peu de publié, beaucoup d'inédit. Il laisse des articles de l'*Art*, un roman de caractères et de passion : *Mirages*, publié en 1887, à la librairie Quantin ; deux autres romans : l'*Engrenage ; Vaincre ;* publiés en feuilletons dans la *Justice*, où il écrivit aussi nombre d'articles, de 1893 à 1897 ; un autre encore : *Peur du bagne*, publié par l'*Aurore*, ces trois romans conçus en vivantes études sociales.

Et il laisse le reste.

Ce reste, c'est à quoi il faisait allusion lorsqu'on lui posait la question usuelle, entre gens de lettres, lui demandant à quoi il travaillait : « J'écris, j'entasse, de tout, des vers, des comédies, des romans, mes mémoires... On verra plus tard... »

C'est vrai qu'il travaillait. Mme de Maillou nous a montré, à Crès et à moi, quarante, cinquante volumes, peut-être ? Manuscrits enveloppés et ficelés avec des étiquettes : l'Histoire d'une famille à travers le xixe siècle, où chaque moment social est étudié; des Souvenirs de jeunesse et d'âge mûr ; des Rêveries philosophiques ; des Poésies... On peut dire que Rioux de Maillou a sans cesse pensé et formulé sa pensée. Crès avait déjà accepté, quelque temps avant la mort de notre ami, un volume parmi tous ces volumes, et c'est celui-ci, avec le témoignage d'un ami de la première heure.

On y trouvera ce que Rioux de Maillou appelait les « Souvenirs des autres », ce qu'il avait retenu de ses fréquentations de Louis Ménard, Leconte de Lisle, Chenavard, Théodore de Banville, Dumas fils, ce qu'il avait recueilli pour les disparus, Hugo, Lamartine, Gérard de Nerval, Baudelaire, Théophile Gautier... Je crois que l'on goûtera la notation directe de ces choses vues et entendues, et j'espère que cette publication aura une suite avant le dépôt par Mme de Maillou de l'œuvre de son mari dans une bibliothèque publique.

Je demande maintenant aux chercheurs qui nous suivront de ne pas dédaigner cette bibliothèque ainsi léguée à l'avenir : elle enferme et garde une noble intelligence, qui n'avait pas d'illusion sur la publicité et le succès, et qui mérite de survivre.

J'ouvre un de ses manuscrits, celui de ses Poésies, j'y trouve des paysages, des méditations philosophiques, des badinages spirituels,

et enfin le sonnet qui est un douloureux et
fier résumé d'une existence à l'écart :

PAYÉ

J'ai mis tant que j'ai pu du rêve dans ma vie.
Dois-je le regretter ? Cela fut-il un tort ?
N'aurais-je pas mieux fait, au prix de quelque effort,
De tenter le succès par la route suivie ?

J'ai dédaigné ma place à la table servie
Où tant d'autres, assis, se souhaitaient au port.
Je n'ai jamais voulu ma pensée asservie :
Ce qui leur semblait vie, à moi me semblait mort.

Je suis vieux, et mes jours approchent de leur terme ;
Eh bien ! je suis payé d'être demeuré ferme,
Je le déclare ici comme en un testament.

J'eus mille fois raison de vivre ma pensée,
De la poursuivre en moi par le songe bercée,
Le rêve vaut le vrai quand tout le reste ment.

26 août 1913.

Rioux de Maillou avait raison de donner à
cette page la signification d'un testament. Il
mourut moins d'une année après, un peu avant

les affres de la guerre, le 20 juin 1914, dans le village des parents de sa femme où il passait ses étés. Sa mort fut subite. La dernière fois que je le vis et que je le reconduisis, rien dans sa démarche, dans sa parole, ne trahissait la lassitude et sa fin prochaine. Nous nous dîmes au revoir, non adieu, comme chaque année. Quelques semaines après, il n'était plus. Son corps fut ramené, incinéré au Père-Lachaise. Son esprit s'en alla en flamme et en fumée. Cette fois, c'était l'adieu.

Gustave **GEFFROY**.

1

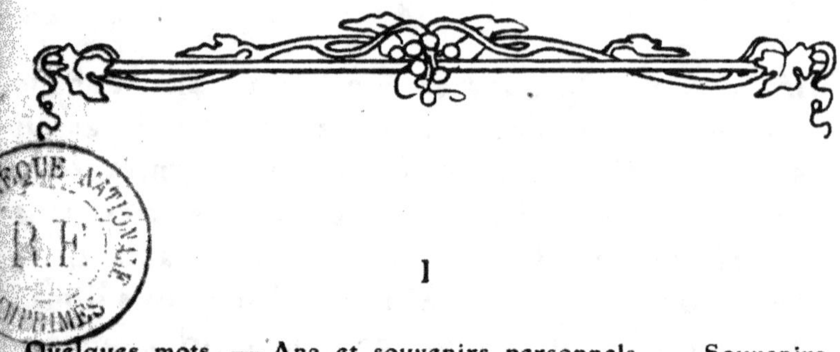

Quelques mots. — Ana et souvenirs personnels. — Souvenirs d'autrui. — Excusez les fautes du copiste. — L'appartement de la rue Notre-Dame-des-Champs vers la fin de la Restauration. — Victor. — Les invités. — Louis Boulanger, Antony et Emile Deschamps, Charles Nodier, Chenavard, Sainte-Beuve. — Une simple chandelle. — La lecture d'*Hernani*. — Le professeur de Victor Hugo. — La ficelle. — On étouffe. — Débandade. — Le cor! le cor! — Reprise. — Ciel de poète. — Anniversaire.

Quelques mots.

Il ne faut pas demander à ces *Souvenirs* plus qu'ils ne promettent, surtout plus qu'ils ne sauraient tenir.

Ce qu'ils sont? Un peu plus qu'un ana, à cause des anecdotes et des mises en scènes dialoguées qui les composent dix-neuf fois sur vingt; mais beaucoup moins que des souvenirs tout personnels pouvant être revécus en esprit.

Je ne joue ici qu'à peu près un rôle d'écho. Les trois quarts du temps, je n'ai qu'entendu raconter et reprends de mon mieux à mon compte.

Certains souvenirs sont miens, on le verra; mais cela est relativement rare. Presque tous doivent être dits d'autrui.

On est en droit de me demander de bonnes oreilles, mais guère plus.

Mes goûts et la direction de ma vie m'ont mêlé à un certain nombre de milieux littéraires ou artistiques. Là, j'ai vu, surtout, je le répète, entendu : on jugera si j'ai bien retenu.

Parfois, je donne les noms des hommes connus de qui je tiens mes anecdotes, par exemple, de Chenavard, Louis Ménard, Leconte de Lisle, Théodore de Banville, etc. C'est que j'ai été autorisé à le faire. Le plus souvent je garde l'anonyme aux narrateurs parce qu'ils ont désiré être confondus avec le monsieur tout le monde dont on a écrit qu'il *avait plus d'esprit que Voltaire*, ce que je n'ose espérer que leur apport dans ce recueil de faits et traits puisse vérifier, à cause de ma traduction obligée.

Et maintenant, comme écrivaient en terminant les anciens copieurs de manuscrits, *excusez les fautes du copiste*. Qu'on excuse également les fautes de transposition quand il y a transposition.

Cette sorte de *post-scriptum* est nécessaire, ces souvenirs le plus souvent par ricochet, parfois de première, d'autres fois de seconde ou troisième main, ayant encore eu à se couler forcément dans le moule de mon cerveau pour prendre corps.

Le défaut d'une production, ou, si l'on préfère, reproduction de ce genre, c'est qu'elle ne peut qu'aller à la diable. La succession sans grande liaison des choses rapportées s'y montre un peu comme dans un kaléidoscope : une heureuse combinaison de formes et de couleurs enfantant image culbute subitement sous un heurt de doigt, et il y a une seconde de chaos avant qu'une autre succède. Un plus habile que moi eut peut-être ménagé des transitions, remplacé le simple coup de pouce par un coup de baguette de magicien. « Paraissez !... disparaissez !... » comme dans *Rothomago*, et l'effet est d'un *nullement préparé* qui double le prestidigitateur d'un décorateur rompu au métier ; mais je ne m'entends pas à machiner les féeries. Et puis, j'ai cru que dans des souvenirs d'autrui une anecdote de plus valait mieux que le ciment dont j'aurais pu me servir pour sceller mes matériaux.

Que l'on m'excuse encore de n'avoir construit qu'en pierres sèches : il ne s'agissait pas d'un monument, mais d'une espèce d'hôtel garni où ne font que passer un tas de gens, et uniquement intéressant pour ces gens.

Entrons en matière sans plus de préambule et ne reculons pas devant le vieux cliché : *A tout seigneur, tout honneur*, véritablement de circonstance.

Celui dont nous allons nous occuper :

C'est l'aîné, c'est l'aïeul, l'ancêtre, le grand homme.

Il nous faut remonter en pensée jusque vers les derniers jours de la Restauration, à l'instant des luttes les plus fougueuses entre classiques et romantiques.

Nous sommes dans le petit salon d'un assez modeste appartement de la rue Notre-Dame-des-Champs. Un auteur déjà célèbre, quoique jeune, énergiquement personnel, par conséquent violemment discuté, se prépare à faire à des amis lecture d'une production nouvelle. Il s'agit d'une *pièce drapeau*, destinée à prendre possession de la scène d'assaut, comme on s'empare d'une forteresse défendue avec la violence d'un classique désespoir.

— Nous écoutons, nous sommes tous prêts à vous ouïr, mon cher Victor, déclare un petit vieillard, menu et cassé, qui vient de tousser, cracher, se moucher bruyamment, comme si, au lieu de se préparer à entendre, il allait s'adresser lui-même à l'assistance.

Entendre était peut-être, d'ailleurs, le plus difficile pour ce brave universitaire, sourd à être obligé de se faire un cornet permanent de sa main.

— Nous écoutons, Victor.

Victor ! Ce petit nom, répété familièrement avec l'intonation un peu protectrice, paternellement supérieure, d'un ancien maître de rhétorique s'adressant à son élève, comme il frapperait notre oreille d'une façon étrange à l'heure actuelle ! nous semblerait détonner, désignant celui qu'il désignait ! Victor ! Le temps s'est chargé de souder si intimement ces six lettres aux quatre qui les suivent sur les couvertures de l'œuvre lyrique du maître des maîtres, que nous ne savons plus les séparer. Pour notre génération, cela se prononce toute d'une haleine : *Victor-Hugo*.

Tout autour du petit guéridon où Victor Hugo, manuscrit en main, s'appuie du coude, des amis, des compagnons de guerre littéraire, des *chevelus* de toutes sortes, se sont installés à la diable, groupés selon les hasards des sièges, peu nombreux, ou les dispositions de la pièce.

Faute de chaise, un coin de muraille permettant de s'y adosser n'est pas dédaigné. Le peintre Louis Boulanger a su se caler dans une de ces encoignures. Il a, à sa droite, Antony, et, à sa gauche, Emile Deschamps. A un mètre de là, Charles Nodier, ou moins habile, ou venu plus tard, ne possède qu'un milieu de muraille.

Entre ce dernier et Louis Boulanger, Chenavard s'est laissé glisser philosophiquement sur le parquet. Il n'est du reste pas le seul qui ait eu l'idée de s'asseoir ainsi à l'orientale. Juste devant lui, sur un petit tapis, Sainte-Beuve se tient, les pieds sous le guéridon qui sert à Victor Hugo de table de lecture. Naturellement, le professeur de rhétorique a son fauteuil. Tout près du guéridon, le bras relevé, la main, en cornet, à l'oreille, il hoche gravement la tête, avec l'amusante confiance, la satisfaction de soi-même du sourd persuadé qu'il est de sa dignité de paraître entendre, et, aussi, de *l'auteur de l'auteur*, se sachant un rôle à jouer.

— Bien, bien, Victor !... Très bien ! C'est cela ! c'est cela !... Tout... à... fait cela !

Et une simple, une unique chandelle, posée sur la petite table de lecture, éclairait on ne peut plus romantiquement l'assistance ; ou pour être plus exact, en même temps que couleur locale, faisait courir sur elle, par le fait des groupes, de fantastiques ombres, des ombres bien en rapport avec le drame sombre, en train de se dérouler : *Hernani*.

Hugo débutait dans la gloire, et ne pouvait guère prévoir alors les années d'apothéose de la fin de sa carrière. Il était jeune et entouré de jeunes. Or, jeunesse et gaîté impossible à réprimer, et exubérance jusqu'à la gaminerie, sont presque toujours synonymes. On acceptait la direction géniale, la légitime autorité de celui que Chateaubriand avait baptisé : l'*Enfant sublime* ; mais il n'était pas encore sacré dieu. Rue Notre-Dame-des-Champs, on ne songeait pas à se conduire comme dans un temple. On se sentait chez un maître qui était en même temps un camarade.

Chenavard, le contemporain en esprit des Athéniens du temps de Périclès, l'ami exclusif des Hellènes, le pessimiste, le théoricien de la décadence moderne, ne goûtait que modérément les effets d'armures, les coups de rapière et les panaches romantiques. Il goûtait si peu tout cela, le soir de la lecture chez Victor Hugo, que Sainte-Beuve ne tarda pas à s'apercevoir que son compagnon de parquet cédait parfois à de courts instants de sommeil trahis par le paisible rythme de la respiration.

Le futur critique des *Lundis* était, comme les autres, si jeune, qu'il chercha et trouva une ficelle au fond d'une de ses poches.

L'attacher en cordon de sonnette au soulier de Chenavard fut aussi vite exécuté que conçu.

Alors, chaque fois que les paupières du peintre-philosophe faisaient mine de s'abaisser sur les prunelles vacillantes : trac ! trac ! Il le rappelait comiquement à l'ordre ; l'obligeait à redescendre des sommets de l'Ida ou de l'Olympe, à revenir du plus loin de ses rêves du pays de Grèce.

Et Victor Hugo suivait du regard tout en lisant, les péripéties de la scène comique greffée ainsi à la romantique sur le sombre tragique du drame ! et il souriait, amusé, mis en belle humeur, prenant lui aussi sa part de la gaminerie.

Ce qui pouvait excuser jusqu'à un certain point Chenavard, c'était qu'on ne respirait qu'un air étouffé, partant quelque peu assoupissant, dans la petite pièce où s'entassaient les auditeurs. Charles Nodier avait parlé de sardines en boîte pour peindre les horreurs de la situation. Sainte-Beuve s'était livré à un développement théorique sur l'étonnante faculté de compressibilité des tissus humains. Litté-

ralement, à mesure que la lecture avançait, on suffoquait, on n'en pouvait plus. Si bien que, comme
Victor Hugo achevait le dernier vers du quatrième
acte, le besoin d'air faisant perdre patience aux plus
résolus, déroutant les volontés les plus fermes,
semant la panique, amena une débandade totale.
A force d'aspirer à l'atmosphère du dehors, on en
était venu, de la meilleure foi du monde, à croire le
drame terminé. La conclusion impérieusement réclamée, c'était l'air libre : on y courait convulsivement,
on s'y précipitait avec une fièvre tyrannique, un
élan désespéré.

L'on dégringolait en troupeau de moutons l'escalier plein de promesses. On tournait follement,
furieusement, dans sa spirale montrant en bas
l'issue : c'est-à-dire la rue baignée de rafraîchissante
nuit, le dehors, appelé de tous ses vœux, le souffle
d'air d'un quartier non encore bâti comme il l'est
aujourd'hui.

Que pense la postérité (qui est nous-mêmes pour
ces choses déjà lointaines), que pense la postérité en
apprenant que, lors de la lecture faite de son drame
par l'auteur, le dernier acte d'*Hernani* ne fut pas
attendu, faillit être esquivé des auditeurs, amis
presque tous cependant jusqu'à la frénésie et chefs
prévus de la grande bataille pressentie pour l'apparition sur la scène, lors de la grande soirée du
Théâtre-Français ?

Que voulez-vous ! on était jeunes en ce temps !
jeunes et impétueux !

Et puis, cette retraite désordonnée, l'historien est
heureux de le constater, s'est vue vite enrayée. En
somme, elle n'a pas dépassé les proportions d'une
alerte.

Des tout-à-fait intimes, confidents de la pensée et de l'œuvre du maître, crient déjà du haut de l'escalier :

— Arrêtez ! Arrêtez !... Et le cor !... le cor !... Revenez ! Vous oubliez le cor !

Le cinquième acte d'*Hernani* était baptisé du coup. Il devait être pour l'avenir l'acte du cor.

Il paraît que ce fut en cet instant qu'un plaisant risqua, pour la première fois le fameux calembour dont la parodie ne devait pas tarder à s'emparer.

— Voilà ce qui s'appelle une contrainte par *cor*.

L'on était remonté, chacun avait repris sa place. La lecture recommença. Mais, cette fois, fenêtre ouverte, les vers, mollement bercés par le bruissement du feuillage voisin, s'envolaient vers le scintillement des étoiles piquant de leur mille feux, transformant en merveilleux écrin le noir manteau d'un ciel de poète.

J'assiste (Février 1911) à une représentation d'*Hernani* au Théâtre-Français, représentation anniversaire avec couronnement du buste de Victor Hugo et vers récités en l'honneur du poète.

Impossible d'imaginer un contraste plus frappant avec la première lecture d'*Hernani* et son public du petit appartement de la rue Notre-Dame-des-Champs. Ce soir, on est dans le temple avec Mesdames Lara et Segond-Weber comme prêtresses.

Et le public de cette représentation ! Une salle électriquement vibrante, parcourue de longs frémissements, du haut en bas, à chaque passage à effet suivi d'un temps d'arrêt permettant aux enthousiasmes de se déchaîner en cyclone de bravos, de cris passionnés, de trépignements exaltés, perdant la tête. Au baisser du rideau, à la fin de chaque acte, un

délire de rappel des acteurs. Le parterre, les troi-
sièmes et quatrièmes galeries debout comme un seul
homme dans un dressé d'acclamations frénétiques.
Des soldats agitent leurs képis par besoin d'agiter
quelque chose. La toile se lève une, deux, trois,
quatre, cinq fois, sans que l'emballement se lasse.

On ne peut résister à la contagion : je pique tête
baissée, je me sens emporté dans le tourbillon gesticulant, assourdissant autant qu'étourdissant, mais
surtout grisant, grisant au-delà de ce que l'on peut
dire.

J'ai beau me répéter que ce n'est guère de mon
âge, le torrent m'emporte. Toute velléité de résistance sombre dans son indompté de courant livré à
lui-même.

Je flotte, je flotte... je disparais !...

Et voilà que dans mes girations d'homme qui se
noie, un phénomène d'hallucination, non sans douceur après une pareille sensation de fièvre portée à
sa dernière puissance par le multipliant magnétisme
du collectif, un phénomène d'hallucination fait danser aériennement devant mes yeux la lointaine rue
Notre-Dame-des-Champs de ce chapitre de *souvenirs*
malheureusement *des autres*, que je souhaiterais miens.

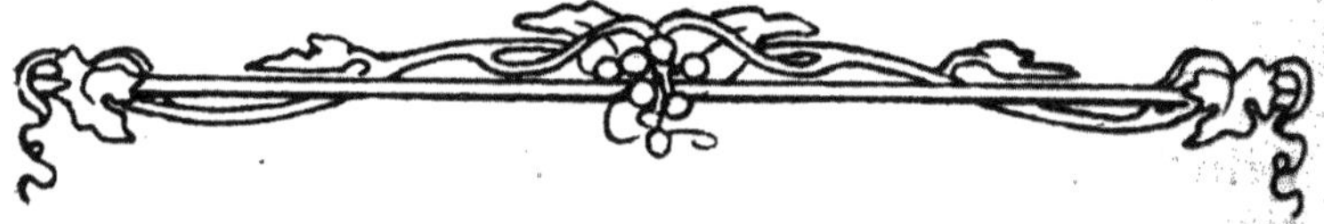

II

A présent que nous avons assisté, grâce aux souvenirs de l'un de ses auditeurs, à la pittoresque
première lecture d'*Hernani* chez et par Victor Hugo,
nous allons nous rendre au Théâtre-Français le soir
de la première représentation de ce drame.

Le grand jour, ou, plutôt, l'orageuse, la tempê-
tueuse soirée, se prépare. Le rideau va se lever dans
quelques instants. La salle est aussi bondée que houleuse. Des remous de tempête, s'y accusent à chaque
seconde, causés par le plus minime incident. Il est
visible que les imaginations sont chauffées à blanc,
les enthousiasmes et les colères dressés face à face,
prêts pour toutes les explosions. La moue des fa-
ces glabres ne demande qu'à se crisper pour le
sarcasme. Les crinières mérovingiennes ont des en-

volements fougueux. On se regarde, on se mesure, on se défie de l'œil, du geste, de l'attitude, provocante chez tous. Une fièvre d'impatience vient encore s'ajouter à cet état d'excitation ; car une bizarre disposition de police a fait ouvrir les portes du théâtre à deux heures de l'après-midi, et toute l'exaltée jeunesse romantique a passé près d'une demi-journée dans une salle à clarté douteuse, même à peu près noyée d'ombre.

Comme, ainsi que lors de la lecture du drame, nous avons le bonheur de bénéficier des souvenirs d'un des spectateurs de cette première du 25 février 1830 — des souvenirs d'un des amis et, ce jour-là, d'un des plus dévoués capitaines du poète — nous essayerons de faire revivre quelques incidents de la fameuse bataille dont Théophile Gautier a raconté les phases dans *L'Histoire du Romantisme*. Il serait mieux de dire qu'il les a peintes avec un brio de style, une truculence de palette verbale où éclate en véritable feu d'artifice toute sa jeunesse « débordante d'inouïsme ».

Le légendaire pourpoint cerise, ou vermillon de la Chine, de ce Théophile Gautier, rutile, tandis que sous l'emmêlement des mèches mérovingiennes de son opulente chevelure, son propriétaire rugit des ordres en chef de troupe à mener au combat.

Dès la première scène au moment du :

> ...Jeune amant sans barbe à la barbe du vieux,

les fureurs se déchaînèrent !

Quelle effarante soirée que celle-là, où la féroce prévention, au moment du :

> Vieillard stupide, il l'aime !

faisait entendre et s'exclamer, à un académique :

— *Vieil as de pique, il l'aime !* Mais c'est odieux ! insupportable ! révoltant !

Ce à quoi un admirateur délirant répondait sans plus d'information :

— C'est sublime, *mossieu !* sublime, *mossieu !* Ne comprenez-vous pas que cet homme est affolé, a perdu la tête, ne s'occupe plus de ce qu'il dit. *Vieil as de pique !* est Shakespearien !... Admirable d'observation !... D'observation, apprenez-le, *mossieu !*

On sait que, pour le *soir de combat d'Hernani*, la jeunesse romantique volontairement enrôlée sous des chefs connus pour leur ardeur ou signalés par l'amitié du maître, s'était présentée au théâtre par petites escouades, dont chaque membre montrait, en signe de passe, un carré de papier rouge timbré de la griffe : *Hierro*. Mais on ne s'était pas borné à ces adhérents d'enthousiasme, venus pour vaincre ou périr sous le même drapeau. Plusieurs camarades, ou même simples partisans de Victor Hugo, avaient recruté de vigoureux auxiliaires. Les arts en fournirent : Charlet se signala par la vigueur de ses battoirs, comme il se plaisait à dire gaîment ; David d'Angers, escorté de tout son atelier, donnait le signal des bravos à cette troupe d'élite.

Comme leurs frères d'un goût plus relevé, comme les arts, les métiers — et je veux parler des plus humblement manuels, de ceux qui ne réclament que de bons bras, des bras *à succès*, disait encore Charlet — les métiers ont droit à une place honorable sur le livre d'or de la soirée d'*Hernani*.

Le peintre-philosophe Chenavard, que nous avons vu un peu somnolent et sonné au pied par Sainte-Beuve lors de la lecture de la rue Notre-Dame-des-Champs, bien éveillé cette fois, avait sous ses ordres quinze magnifiques ouvriers chaudronniers d'un monté de ton à l'espagnole tout à fait de circonstance. C'était un sien ami, honnête industriel de la partie, qui lui avait prêté ce renfort aussi cuivré que le métal qu'il battait à l'ordinaire. Ce soir, c'était des mains qu'il s'agissait de battre, et ferme !

Non seulement ces chaudronniers, bien disciplinés, ne connaissaient que la consigne ; mais encore, ils entendaient l'imposer aux autres, à tout le monde, sans distinction d'opinion, de passions, de fanatisme.

« Pourquoi qu'on était venu ? Pour taper. Donc il s'agissait de taper... ou d'être tapé ».

Ces braves enfants de l'Auvergne y allaient carrément, jouant franc jeu.

Moussieu Chenavard n'avait qu'à lever le doigt, il fallait entendre comme ça roulait !

Quelle belle troupe ! comme son capitaine en était fier à bon droit !

Malheureusement, rien ne va sans accroc ici-bas. On a toujours le défaut de sa qualité ; les bons tapeurs, qui ne raisonnaient pas la consigne, ne raisonnaient pas plus sur les faits et circonstances. Leurs larges et solides mains seules résonnaient. Ils faillirent déshonorer tout naïvement la cause au service de laquelle leurs muscles puissants se trouvaient engagés. Ils donnèrent plusieurs fois du fil à retordre à leur capitaine.

C'est ainsi que Chenavard, bon enfant et cherchant à se montrer familier avec ses hommes et aussi à occuper leur désœuvrement durant les entr'actes, Chenavard, qui oubliait que les curiosités littéraires n'étaient guère le fait d'aussi rugueuses écorces cérébales, leur ayant signalé la présence de Mᵐᵉ Ancelot à une loge de première, un de ses satellites éloignés, soit qu'il eut mal entendu, soit que son esprit peu ouvert ne fut, en cet instant, accessible qu'à des pensées de combat, se monta, se monta, sans que rien put le calmer, hurlant :

— « Enlevez Mme *Anchelot !*... La tête ! tête !... *Fouchtra !* je veux la tête de Mme *Anchelot !* »

« La tête ! la tête ! » emboitait un voisin électrisé ; et Chenavard perdait la sienne à expliquer aux deux emballés que ce n'était pas du tout de cela qu'il était question. Ce ne fut qu'avec le plus grand mal qu'il parvint à réduire au silence ces voix de basses profondes qui venaient d'obtenir leur petit succès particulier, constaté par la stupeur générale.

L'Auvergnat, quoique enfin muselé, grondait en sourdine, toujours de basse profonde :

« Alors ! pourquoi que nous *chommes* venus !... pourquoi ! je me le demande ! »

Chenavard ne se donna pas la peine de le lui expliquer ; la tête de Mme Ancelot se trouvait sauvée, c'était l'important.

J'ai dit que Charlet, le grand évocateur des scènes militaires du premier Empire, l'incomparable dessinateur des grognards, le peintre attitré de leurs mœurs, assistait, aux côtés du sculpteur David d'Angers, à cette belliqueuse première d'*Hernani*.

Il s'était montré champion résolu de l'auteur. Mais, en sa qualité d'homme placé, par la tournure de son talent et la verve de son crayon, dans les rangs du parti bonaparto-libéral, il partageait les tendances littéraires classiques généralement professées par les membres de ce parti. Le romantisme ne pouvait donc espérer trouver en lui un fanatique. Le juge demeurait ici derrière le compagnon de bagarre. S'il n'avait pas marchandé les coups de *battoirs*, il n'en avait pas moins suivi les péripéties du drame farouche d'un œil lucide, pesant le pour et le contre, capable de découvrir les défauts de la cuirasse. Or, Charlet avait l'impartialité bourrue. On va voir qu'il ne l'avait pas moins énergiquement colorée, aiguisée aussi, à la façon d'une pointe d'acier, sachant pénétrer dans les chairs.

Quelques jours après la première d'*Hernani*, le grand chef des Quinze Auvergnats, remisés chez leur patron et revenus au tintamarre professionnel, le peintre-philosophe Chenavard convia Victor Hugo à déjeuner à un petit restaurant situé derrière l'église Saint-Germain-des-Prés. Là, se réunissaient quelques littérateurs et quelques artistes. Parmi ces derniers figurait Charlet, que le poète tenait à remercier de son énergique concours. Ce fut surtout dans ce but qu'il s'empressa d'accepter l'invitation.

Disons en passant que son frère, Abel Hugo, présidait le plus souvent aux repas faits par la bande d'amis dans cet établissement, où elle régnait jusqu'au despotisme, sous les regards enorgueillis de la patronne, une bonne grosse maman très peuple, à la fois familière et pleine de respect. Ces artistes et ces littérateurs étaient la gloire comme l'enseigne du caboulot. Il ne nous reste plus à ajouter, pour compléter la physionomie du tableau, qu'Abel Hugo était tout à fait à la hauteur de son rôle, une fois à table. Il y nageait dans son élément, y frétillant comme le poisson dans l'eau. Ainsi que Brillat-Savarin, de gastronomique mémoire, l'idéal poursuivi par lui durant toute sa vie fut ceci (un ceci qui tue souvent cela) : le bon repas. Son horizon était borné aux limites d'une table. Mais aussi, comme il était magistral assis à cette table. Il y commandait avec une autorité indiscutée de compétence générale, une sûreté, une *maèstria*, une abondance de recettes culinaires qui touchaient à la sublimité de l'art dans son genre. Lui aussi était poète à sa façon, le poète de l'estomac et du ventre, le virtuose de la langue et du palais. Sur la nappe qui servait de scène à ses exploits, il avait aussi ses combats, ses victoires, ses soirs d'*Hernani*.

Donc, Chenavard amena Victor Hugo à l'heure du repas. Charlet, toujours vif, bondit au-devant des arrivants, dès qu'ils eurent franchi le seuil de la porte d'entrée. D'un élan cordial, il s'empara des mains du maître de la jeunesse romantique, s'écriant avec un précipité et un martelé d'articulation, d'une vigueur et d'une brusquerie toute militaire :

— Je suis content de vous voir, nom... *d'un chien !* vous devez aimer les enfants !... Je vous ai aperçu plusieurs fois par les allées du Luxembourg, et j'ai deviné ça du premier coup... Moi aussi, j'adore cette mauvaise graine-là ! Vous êtes dans le vrai !

Et, devinant à la figure de l'auteur, désireux d'entendre parler de son triomphe sous forme de remerciements, que Victor Hugo attendait de lui encore d'autres compliments, des félicitations d'un genre différent, il reprit :

— Quant à votre drame, nous avons frappé ferme des paumes. Le contraire aurait été *cochon !*... Je n'aime pas les imbéciles, les blancs-becs !... Maintenant, voulez-vous que je vous donne mon opinion sans périphrases, à la bonne franquette ? Hé bien ! votre pièce, c'est ça et c'est pas ça !... Tenez, voilà ! ce sont, comme qui dirait, des paillettes sur un torchon !

Hugo ne se blessa pas de la comparaison. Mis en

face du *torchon radieux* du poète, le torchon à paillettes de Charlet ne manque pas de saveur. S'il y a
torchon dans *Hernani*, comme s'exprimait l'artiste
en son pittoresque langage, d'une paradoxale bruta-
lité, il y a pour nous torchon superbement radieux.

Quoi qu'il en soit, le déjeuner eut lieu avec une
cordialité parfaite, et Charlet devint un des plus
excellents amis de Victor Hugo.

Tels étaient, en 1830, les rapports avec ses camarades de celui dont la foule est allée en 1885
contempler le cercueil sous la voûte de l'Arc-de-
Triomphe transformé pour lui en monument funèbre.

Avant de terminer, pour bien préciser et accen-
tuer expressivement le caractère du ton de camade-
rie d'alors, nous allons refaire une courte visite au
petit appartement de la rue Notre-Dame-des-
Champs.

Nous pénétrons par une lilliputienne anticham-
bre-couloir séparée d'une cuisine par un vitrage
permettant aux regards d'y plonger. La salle à
manger suit. Nous nous arrêterons dans cette pièce
hospitalière, accueillante avec une bonhomie patriar-
cale.

Tout compagnon littéraire du poète encore peu
riche avait le droit de s'y présenter sans cérémonie
aux heures des repas. Repas, on va le voir, d'une
ordonnance lacédémonienne, mais dont bien des es-
tomacs de pauvres diables, que la poésie ne nourris-
sait trop souvent que de peu réconfortante ambroisie,
ont salué la saine simplicité comme un bienfait.

Sur la table, aux heures dites, fumait une énorme
soupière. Une part de la soupe plantureuse et complexe était pour vous, à votre volonté. Elle repré-
sentait la gamelle des soldats de l'idée.

Inutile de dire qu'aucune pose n'eut été possible, que l'entrain le plus amical régnait autour de ce potage de l'hospitalité. On l'avalait gaîment, sous la présidence de celui que chacun, sans plus de cérémonie que son professeur de rhétorique, appelait tout bonnement *Victor*.

Hugo, toujours heureux, toujours triomphateur, n'a pas connu le décevant des fumées de la gloire; le jaloux avenir lui pardonna peut-être plus facilement sa continuelle réussite, sa carrière ininterrompue de succès, en faveur de la fumée montant de la soupière d'amis dont nous venons de lever le couvercle.

III

Aux repas à la spartiate de chez Victor Hugo et à la lecture d'*Hernani* il peut être curieux d'opposer un dîner de Lamartine et, aussi, une lecture chez ce dernier.

On connaît l'anecdote contestée des vers tracés sur une carte de visite et attachés à la sonnette de Gustave Nadaud, un jour de mauvaise humeur, par l'auteur de *Jocelyn*.

Ce dernier se serait cru en droit de reprocher au spirituel chansonnier de s'être excusé d'une invitation chez lui, motivant ce refus sur une autre invitation de la princesse Mathilde. Les vers sont d'ailleurs à citer. Le populaire refrain de Nadaud :

> Brigadier, vous avez raison,

y sert de thème à un reproche d'une hautaine amertume :

Un jour, le vaincu de Pharsale
M'offre son dîner d'un écu.
Le vin est bleu, la nappe est sale :
Je n'irai pas chez le vaincu.
Mais que la cousine d'Auguste
M'invite en sa noble maison,
Je pars, j'arrive à l'heure juste.
Chansonnier vous avez raison

Pour qui sait lire entre les lignes et cherche la pensée intime sous les palliatifs de la forme, une lettre de Lamartine à Nadaud, ferait plutôt croire à la réalité des vers qu'autre chose. Elle prouve seulement que le poète des *Méditations* n'était point rancunier. Il tenait à panser une blessure faite en une heure de colère ou d'impatience, et jugée, de sang-froid, trop cuisante. Il y verse le baume de son cœur généreux ; mais le coup n'en a pas moins dû être asséné en son temps.

« MON CHER NADAUD,

« Il ne faut jamais badiner, même à portes closes, avec l'amitié, et encore moins avec l'honneur ; on risque, pour un petit plaisir, de blesser un caractère parfaitement pur et de perdre un ami à jamais regrettable.

« C'est ce que j'ai éprouvé, il y a quelques jours, en apprenant qu'un de ces journaux qui écoutent aux portes et qui prennent au sérieux ce qui est plaisanterie, parce qu'ils ne voient pas les visages et n'entendent pas l'accent, venait de me prêter à votre égard quelques vers improvisés avant dîner, et même quelques expressions qui ne sont pas de moi. C'est ainsi qu'un musicien de l'antiquité faisait rire et pleurer avec la même note, en changeant seulement le mode et le temps.

« Les vers cités, du reste, *du premier au dernier ne sont pas les miens.*

« Je ne vais pas chez le vaincu », outrage à votre caractère, n'aurait aucun sens à l'égard d'un homme de cœur qui venait familièrement chez moi et à qui j'avais eu le plaisir d'offrir sans façon le vin du crû à la campagne ; la défaite aurait été plutôt une séduction et la disgrâce un attrait pour vous, comme pour tous les nobles cœurs...

« J'ignore comment cette plaisanterie, surannée de quatre ou cinq ans, s'est réveillée tout à coup, si mal à propos pour moi, et comment elle a couru le monde, toute dénaturée, comme un revenant dépaysé que son entourage même ne reconnaît pas sous le vêtement qui le défigure. Quoi qu'il en soit, j'ai eu tort, puisque j'ai eu le malheur d'être l'occasion pour vous de la moindre peine ; je m'en frappe la poitrine comme d'une mauvaise action et même comme d'une ingratitude, puisque vous m'aimiez et que je vous honore dans mon cœur. Je vous supplie de tout oublier et de ne pas punir, par la perte très sérieuse et très douloureuse d'un ami, la seule mauvaise plaisanterie que je me sois permise de ma vie. »

Chansonnier, vous avez raison.

Le Lamartine de ces vers sanglants — et il paraît, j'y reviens, immérités, puisqu'ils ont été en quelque sorte reniés par atténuation et explication — est le Lamartine des tristes années besogneuses, des jours d'adversité, gravis comme on monte le rude chemin d'un calvaire, et dont la mort seule devait le délivrer.

Les vers désavoués un peu à côté avec un signifi-

catif entortillement aspergé d'eau bénite de cour,
par *le vaincu de Pharsale*, sont marqués au coin d'une
indignation se dépensant dans un impromptu de
poète ne pouvant s'empêcher d'être poète dans ses
moindres actes. Cet impromptu de tout premier
mouvement est du Lamartine que Lamartine pouvait renier dans un second, plus réfléchi, formulé en
prose épistolaire amicalement atténuante, mais n'en
garde pas moins la griffe de ce Lamartine. La soi-
disant mise au point après coup équivaut simplement
à un : « mettons que je n'ai rien dit ». Malheureusement, c'était plus que dit, c'était presque chanté,
et ça durera par là en dépit de tout.

Les résonnances de lyre à l'improviste, Lamartine en débordait.

Qui ne peut retrouver persistant dans son souvenir comme une vibration prolongée de harpe éolienne
l'élégiaque cette fois, l'élégiaque impromptu du
Livre de la vie ?

> Le livre de la vie est le livre suprême
> Qu'on ne peut refermer ni rouvrir à son choix ;
> Le passage attachant ne s'y lit pas deux fois.
> Mais le feuillet fatal se tourne de lui-même ;
> On voudrait revenir à la page où l'on aime,
> Et la page où l'on meurt est déjà sous nos doigts.

Cela fut tracé comme machinalement sur un
album présenté dans un salon par la maîtresse de la
maison, désireuse que son illustre invité y écrivît
quelque chose.

Son *quelque chose* terminé avec nonchalance,
Lamartine tendit l'album à sa sœur aînée, là présente.

Celle-ci lut, regarda l'improvisateur déjà retourné
à une conversation interrompue par la demande de

vers, puis, levant les yeux au ciel avec une nuance d'amusante gaîté dans l'admiration :

— Pardonnez-lui, Seigneur ! il ne sait ce qu'il fait !

Elle prononça cela comme la vieille servante de La Fontaine disant : « Il est plus bête que méchant ! »

Le *vin bleu*, la *nappe sale*, montrait un Lamartine souffrant d'une médiocrité de fortune ne pouvant lui servir de cadre, blessant tous ses aristocratiques instincts. Mais avait-il besoin d'un cadre ? Pas pour ses admirateurs du moins.

S'il faut en croire les contemporains qui l'ont vu chez lui, ils ne voyaient que lui. Impossible à leur mémoire de se rappeler autre chose. Sa présence illuminait tout d'une sorte de lumière rayonnée de sa belle et noble intelligence. Il savait être un centre qui, comme celui de Pascal, était partout.

Le vin est bleu, la nappe est sale.

L'homme — avec sa délicatesse, presque de femme, et son affinement de gentilhomme aristocrate jusque dans les moindres fibres —, l'homme ressentait plus que qui que ce fût l'agacement du contact de ce que la pauvreté a toujours forcément d'un peu humiliant. L'artiste aussi souffrait dans ses aspirations d'idéaliste épris du beau en platonicien, c'est-à-dire voyant dans ce beau le seul vrai méritant d'être vécu.

Lamartine qui regardait haut, avait toujours aimé à voir large et beau. La pompe si noble de son talent réclamait quelque chose d'analogue de la vie, impliquait un certain pompeux dans l'existence comme dans l'attitude. Un geste souverain va mal avec des vêtements étriqués. Le milieu où l'artiste se meut ne doit pas non plus le diminuer par sa vulgarité.

L'aimable vieillard dont les souvenirs nous ont ouvert la porte de Victor Hugo va nous guider chez Lamartine, nous montrer ce beau génie dans son intérieur, aux heures d'heureuse fierté.

Quelle antithèse avec le petit appartement de la rue Notre-Dame-des-Champs, et comme Hugo eut sû en tirer un incomparable effet, s'il lui était venu à la pensée d'en enfermer le contraste dans un de ses nombreux vers d'une si saisissante opposition d'images !

Lamartine, selon l'expression de notre guide, « en vous offrant du boudin avait l'air de vous décerner une couronne ».

Il ajoutait, sondant en pensée son impression de jadis, la vivifiant par l'analyse aux prises avec la mémoire, la retrouvant de plus en plus nettement détachée et chaude de tons au fond du passé :

— On eut dit que les mets étaient servis sur des plats d'or, les vins dans des flacons scintillants de rubis et de topazes, et que les assiettes, d'argent, avaient été ciselées par quelque artiste de la Renaissance.

Et il terminait en concluant :

— Oui, oui... la seule présence de Lamartine suffisait pour produire ce mirage. Ce n'était plus à Paris, chez lui, qu'on soupait ; mais, sous le ciel pur et jeune de la Grèce, en plein Olympe... Un peu plus, il vous eut persuadé que vous étiez des dieux, des dieux tout plastiques, sortis de l'incomparable marbre de la divine Hellas !... Oui, de véritables révélateurs de l'éternelle beauté des Olympiens... comme lui ! Il semblait qu'on fût meilleur que soi, élevé au-dessus de soi, quand on se trouvait près de lui. Il vous forçait à monter, monter... emportés par son superbe coup d'aile; à aller respirer à pleins poumons, dans une allégresse de l'être entier, au sein de l'immensité sereine permettant de goûter les joies de l'illimité.

Redescendons sur la terre, et tenons-nous dans un coin du salon du poète. On est en train d'y faire une lecture. C'est un débutant qui a demandé à l'amphitryon la faveur de lui soumettre, au moyen de cette lecture après le repas, quelque composition plus ou moins bien venue.

C'est une soirée pénible, pénible du fait de l'amicale lecture subie. Elle est dignement, noblement, pompeusement pénible, parce que l'on est chez Lamartine, et que le maître de la maison s'entend à donner le ton, même de l'ennui, à lui prêter quelque chose d'auguste en même temps que de religieusement recueilli.

Il est à demi étendu sur son divan, une jambe pendante, le bras gracieusement relevé, en mouvement de canéphore, la main servant d'appui à sa belle tête que balance un commencement d'assoupissement. Mais cet assoupissement est comme cadencé, rythmé. Il a l'air de voguer dans le courant des vers distraitement perçus, d'en suivre, du fond d'un songe, tous les méandres. Il s'élève sur le ronflement oratoire des strophes, tourne, valse dans les remous, disparaît, pour reparaître bientôt, pour se jouer au sein des vagues rythmées, qui viennent, viennent, viennent sans fin, comme une marée de septembre.

Et le chantre d'*Elvire* ne sort de sa rêvasserie, qui ne doit laisser arriver à son oreille qu'une musique confuse, que pour laisser tomber gravement autant que mélodiquement, avec une sérénité superbe :

— Plus lentement... plus lentement, mon ami... Que l'on puisse savourer.

C'était ses belles envolées dans l'idéal, ses propres visions, son propre génie qu'il savourait, bien loin, bien loin de l'insipide lecture, qui devait lui produire un effet analogue au monotone ronronnement de meules d'un moulin.

Sous le rapport des heures difficiles à traverser, la vieillesse de Lamartine fait comme un mélancolique pendant à sa jeunesse. Quelques mots sur les jours de début dans la carrière littéraire.

Notre guide nous conduit dans un logement des plus modestes, situé sous les toits, à un quatrième étage.

Lamartine est jeune, malade et pauvre. Les angles meurtrissant de l'âpre réalité se sont fait sentir à lui pour la première fois. Les heures lumineuses, calmes et d'une rêverie si douce, qui, avec un tintement d'*angelus*, ont vu s'écouler son enfance et son adolescence, les heures d'espérance sans effort et de foi sans ride, fraîches et limpides, ont disparu pour jamais. Comme Achille, le poète, écœuré, blessé dans sa dignité de génie qui se sent, a conscience de la portée de son essor, s'est réfugié sous sa tente.

Il a frappé aux portes, et on ne lui a pas ouvert. Et il s'est aperçu que ces portes, hermétiquement fermées, étaient d'airain, que rien ne pourrait les forcer à céder. Chose plus grave, il a eu à subir de ces encouragements, à l'usage des médiocrités, qui ne peuvent que décourager le talent vrai, que désespérer le génie.

Un matin qu'il s'abandonnait, dans sa pauvre chambre, à la nostalgique tristesse des brisés de la vie, qu'il se répétait pour la millième fois, dans une obsédante activité de fièvre, le déprimant *à quoi bon ?* qui tue à leur source les existences jeunes, leur sèche la sève aux muscles, leur brise les nerfs, les rend incapables de toute action, comme de tout vouloir, deux amis frappèrent à sa porte.

C'étaient M. de Genoude, accompagné du baron de Marest, ce fidèle dont Lamartine trouva toujours le dévouement à sa portée, chaque fois qu'il eut à traverser un temps d'épreuve.

En entrant, ils aperçoivent le jeune homme étendu sur son lit, dans un état de prostration inquiétant.

Au milieu de la pièce, un grand lévrier accroupi sur le parquet, mâchonnait à belles dents un assez volumineux cahier, dont les feuilles commençaient à se détacher, victimes de ce jeu de jeune chien.

— M. de Genoude, dit d'une voix faible Lamartine, empêchez donc cet animal de détruire ces feuillets... Il est drôle ! Il faut toujours qu'il mange mes vers.

Ce que le lévrier allait mettre en lambeaux c'était le manuscrit des *Premières Méditations.*

Lamartine n'avait encore lu que quelques morceaux de poésie dans le salon de Mme de Broglie, ne connaissait que des succès mondains.

Le baron de Marest prend des mains de M. de Genoude le manuscrit sauvé de la gueule du lévrier, lequel vient de se réfugier dans un angle de la pièce où il grogne de regret.

Après avoir causé quelques instants avec le poète,

on lit des passages qui enthousiasment les visiteurs.
Tous deux sont du même avis :

— Il faut faire imprimer et paraître cela !

Lamartine secoue doucement la tête, un pâle sourire contractant péniblement ses lèvres :

— Faire imprimer !... paraître ! C'est plus facile à dire qu'à exécuter !

Il a vu, après vingt autres, un éditeur qui, à la suite d'un sommaire examen, a consenti à reconnaître : « Il y a du talent dans tout ça ! » Oui, vraiment ! du talent !... Seulement « c'est jeune ! ça manque de métier ».

Et il a engagé l'auteur à étudier Delille. Il trouvait « de l'affinité entre les deux écrivains, des rapports de talent ».

Oui, oui, il ne fallait pas se décourager « devant la perfection du modèle : Delille n'avait pas été ce qu'il avait su être, sans travail, du premier coup ! »

Il s'était levé alors, ce libraire, pour indiquer qu'il était temps de se retirer. Il avait frappé amicalement l'épaule du débutant auquel il venait de souffler le feu de ses poétiques conseils :

« Jeune homme, croyez-moi, j'ai de l'expérience, pratiquez Delille, faites-en votre livre de chevet... et vous pourrez finir par marcher sur ses traces ».

Lamartine n'était plus tenté de faire la moindre démarche. La leçon de son Aristarque avait trop bien réussi.

— Soit ! Genoude et moi, irons pour vous chez les éditeurs, dit le baron de Marest, prenant hâtivement congé, manuscrit sous le bras.

Les deux amis se rendent aussitôt chez le libraire sur lequel ils croient pouvoir faire fonds.

Ce dernier, en effet, se déclare prêt à mettre

sous presse... mais « bien entendu, aux frais de l'écrivain, les vers ne se vendant pas... Tirage à petit nombre : 1.000 francs ».

Le baron de Marest, décidé à une prompte solution, compte la somme. Puis, bras dessus, bras dessous, l'on reprend le chemin de la demeure de Lamartine. On entre, et le baron de Marest dit au poète :

— C'est fait. Votre éditeur est trouvé.[1]

Les *Premières Méditations* parurent avec le succès que l'on connaît. Le livre arrivait à temps pour la fortune de celui qui y avait laisser couler librement les effusions d'une pensée enfermée dans un moule harmonieusement religieux et aristocratique.

La finesse et l'habileté diplomatique de M. de Talleyrand ne s'y trompèrent point. Il voyait prendre son essor à une muse catholique, capable de faire oublier la muse libérale, alors en marche glorieuse vers la postérité, de Casimir Delavigne. Il protégea donc le débutant. Ce fut par son influence que Lamartine obtint sa place de secrétaire d'ambassade.

Ainsi ce fut la politique, qui devait plus tard peser si lourdement sur la vie du poète, qui lui ouvrit la porte de sa noble et souvent sublime carrière.

---

1 On a parlé du duc de Rohan comme protecteur particulier des débuts de Lamartine, on a associé aussi le nom de ce duc à celui de M. de Genoude ; mais comme le peintre Chenavard ne m'a nommé que le baron de Marest à propos de la visite au poète et des frais d'impression des *Premières Méditations*, je me suis borné à reproduire son récit d'ami à même d'être bien informé.

IV

Après la poésie, la peinture. — Eugène Delacroix. — Le pain quotidien à gagner. — Elève de Guérin. — Géricault et Scheffer. — *Le Dante et Virgile.* — Alarme du *patron.* — *Balai ivre.* — Pas de cadre. — Le jury et le règlement. — Le baron Gros. — Je payerai le cadre. — A travers les salles. — Un brave homme de gardien. — A l'atelier de Gros. — Vous êtes chez vous. — Du Rubens retourné. — *La Bataille d'Eylau et Les Pestiférés de Jaffa.* — Vous serez un maître. — George Sand. — Au bord de la mer. — Présenté au retour.

Puisque nous en sommes à parler débuts, après avoir raconté ceux d'un de nos plus grands poètes, pourquoi ne nous occuperions-nous pas un peu de ceux de l'un de nos plus grands peintres : des débuts d'Eugène Delacroix ?

Delacroix, comme d'ailleurs bon nombre de littérateurs ou d'artistes destinés à rendre un nom illustre, eut à traverser de rudes jours de tyrannique pauvreté. Il dut lutter longtemps contre les assauts, traîtreusement répétés, de la tenace misère, de cette misère qui s'entend si bien à s'embusquer, sournoise, à tous les détours des premières étapes de la route à parcourir en entrant dans la vie. Il connut cette hypnotisante souffrance, mais aussi ce souvent utile aiguillon, du pain quotidien à gagner. Ce ne

fut guère qu'à l'âge de cinquante ans que, selon sa
pittoresque expression il se trouva « au vent de sa
bouée ». Longtemps, un ami d'enfance mieux partagé que lui sous le rapport budgétaire l'aida de sa
bourse aux époques de forte gêne. Delacroix lui
rendait les sommes quand il pouvait, selon le hasard
des quelques rentrées résultant de rares ventes. Le
peintre du *Massacre de Scio* n'a laissé à sa mort
qu'une bien modeste fortune, acquise pendant les
dix dernières années de son existence.

Nous sommes en 1822. Le futur maître romantique est encore élève de Guérin (de l'académique,
du froidement emphatique Guérin), élève de Guérin
comme Ary-Scheffer, mais aussi comme Géricault.
Il vient de terminer son tableau de *Dante et Virgile*.
Le *patron* alarmé de cette fougue, de cette exubérance, auxquelles son tempérament ne lui permet de
rien comprendre, conseille fortement de ne pas
envoyer au salon.

Il faut attendre, se calmer, s'assagir... à l'avenir,
ne plus retomber dans une semblable débauche artistique, renoncer à une telle frénésie de *balai ivre*.

Delacroix, heureusement pour nous, heureusement aussi pour sa gloire, Delacroix ne tint compte
d'aucun de ces avis, ne céda à aucune de ces recommandations.

Il résolut d'envoyer sa toile au Salon. Par exemple, ce qui lui était plus difficile, ce que l'état de
ses finances rendait tout à fait impossible, c'était de
la présenter au jury décemment et selon le règlement, munie, habillée de son cadre.

Il ne suffit pas d'avoir du génie, pour doter son
œuvre d'un cadre ; il faut un encadreur, et, pour
cela des fonds. Or, c'était justement ce qui, chez le

jeune artiste, manquait le plus. Le problème qui se présentait n'était pas facile à résoudre, eut paru insoluble à tout autre qu'à un débutant de la vie doublé d'une imagination de peintre-poète.

Delacroix pensa, comme le gascon qui n'avait rien mis à la loterie et courait tout de même au tirage, que le hasard est si grand qu'on ne doit jamais désespérer, qu'on ne sait jamais ce qui peut arriver.

Et le plus curieux de la chose, c'est que sa confiance en dépit de toutes les apparences, son bel espoir de grand enfant se jetant à l'eau sans vouloir plus réfléchir, c'est que sa foi *quand même*, furent couronnés de succès.

L'imprévu sauva la situation ; l'impossible, raisonnablement parlant, se changea en possible, en facile, en protecteur. Le règlement, le formidable règlement fut respecté, mais ne se dressa plus en infranchissable barrière. Le *Dante et Virgile* trouvèrent d'eux-mêmes un habilleur. Un cadre vint tout naturellement à eux, par cette seule raison qu'ils en avaient besoin... et qu'ils étaient une toile remarquable... et remarquée par un artiste lui-même remarquable.

Dante et Virgile passèrent devant le jury, dans leur nudité. Un murmure d'étonnement alla grandissant, tournant à la sourde, puis manifeste hostilité.

Hé bien ! et le cadre ! Pourquoi cette toile sans cadre ! Est-ce que le règlement ne disait pas d'une façon formelle qu'il ne serait exposé que des tableaux entourés de leur cadre !... A la porte l'intrus !... Quel était l'enragé qui avait eu l'audace d'envoyer cela !... Sa peinture était bien à la hauteur de son outrecuidance !... A la porte !... Parbleu ! c'était bien visible que ce soi-disant peintre ne respectait aucune règle, n'était fait pour aucun cadre !... C'était sauvage, Peau-rouge, Iroquois, un pareil art !... si le mot d'art pouvait être prononcé en de semblables circonstances !... A la rue, au plus vite !... et en couvrant la toile encore !... pour ne pas faire s'emporter les chevaux et causer de trop grandes alarmes aux passants !

Heureusement, le baron Gros était là. Laissant ses confrères s'emballer, donner carrière à tous leurs préjugés et à toutes leurs colères contre l'avènement d'une formule d'art entièrement neuve, devinée redoutable au simple flair, haïe d'instinct, comme on hait un remplaçant de force à vous détrôner sans plus de façons, le baron Gros s'était mis à examiner avec tranquillité l'œuvre si énergiquement conspuée.

Il avait pris une chaise, rencontrée à la portée de sa main, s'était assis, et la canne à pomme d'or sous le menton, causait mentalement avec *Dante et Virgile*.

Et les autres membres du jury, apaisés à la fin, réduits au silence faute d'haleine, entendirent, remplis d'ahurissement :

« Mais cela n'est pas mal du tout !... Cela... cela... est même très bien !... mais très bien !... S'il le faut, je payerai un cadre, moi ! »

Il le paya.

Le jour de l'ouverture du salon, Delacroix est des premiers à la queue de l'entrée.

Enfin, la porte s'ouvre. Il s'élance, haletant, se disant qu'il reconnaîtra bien son tableau, si par miracle on l'a exposé, qu'il le reconnaîtra du premier coup à son manque de cadre.

Il parcourt les toiles d'un œil troublé, partant trouble. Rien ! rien ! rien !

Partout des cadres !... les cadres du règlement vainqueur.

Il revient sur ses pas, tête penchée, bras pendant le long du corps, les jambes cassées. Il se laisse tomber sur une banquette, au moment de sortir, de fuir. Il ne peut pas partir !... il ne le peut pas !... Il faut qu'il reste pour ruminer son désastre, comme un blessé demeuré sur le champ de bataille.

Tout à coup, un gardien qui le connaît, pour l'avoir vu copier les maîtres au musée, lui dit en brave homme :

— Hein ! vous voilà content ? Vous y êtes !

— Comment ! j'y suis !

— Pour sûr ! Et avec un beau cadre encore !

— Mais où !

— Tenez, là-bas !... C'est M. Gros qui a fait mettre le cadre... à ses frais !

Delacroix est déjà loin. Ses jambes, qui ont retrouvé tout leur ressort, l'ont emporté vers la place indiquée, en face de sa toile. Elle est là ! là ! elle y est ! elle y est !

Mais son oreille ne s'est pas montrée distraite. Le nom de Gros s'y est logé, avec l'histoire du cadre. Après un moment où il a été tout à l'émotion causée par la présence de son œuvre au mur du Salon, il court chez son protecteur, à son atelier de la rue de l'Ancienne Comédie, en face le café Procope. Cet atelier n'est autre que l'ex-foyer de la Comédie-Française.

Il sonne titubant, défaillant, son cœur battant à rompre la poitrine.

La porte s'entrebaille :

— Que désirez-vous ?

C'était Gros lui-même, la palette à la main, évidemment ennuyé d'être dérangé en ce moment, qui prononçait ces mots par l'ouverture laissée aussi petite que possible.

Delacroix balbutia, pris d'une furieuse envie de se sauver à toutes jambes, suppliant mentalement l'escalier de s'effondrer sous lui pour le tirer d'affaire :

— Je... je... je viens... pour... vous re... vous re...

La palette a des signes visibles d'impatience fébrile. Evidemment, la toile attend ses couleurs :

— Parlez-vite, jeune homme, s'il vous plaît. Il plaisait bien à Delacroix, seulement il ne pouvait pas :

— Vous re... remercier.

— De quoi, mon ami ?

— Du... du cadre !

Le mot était parti dans un souffle étranglé, arraché du fond de la poitrine.

La porte s'ouvre, du coup, toute grande :

— C'est vous qui avez fait la barque ?

— Oui, monsieur... Alors...

— Quel âge avez-vous ?

— Vingt-quatre ans.

— Et vous avez fait la barque !

Gros s'efface contre la muraille :

— Entrez ! entrez ! vous êtes chez vous.

Le débutant dans l'atelier, le maître se débarrasse de sa palette, et lui donne fraternellement l'accolade :

— Mon ami, c'est très fort ! Vous ne soupçonnez peut-être pas vous-même combien c'est fort !

Et cherchant dans sa cervelle un éloge caractéristique, résumant bien son impression :

— Voulez-vous que je vous dise ce que c'est?
Vous avez fait... oui... *du Rubens retourné.*

Puis prenant son chapeau :

— Mais... car il y a un *mais!* il y a toujours un
mais à l'heureux âge que vous avez!... mais vous ne
savez pas dessiner.

Il tirait sa montre de son gousset :

— Votre venue... le plaisir de vous voir... de
causer... m'ont fait oublier... C'est que, sapristi! il
faut que je sois... J'arriverai sans doute en retard...
N'importe! vous avez diablement bien fait de
venir!... Il faudra apprendre à dessiner! Vous
comprenez bien que mon atelier vous est ouvert,
vous est ouvert à deux battants... Oui, oui, il faut
apprendre à dessiner!... Je dois filer! je ne serai
jamais là-bas à temps!... Vous entendez bien! dessiner! dessiner! dessiner!

Et voyant les regards de Delacroix qui couraient
circulairement, attirés par les toiles qui décoraient
l'atelier :

— Ah! ça vous amuserait de faire connaissance
avec tout cela? Hé bien! à votre aise, mon ami!
Restez! restez tant que vous voudrez! Moi, je file!

Et dégringolant l'escalier, laissant *son jeune ami*
dans son atelier, devant les toiles de la *Bataille
d'Eylau* et des *Pestiférés de Jaffa*, toiles qui lui avaient
été rendues à la chute de l'Empire, il continuait à
déclarer, pour sa satisfaction personnelle, de plus en
plus, s'exclamant : « Vous serez un maître! c'est
moi qui vous le dis! Vous serez un maître! entendez-vous! un maître! »

Nous ne quitterons pas Delacroix sans rapporter

une toute mince anecdote d'une bonhomie charmante, et qui prouve que le grand artiste était aussi un psychologue connaissant bien le cœur humain, l'ayant étudié sur lui-même.

Delacroix était ami de George Sand et lui rendait de fréquentes visites. Or, dans la même rue, où logeait le grand romancier, presque en face de sa maison, demeurait Chenavard. Ce fin causeur, dont on a pu dire qu'il connaissait ou avait connu tout le monde, ne s'était pas encore lié avec sa célèbre voisine. Il brûlait d'envie d'être reçu chez elle.

Il devait être d'autant plus mortifié de ne pas avoir ses entrées dans cette maison attirante que tous ses amis, qui étaient ceux de Mme Sand, quand ils ne rencontraient pas l'écrivain chez lui, venaient l'attendre chez le voisin.

Une connaissance commune avait un jour proposé à George Sand de lui présenter le peintre-philosophe. Mais cette dernière avait opposé à la proposition :

— Ma foi, non ! Delacroix ne m'y encourage pas, et il me donne une raison dont je dois tenir le plus grand compte. Il paraît que votre Chenavard est un décourageur terrible, le décourageur par excellence ! Cela ne va guère à ma nature ! Je n'ai pas besoin de cela, moi ! Je ne veux pas de cela !

Naturellement le fait est rapporté à l'intéressé.

Quelque temps après, Chenavard fait un assez long séjour au bord de la mer avec son ami Delacroix. L'occasion s'en présentant, il amène la conversation sur le sujet qui lui tient au cœur, rapporte les paroles de Mme Sand.

Le peintre éclate de rire :

— Elle a dit la vérité ; mais, moi, je ne la lui avais pas dite.

Et amusé intérieurement, sondant son être intime, le confessant :

— Je n'avais pas donné la raison réelle. La voici. Tu sais un tas d'anecdotes que tu me racontes. Je les porte chez Mme Sand, où je les débite avec le plus grand succès. J'en ai toute la gloire. Si tu venais là, on ne tarderait pas à s'apercevoir que je ne suis qu'un écho... qu'une médiocre doublure. C'est ce que je n'ai pas voulu... ce à quoi j'ai tâché de mettre bon ordre... Tu ne manques pas de maison où débiter ta marchandise... Enfin ! voilà ce qu'il en est !

Il réfléchit, une honte lui venant de ce dessous remué :

— Tiens, je te présenterai à notre retour.

Et voilà comment Chenavard pénétra, à la fin, chez George Sand.

V

La grande colère de M. Ingres. — Le marchand de tableaux de
la rue Bonaparte. — Justice ! justice ! — On égorge Raphaël !
Un fiacre ! — A Saint-Cloud, chez l'Empereur. — La trombe.
— M. de Nieuwerkerke. — Saint-Michel. — Ordre de sus-
pendre l'exécution. — Retouche de Coypel. — Les frères
Flandrin. — Dans l'atelier d'Ingres. — Perte de connaissance. — Brrrr ! flll ! — Le brave enfant ! — La puissance
de l'Art. — Autre anecdote. — Quel style ! — Ton, ton,
tontaine, tonton. — La peinture d'une oie ! — Le sculpteur
Rude. — Un fleuve. — Quel bourgeois !

L'anecdote de la grande colère de M. Ingres,
de son cri de guerre contre M. de Nieuwerkerke, de
sa fougueuse pointe sur Saint-Cloud et de son
entrevue avec l'Empereur Napoléon III, a longtemps couru les ateliers.

Je voudrais relater ici les faits sous leur vrai jour,
avec leurs détails caractéristiques. En un mot, faire
entrer la légende dans l'Histoire... l'histoire en
robe de chambre.

Haro, le marchand de tableaux de la rue Bonaparte, était depuis un instant sur le pas de la porte
de sa boutique, laissant errer ses regards par la rue,
dans la direction du quai, quand il aperçut un gros
homme semblant hors d'haleine et hors de lui, bran-
dissant son chapeau d'une main, une canne de l'autre,

comme s'il voulait appeler les passants à la révolte.

Un fou, se dit-il, ou quelque honnête bougeois qui vient d'assister à un accident et ne peut contenir son émotion, cède au désir naïf de la communiquer aux autres.

Mais quelle ne fut pas sa stupéfaction en reconnaissant dans cette boule de chair, d'aspect soufflé, qui venait dans sa direction, l'illustre M. Ingres.

Il n'y avait pas à s'y tromper ! c'était bien son crâne en pain de sucre, aux cheveux, encore d'un noir méridional, séparés par le milieu, à la manière des anges dans les tableaux de la Renaissance italienne. C'était son front fuyant, ses vastes oreilles, ses yeux ardents, rageurs, faisant l'effet de charbons incandescents sous les épaisses arcades sourcilières. C'était son teint bilieux, son nez lancé en avant, dédaigneux même dans la fureur, sa solide mâchoire, son menton volontaire, solennellement tyrannique. C'était aussi sa personne trapue, vigoureuse malgré le faux air de ballon.

Le maître approchait, arrivait, bouillant, bouillonnant à croire qu'il allait éclater, une trombe pourvue de jambes, et les faisant terriblement tricoter.

A présent, Haro pouvait entendre les cris de colère inarticulés, les lambeaux de phrases parvenant à sortir de la bouche convulsée :

« Assassins !... Oui, oui, j'irai !... On verra !... Ah ! ah ! ah !... On verra !... Oui j'y vais !... J'aurai raison de l'assassin !... Justice ! justice !... »

Le marchand s'était effacé vivement pour permettre à son célèbre client de se jeter dans le magasin, d'y pénétrer en ouragan.

— Haro !... mon ami !...

Il suffoquait, étranglait :

— Haro !...

— M. Ingres ?

— Haro !... on égorge, on assassine Raphaël !

Le marchand battit des paupières :

— Com !... comment !

— Je vous répète qu'ils égorgent Raphaël !

Il avait jeté son chapeau sur un siège, sa canne sur un comptoir :

— Mais ils verront !... Ils vont voir ! ils vont voir !...

Et il se prépara à s'élancer, tête nue, hors de la boutique.

Haro voulut l'arrêter :

— Votre chapeau ! votre canne !... Où allez-vous, M. Ingres !

— Je vais demander justice à l'Empereur !

Haro se figure que le fougueux vieillard est en proie à un accès de fièvre chaude :

— Attendez ! M. Ingres ! je vais vous accompagner chez vous.

Cela disant, il lui rapporte d'abord et canne et chapeau ; puis s'empresse de s'habiller lui-même, attrapant ses vêtements au hasard des allées et venues que les cent pas du peintre l'obligent à faire dans le magasin.

— J'y cours !...

— Je suis à vous, M. Ingres.

— On verra !

— Je ne trouverai donc pas ce maudit paletot !

— Ce sont des misérables !

— Je vous crois.

— Des scélérats !

— C'est certain !

— Des bandits, des iconoclastes !

— Ah ! mon chapeau, moi aussi je !...

— Des coquins et des faquins !

— Me voilà prêt.

— Envoyez chercher un fiacre !

— Pour nous rendre à deux pas !... Mais, comme vous voudrez.

Le fiacre est là, au ras du trottoir. Ingres saute dedans, tête baissée, en bélier, puis referme la portière sur lui... et au nez d'Haro.

— Mais, cher maître !...

— Cocher, à Saint-Cloud !... chez l'Empereur !

— Cher maître !...

— Au revoir Haro ! je vais obtenir justice de l'Empereur.

Le cocher hésite, demande du regard au marchand le secret de cette énigme. Ce dernier laisse tomber ses bras le long de son corps :

— Faites !... obéissez ! C'est M. Ingres !

Le cocher, rassuré sur le payement de sa course, fouette son cheval.

En route !

La trombe, dont Paris vient d'être sauvé, après s'être exaspérée, gonflée tout le long du chemin, s'être enragée de la lenteur de la maigre rosse qui la porte, là-bas, vers ce là-bas qui est Saint-Cloud, la trombe peut enfin s'abattre devant le château impérial.

— L'Empereur ?

— Mais, Monsieur...

— L'Empereur, vous dis-je !... Je suis M. Ingres.

— Je ne le nie pas...

— Alors, laissez-moi passer !

— Il y a conseil des ministres.

— Peu m'importe.

L'huissier répète, effaré :

— Conseil des ministres, monsieur.

— Hé bien ! priez l'Empereur de venir me parler un instant. Répétez-lui de ma part qu'il s'agit de vie ou de mort ! qu'on est en train d'égorger Raphaël !... que je viens !... que je viens au nom de tout l'Institut !... et, avant tout, en mon nom ! entendez-vous ? en mon nom !... M. Ingres !... Il ne peut pas laisser assassiner Raphaël ! Que dirait la postérité ?

Napoléon III avait d'indéniables qualités de bonhomie. De plus il aimait les hommes de mérite et tenait à s'attirer leurs sympathies ; ce qui était, du reste, assez habile de sa part, si le goût des arts n'y entrait pas pour quelque chose. À ce point de vue, le grand artiste avait droit à certaines complaisances. L'Empereur quitta quelques minutes ses ministres et vint dans la pièce d'attente où se promenait fiévreusement le vengeur de Raphaël.

La trombe s'était abattue devant le château ; ici, elle éclata en bombe :

— Sire, votre de Nieuwerkerke en fait de belles ! L'avenir saura juger sévèrement cet assassin !... Oui, Sire, assassin ! assassin ! il faut le crier bien haut !... Mais il n'y a pas une seconde à perdre ! Sire, vous allez me signer une défense... une défense absolue !... à ce malfaiteur public, d'égorger Raphaël !... Il y va de l'honneur de votre majesté et de la gloire de sa couronne.

Ce ne fut qu'avec beaucoup de peine que le souverain ainsi pris au collet parvint à se faire expliquer à peu près intelligiblement ce dont il était question.

M. de Nieuwerkerke, parmi quelques restaurations de tableaux du musée du Louvre avait eu *l'audace* de permettre celle du *Saint-Michel* du Salon carré, œuvre de Raphaël. Certains détails de costumes s'étaient vus modifiés dans de fortes proportions par cette délicate opération. C'était contre leur disparition, qualifié de crime de lèse-art, que Ingres venait de protester.

Il est juste de reconnaître que, en principe, le merveilleux dessinateur, le noble entêté de la beauté telle que son génie la concevait, le respectueux, sans concession possible, de son art que résumait en sa personne hors de pair M. Ingres, avait raison dans sa susceptibilité. Il est bon que les maîtres nous soient sacrés et que leurs œuvres bénéficient de cette vénération, la meilleure de leurs sauvegardes. On ne doit pas toucher à Raphaël, était un cri d'alarme légitime, et celui qui le poussait méritait tous les éloges.

Seulement, avait-on touché, en effet à Raphaël ? Telle était la question qu'il eut peut-être été utile d'examiner avec moins de fougue, d'élucider avec soin avant de prendre le mors aux dents. Cela eut évité d'enfoncer une porte ouverte.

L'Empereur signa la défense. Ingres pût la rapporter victorieusement à Paris. Mais l'heure de son triomphe fut aussi celle de sa confusion.

On n'avait pas commis le moindre attentat contre la personne de Raphaël. On n'avait fait supporter aucun outrage à l'immortel maître de la forme. Bien au contraire, on avait soulagé son œuvre d'annexes postérieures, de barbouillages absurdes ne remontant qu'à la fin du XVII· siècle français ou au début du XVIII· siècle, d'hérésiarques ajoutés dûs à l'outrecuidant pinceau d'un Coypel.

Oui, l'on avait, au XVII· ou XVIII· siècles, eu la présomption de restaurer Raphaël en l'améliorant, et M. de Nieuwerkerke n'avait commis le crime que d'ordonner de le *dérestaurer*, afin qu'on retrouvât le tableau dans sa manière d'être primitive.

C'était Coypel que M. Ingres, si le triomphe lui demeurait définitivement, allait venger... et au dépens de qui! aux dépens de Raphaël!

Maintenant, une petite scène amusante dans l'atelier d'Ingres.

Hippolyte Flandrin vient d'y entrer accompagné de son frère Paul. Le but de cette visite est d'admirer une toile du *patron*; elle est sur un chevalet, disposée par ce patron lui-même dans le jour devant le plus la faire valoir.

Hippolyte Flandrin et son frère se sont demandés à quel diapason il faudrait s'élever pour satisfaire un blasé sur les éloges tel que le peintre de l'*Apothéose d'Homère*. Après échange d'opinions ne parvenant pas à les rassurer sur l'effet à produire, Hippolyte Flandrin s'est décidé à s'en tirer par l'éloquent d'un silence extasié allant jusqu'où l'on va voir.

Les paroles cherchent à se précipiter, entr'ouvrent les lèvres de Flandrin, vont sortir. Ingres prévoyant le coup, a son mouvement de main et son petit bruit de bouche familiers, consistant en une sorte de brrrr! flll! enfanté par le brusque frottement, sur le nez, la dite bouche et le menton, de la paume de sa main :

— Brrrr! flll!

Mais l'émotion d'Hippolyte Flandrin est trop forte. Les mots ne veulent décidément pas sortir.

Le visage pâlit, les yeux se ferment. Encore quelques secondes et le sang va se retirer au cœur, le jeune homme perdre connaissance. Son frère, qui a peut-être ses raisons pour ne pas laisser ce spectacle parlant se prolonger trop longtemps, indique d'un signe au maître l'état de son élève et se précipite au secours de celui qui vient de tomber sur un fauteuil, dans un état de défaillance digne du Théâtre-Français.

Ingres trotte de droite, de gauche, fait courir son gros ventre dans tous les sens :

— C'est trop, c'est véritablement trop ! mon cher enfant !... Des sels ! des sels !... Tapez-lui dans les mains !... Le cher enfant ! Le cher enfant !... Brrrr ! fllll !... Voilà qu'il revient à lui !... et qu'il cherche ma toile de l'œil !... Brrrr ! fllll !... Non ! non ! c'est assez pour aujourd'hui !... Une autre fois ! demain ! quand vous voudrez ! Il a été saisi ! Quel saisissement, brrrr ! fllll ! Ça ne sera rien ! Maintenez-le, Paul, tandis que je tourne mon tableau contre le mur..... Le brave enfant ! comme il m'a remué ! Comme il est artiste ! comme il sent !... Voyez-vous, Paul, la moitié de l'art est là ! sentir finement, noblement, idéalement ! Mais le voilà sur pieds... Il ne faut pas se mettre dans un pareil état, sapristi !... Comprenez-vous ! comprenez-vous à présent la puissance de l'art ! sa puissance... oui, il m'est permis de le dire... sa puissance divine ! oui, divine ! Mes enfants, mes amis, que ceci vous serve d'enseignement ! Je suis vraiment très ému ! très ému ! tout à fait ému !

Pour que la mystification des frères Flandrin ne garde pas quelque chose de déplaisant, ne blesse pas parce qu'elle renferme de trop poussé dans la moquerie à l'égard d'un vieillard qui était leur maître, je me hâte de rapporter une seconde anecdote où, cette fois, c'est le vieillard et le maître qui se montre sous un jour capable de rétablir l'équilibre.

Quelqu'un vantait devant Ingres le talent d'Hippolyte Flandrin :

— Quel style ! quelle compréhension des plus hautes facultés de la conscience humaine !

— Oui, oui, oui, fit d'abord le maître.

Mais l'interlocuteur continue :

— Jamais on ne vit pareille élévation de sentiment.

— Oui, oui, oui... C'est un excellent garçon, que j'aime et estime autant, plus que personne.

Mais l'autre n'avait pas envie d'enrayer, allait, allait ! sans se lasser :

— Il peint comme on prie.

Ça durait trop au gré d'Ingres. Ça commençait à mal tourner. La paume de sa main frottait nez, bouche et menton :

— Brrrr ! flll !

— Il a retrouvé le secret de la peinture sacrée !

— Brrrr ! flll !

— On lui doit la résurrection de la peinture religieuse !

— Brrrr ! flll ! brrrr ! flll !

— Quelle simplicité ! quelle austérité dans cette décoration de la chapelle Saint-Jean, à l'église Saint-Séverin !

Ingres s'était mis à chantonner.

Mais l'autre était parti, emballé, incapable de s'arrêter :

— Et la grandiose frise de Saint-Vincent-de-Paul avec le superbe défilé de la légende dorée !

Le maître jouait du piano sur le bord d'une table avec des doigts énervés.

— Et la suite du chœur et de la nef de Saint-Germain-des-Prés !... Je plains ceux qui ne se sentent pas émus jusqu'aux pieuses larmes devant cela ! On se sent obligé de se courber, de s'agenouiller. Ces peintures vous appuient sur les épaules de tout le poids de leur grandeur ! Elles sont aussi monumentales que le monument lui-même.

— Ton, ton, ton-taine, ton-ton !

— Elles sont !...

Pour le coup, Ingres n'y peut plus tenir. Il étouffe. Une seconde encore et il va éclater, s'il cherche à se contenir.

Mais il ne le cherche plus. Il s'est levé furieux, et arpente la pièce :

— Oui, elles sont tout ce que vous venez de dire, de chanter sur toutes les gammes, de vocaliser ! Elles sont tout ce qu'il vous plaira, tout ce que vous voudrez, tout ce que l'on voudra !...

Debout, à présent, devant son adversaire sans le savoir, et s'étant emparé d'un des boutons de son habit, qu'il tordait à faire craquer l'étoffe du vêtement :

— C'est tout cela et bien d'autres choses encore !...

Il reprit sa course :

— Mais c'est la peinture d'une oie !... entendez-vous !... d'une oie !

Et calmé par cet expressif formulé de sa colère il s'assit sur un siège en soufflant.

On ne peut pas dire qu'Ingres fut jaloux, car il ne croyait qu'en lui, ne voyait, n'admettait que lui.

Il venait simplement de se révolter contre un crime de lèse-divinité. On avait osé élever un autel contre son autel. C'était une atteinte à son monothéisme. Il venait de sauvegarder la pureté du culte, l'unité du temple.

Et maintenant, un juste retour des choses d'ici-bas : Ingres le rapetisseur rapetissé par un camarade. Ce juste retour m'est fourni par un trait qui prouve en même temps avec quels soins jaloux la vie d'artiste de ce peintre était défendue contre toute gêne étrangère, contre tout intrus, au risque, comme cela va être le cas, d'atteindre même ses amis.

Un jour que le maître travaillait dans son atelier, le sculpteur Rude sonne à la porte.

C'est la femme du peintre qui lui ouvre, ou plutôt, entrebaille l'huis :

— Que demandez-vous ?

Puis sans laisser le temps d'une réponse, se méprenant à la longue, à l'interminable barbe du sculpteur :

— Mon mari n'a pas besoin de vos services.

La porte rapidemeut refermée, Rude demeuré stupéfait sur le palier, entend, à travers la cloison, venant de l'atelier, le dialogue suivant :

— Qui est-ce ?
— Personne.
— Mais il m'avait semblé entendre sonner.
— Oui, mais ce n'était qu'un *Fleuve* qui venait t'ennuyer. J'ai répondu que tu n'avais pas besoin de lui pour l'instant.

La brave dame avait pris le célèbre sculpteur pour un modèle utilisant sa magnifique barbe en posant pour les divinités fluviales. Elle avait redouté l'inondation pour l'atelier, et s'était hâtée de congédier le malencontreux visiteur.

Rude s'amusait à raconter cette aventure, dont il riait à gorge déployée, répétant en songeant à l'existence matrimoniale de son ami :

— Ce bougre d'Ingres ! ce bougre d'Ingres ! il sera toujours le même ! Plein de talent !... de première force ! Mais quel bourgeois, mes petits amis, quel affreux bourgeois !

VI

Stryienski venait de publier dans la *Revue Blanche* le compte rendu du procès du jeune prêtre
dauphinois dont s'était inspiré Stendhal pour la
conclusion de son roman *Le Rouge et le Noir*. Naturellement la personnalité si en dehors du commun
d'Henri Beyle se trouva remise sur le tapis.

Selon les uns, la publication du dit procès éclairait
cette personnalité d'un jour nouveau. Selon d'autres,
elle n'éclairait rien du tout. L'un disait : « Vous
voyez que Stendhal était un archi-documenté ; qu'il
n'est que juste de le considérer comme un des pré-
curseurs les plus typiques de l'école du document,
depuis le *réalisme* de Champfleury jusqu'au *natura-
lisme* de Zola, en passant par les Goncourt, et en
n'oubliant pas Daudet. » Il lui était répondu

qu'Henri Beyle était « un romantique au premier chef, voyant romantiquement parce qu'il concevait romantiquement, et — par cette raison qu'on ne voit qu'à travers sa pensée et qu'on n'imagine que coulé dans le moule de son imagination — ne pouvant produire que du romantique ».

Un très vieux dessinateur, natif de Grenoble, lança sans crier gare :

— Vous n'y entendez rien !

Et comme on le regardait, légèrement ahuris de cette sortie un peu bien dépourvue de précautions oratoires :

— Si vous tenez à des *documents*, je puis documenter, moi ! En ce qui concerne les partisans d'un Stendhal romantique, comme j'ai fait partie de la queue du romantisme, je suis outillé pour parler de la chose. Mais ce qui vaut mieux que tout cela, je suis compatriote de votre Beyle, et, de plus, je l'ai quelque peu connu. Il avait déjà un certain âge à cette époque, et j'étais fort jeune ; mais, ça n'y fait rien, je le revois tel qu'il était, gesticulant, se démenant dans ma mémoire comme il gesticulait, se démenait. Et puis, je vous le répète, nous sommes compatriotes, et, rien que par là, la moitié du chemin est faite.

Il fit une pause, après quoi :

— Beyle est un fils de nos montagnes du Dauphiné avant tout. Il peut être étonnamment original pour vous ; pour moi, il est Dauphinois. Où vous vous évertuez à chercher un bizarre, je me dis, moi : « Je reconnais bien là *mon pays*. Un artiste, lui ! allons donc ! Personne n'est artiste dans nos montagnes ! »

— Pas même vous ?

— Pas même moi. Je suis dessinateur, graveur, appartenant à la queue du romantisme ; mais pas artiste au sens que vous donnez actuellement à ce mot. Je suis romantique dans la note de Berlioz, un aussi de chez nous. Berlioz est âpre, étrange pour vous. Il est en même temps ivre de libre espace, de libre espace respiré, poumons haletant de l'ascension, dans la lumière du sans bornes incendiant. C'est la montagne qui se reflète en lui. C'est elle qui hallucine pareillement Stendhal. Moi, je n'ai su que ramper au pied ! Moi, elle m'a pesé dessus, m'a écrasé !... Moi !... il ne saurait être question de moi !... Je reviens à Beyle.

Il toussa, puis :

— Figurez-vous... tout le contraire de ce que la *cristallisation*, sa fameuse cristallisation, vous fait inventer en lui.

Et avec une longue insistance :

— Il entre — il importe peu que ce soit là où il m'est apparu pour la première fois, il y a terriblement longtemps — ; mettons qu'il entre ici, tombe au milieu de nous, comme il semblait toujours tomber, y tombe du ciel, en aérolithe. Première surprise : nous étions sur le terrain de la littérature au moment de son entrée, et il saisit une phrase au vol, ne se contente pas de se mêler à la conversation, la confisque.

— Tant mieux ! s'exclama un fanatique beylien.

Le vieux dessinateur accorda :

— Oui, tant mieux ! car on n'entend pas souvent un causeur de cette trempe. Messieurs, Stendhal était à lui seul toute une conversation, et quelle conversation ! L'objection poussait dans son cerveau, on eût dit pour provoquer la réponse, et la réponse pour soulever des objections. Et cela, à n'en plus finir, objections et réponses engrenées les unes dans les autres, tournant ensemble après s'être engendrées, jusqu'à l'instant où l'aiguille de cette fantasmagorique horloge marquait l'heure, où il y avait déclanchement, puis sonnerie. Cette sonnerie était invariablement un paradoxe, un carillon de paradoxes.

Quelqu'un ayant prononcé : « Vérités de demain », le vieux dessinateur eut une inclinaison du chef :

— Si vous voulez. Il comptait d'ailleurs beaucoup sur ce demain que vous êtes, se l'est prophétisé.

— C'est déjà d'un homme très fort !

— Oui, parce qu'il n'y a rien de tel que de se préparer son public de longue date, et de lui faire croire qu'il est par lui-même, sans préparation, ce que l'on pose en fait qu'il sera. Un compliment à l'adresse de l'avenir et un encore plus grand à soi, par ricochet... ça vous assure presque toujours le succès.

Il attendit une riposte, qui ne vint pas. Sans doute satisfait d'avoir touché, frappé juste, il reprit :

— Revenons au personnage trapu, bedonnant bourgeoisement, qui nous a produit un effet de pierre dégringolée de la lune.

Il s'est peu à peu animé, animé ! emballé ! Il va éclater, il éclate ! L'aérolithe était aussi une bombe.

Notre vieux dessinateur imita du geste, dessina de la main dans l'espace des courbes d'éclats de projectiles, puis :

— En préconiseur du romantisme, il envoie Shakespeare dans les jambes de Racine comme une boule saccageante dans un jeu de quilles. La tragédie en prose écrite dans le style du Code civil et les trois classiques unités écartelées en place de Grève, voilà tout l'art dans *l'âpre vérité*. « La vérité, l'âpre vérité », sert d'épigraphe, tirée de Danton, ce qui produit son petit effet, sert d'épigraphe au *Rouge et le Noir*.

— Qui la justifie.

— Qui justifie tout ce que l'on veut, attendu qu'il y a de tout dans cet ouvrage.

— Une mine.

— Qui éclate, comme la bombe.

— Qui éclate comme la vérité et grouille comme la vie.

Le vieux dessinateur riposta :

— Qui déborde comme des dossiers trop pleins dans une étude de notaire ou d'avoué.

— Stendhal, un notaire !

— Il en avait le physique.

— Le profil, tout au plus ! Nous connaissons la caricature des *Soirées de Neuilly*.

— Messieurs, Stendhal, physiquement et moralement, et mentalement, et même monumentalement, était un bourgeois... un bourgeois révolté, mais un bourgeois. Du reste, un bourgeois peut être un Voltaire. Mais Voltaire était un bourgeois parisien du xviiiᵉ siècle ; tandis qu'Henri Beyle a été un bourgeois de la fin du xviiiᵉ siècle et de la première partie du xixᵉ, et un bourgeois de Grenoble, du Dauphiné, un bourgeois des montagnes. Voltaire est de grès, comme le pavé de la capitale, dont il a l'endiablé d'esprit ; Stendhal est de granit. C'est un rocher taillé en statuette de bourgeois.

— Statuette !

— Mettons statue.

— C'est lui qui taille dans le granit.

— Où l'on taille mal. Le marbre antique se prêtait mieux au ciseau de l'artiste. Ce qui me ramène à Beyle artiste.

— Demeurons-y.

— Nous y demeurons... si avec lui il est possible de demeurer où l'on veut. Il est byronien. Mais n'oublions pas que le poète fourni par l'Isère, Ponsard, a débuté par là, pour finir...

— A l'Académie Française, après avoir pondu *Lucrèce*.

— Vous l'avez dit.

— Le *bon sens* dans la poésie.

— L'art dauphinois ne s'élève jamais plus haut.

— Si, dans l'esthétique de Stendhal.

— Tragédie en prose, avec dislocation des unités. Il n'a guère dépassé cela comme théoricien critique.

— Et ses livres sur la peinture, la musique !...

— Des sensations notées avec une pénétration d'analyse qui est le fonds et le tréfonds de son talent. Ajoutez que cette tendance analytique de son esprit s'était aiguisée par une étude tenace du *Traité d'idéologie* de Destut de Tracy.

— Il a vivifié Condillac.

Le vieux dessinateur fit observer :

— En s'attachant à le vérifier.

— C'est faire œuvre d'art.

— Et d'artiste ?

— Oui, si l'on finit par se mettre tout entier dans son œuvre.

Le vieux dessinateur s'exclama :

— Je m'y attendais ! nous voilà forcé de sauter de l'art en plein *moi* de Beyle.

— L'art de Stendhal tient à Stendhal, est du Stendhal.

— Nous allons voir à quoi cet art se réduit, et nous jugerons si c'est ce que l'on entend à l'heure qu'il est par ce mot, très employé des littérateurs : artiste.

— Soit !

— Stendhal, d'abord placé dans l'administration militaire par le comte Daru, ne sait que faire de sa personne à la chute de l'Empire. Il parle trop, selon sa coutume, trop et trop net à Milan, d'où la police autrichienne l'invite à s'éloigner. Rentré en France, où la Restauration dresse une barrière insurmontable devant les ambitions d'un ex-soldat de Napoléon, qui ne peut se faire prêtre que dans la peau de son Julien Sorel...

— C'est-à-dire artistiquement.

— Romanesquement suffit. Cet Henri Beyle se pose en homme qui a de la fortune, « quinze mille livres de rentes ». Il n'a pas le sou, postule successivement les places suivantes : celle d'archiviste à la Préfecture de police, celle au sceau des titres, celle d'employé au Ministère de l'Intérieur. Il tente même d'être ce qu'il deviendra plus tard : consul. Il est prêt à partir en cette qualité pour n'importe quelle république à peine civilisée de l'Amérique du Sud. On redoute sa forme d'esprit, son impossibilité de veiller sur ses discours : on ne veut de lui nulle part.

— Quelle chance pour nous !

— Il demande du pain à sa plume. Il devient le correspondant parisien d'une revue anglaise. Des articles de lui, traduits en anglais pour cette revue, ont été retraduits en français pour notre *Revue britannique*. Il lui faut à tout prix des anecdotes du monde des lettres pour la copie qui lui vaut cinq cents francs par mois. Il se multiplie dans ce but, court les milieux où se débite la chose, utilise les oreilles de ses amis, se méfiant de ses distractions... et, en effet, une fois lancé, n'écoute plus que ce qui se passe sous son crâne. Il l'utilisera d'ailleurs admirablement, fera passer sa verve verbale dans sa plume autant que ça se peut. Son style se ressent partout de cette origine. C'est du *dit* auquel manque souvent la mimique indicatrice, le geste complétant, mettant au point l'idée.

— C'est de la pensée.

— Non, de la parole... de la parole prestigieuse, suggestionnante, et, par là, créatrice ; mais de la parole. Stendhal est un moulin à paroles qui arrive à moudre quelque chose de pas ordinaire. Il ne se replie point en de profondes pensées ; mais est tout en dehors, malgré ses tics de conspirateur à l'italienne, donc, doué de tempérament. Vous savez, ses fameux tempéraments ?...

— Il les démontre pour son compte en donnant de sa personne, comme l'autre prouvait le mouvement en marchant.

— Il démontre tout, en donnant de sa personne. Dans l'original tourbillon qu'il est, passe Napoléon et l'éblouissement qui s'en dégage, le Code civil ouvrant l'avenir, la Restauration reprenant cet avenir, ou plutôt le masquant des soutanes de ses prêtres, les aristocrates exécrés par un homme qui eut bien voulu leur ressembler, les bourgeois libéraux, le régime constitutionnel, l'Italie et la peinture, et la musique en sa compagnie, l'amour sous toutes les latitudes et cristallisant en conséquence, Shakespeare pourfendant Racine en perruque et monté sur hauts talons, etc., etc.

— Un monde.

— Je me contente de ce que j'ai dit : un tourbillon. Mais, je le reconnais, quel tourbillon ! Si vous l'aviez vu et entendu, comme j'ai eu occasion de le faire !... Son toupet en prenait un aspect d'Olympe ébranlé ! Un galop infernal de fin de bal de l'Opéra là-dessous ! Une orgie cérébrale de bourgeois qui se grise en buvant à la coupe sacrée, qu'il répand quelque peu dans son cancan. Comme Eschine disait de Démosthène : « Si vous aviez entendu rugir le lion ! » Il en amusait Mérimée, en déconcertait Paul-Louis Courier, en stupéfiait l'oracle éclectique Cousin, « le plus habile à traiter de la *blague sérieuse* depuis Bossuet ». Où il était il n'y avait plus que lui... lui ! lui !... et c'était assez !

— Vous avez envie de prononcer : « trop ! »

— Nullement. Mais je préférerais l'entendre à le lire. Dans sa conversation, c'était lui qui tourbillonnait ; dans ses livres c'est ma cervelle qui se trouve emportée, et gire à m'en faire craindre la migraine. Je termine. Stendhal me fait l'effet d'un rocher détaché de mes montagnes du Dauphiné : j'aime à voir ses bonds, sa course, à en écouter le répercuté par les échos, non à le recevoir sur la tête. La lecture me met trop de son déséquilibre à tous crins dans la cervelle. Dans ses ouvrages, il regarde sans cesse l'heure à la montre — j'ai déjà parlé d'horloge, mais ça ne fait rien : j'imite Beyle, qui ne se gênait guère pour se répéter —, dans ses ouvrages il regarde l'heure à la montre de ses sensations. Et c'est, j'y reviens, c'est une montre à répétition ! Et il ne se lasse pas d'appuyer sur le bouton pour déclancher et faire sonner à n'en plus finir ! Des dossiers qui débordent ! des dossiers de voyageur, des dossiers d'amateur d'art et de mélomane, des dossiers montés sur pattes dans ses romans ! Qui, ses personnages, des dossiers, des dossiers ! Tout ça, tout ! de l'accumulé renversant, esbrouffant, en vue de l'art... qui n'est pas venu.

VII

Sous ce titre : *Le rêve et la vie*, Gérard de Nerval, le doux poète au cœur candide et à l'œil
d'illuminé, a publié des pages bien curieuses dans
leur exaltation maladive, des pages que notre jeune
littérature, si avide de psychologie morbide, devrait
relire sans cesse, regarder comme une sorte de bré-
viaire, et, aussi, de document sans prix de même que
sans équivalent.

Le rêve et la vie est le récit de sa propre folie par
un fou capable de revivre son mal aux heures de
lucidité, pour en fixer l'intime impression, de retrouver, afin de lui donner l'existence de l'art, non seulement ses hallucinations des moments de crise,
mais encore sa personnalité trouble et multiple, ne
pouvant être connue que de lui seul.

Il s'entend admirablement à faire de l'ordre avec ce désordre, qu'il ne redoute pas, ce qui lui permet de le serrer de près. Il n'y voit qu'un passage de la vie banalement terre-à-terre que mène le troupeau humain, à une vie supérieure, une vie où l'épanouissement de nos facultés est porté à sa dernière puissance, où l'intensité de notre *moi* nous donne le pouvoir d'échapper à l'emprisonnement de notre argile ainsi qu'à sa présente grossièreté.

Il ne se demande pas si notre être est capable d'acquérir des vertus si subtiles sans perdre cette stabilité qui est peut-être le fond de toute notre sagesse, si le bon sens est compatible avec une telle gymnastique de brasseurs de nuées : les choses lui paraissent plus belles ainsi, plus désirables, et cela lui suffit.

Du haut de son superbe songe, il regarde, tout en bas, rampant sur le sol, les gens sensés, et les proclame insensés.

Il a vécu en Orient, de la vie morale aussi bien que de la vie sociale des Orientaux : il sait que le rêve est sacré, la folie divine.

Citons de ce singulier ouvrage de Gérard de Nerval, un passage qui a lieu de nous intéresser particulièrement.

Nerval vient de parler de visions qui lui avaient paru avoir une portée prophétique. Il ajoute :

« Le jour suivant, je me hâtai d'aller voir tous mes amis. Je leur faisais mentalement mes adieux, et, sans leur rien dire de ce qui m'occupait l'esprit, je dissertais chaleureusement sur des sujets mystiques ; je les étonnais par une éloquence particulière, il me semblait que je savais tout, et que les mystères du monde se révélaient à moi dans ces heures suprèmes.

« Le soir, lorsque l'heure fatale semblait s'approcher, je dissertais avec deux amis, à la table d'un cercle, sur la peinture et sur la musique, définissant à mon point de vue la génération des couleurs et le sens des nombres. L'un d'eux, nommé Paul ***, voulut me reconduire chez moi, mais je lui dis que je ne rentrais pas.

« — Où vas-tu ? me dit-il.

« — *Vers l'Orient.*

« Et pendant qu'il m'accompagnait, je me mis à chercher dans le ciel une étoile, que je croyais connaître, comme si elle avait quelque influence sur ma destinée. L'ayant trouvée, je continuais ma marche en suivant les rues dans la direction desquelles elle était visible, marchant pour ainsi dire au-devant de mon destin, et voulant apercevoir l'étoile jusqu'au moment où la mort devait me frapper. Arrivé cependant au confluent de trois rues, je ne voulus plus aller plus loin. Il me semblait que mon ami déployait une force surhumaine pour me faire changer de place ; il grandissait à mes yeux et prenait les traits d'un apôtre. Je croyais voir le lieu où nous étions s'élever et perdre les formes que lui donnait sa configuration urbaine ; — sur une colline, entourée de vastes solitudes, cette scène devenait le combat de deux Esprits et comme une tentation biblique.

« — Non ! disais-je, je n'appartiens pas à ton ciel. Dans cette étoile sont ceux qui m'attendent. Ils sont antérieurs à la révélation que tu as annoncée. Laisse-moi les rejoindre, car celle que j'aime leur appartient et c'est là que nous devons nous retrouver.

« ... Mon ami m'avait quitté, voyant ses efforts inutiles, et me croyant sans doute en proie à quelque idée fixe que la marche calmerait. Me trouvant seul, je me levai avec effort et me mis en route dans la direction de l'étoile sur laquelle je ne cessai de fixer les yeux. Je chantais en marchant un hymne intérieur dont je croyais me souvenir comme l'ayant entendu dans quelque autre existence, et qui me remplissait d'une joie ineffable. En même temps, je quittais mes habits terrestres et je les dispersais autour de moi. La route semblait s'élever toujours et l'étoile s'agrandir. Puis je restai les bras étendus attendant le moment où l'âme allait se séparer du corps, attiré magnétiquement dans le rayon de l'étoile. Alors, je sentis un frisson ; le regret de la terre et de ceux que j'y aimais me saisit au cœur, et je suppliai si ardemment en moi-même l'Esprit qui m'attirait à lui, qu'il me sembla que je redescendais parmi les hommes. Une ronde de nuit m'entourait ; — j'avais alors l'idée que j'étais devenu très grand, — et que, tout inondé de forces électriques, j'allais renverser tout ce qui m'approchait. Il y avait quelque chose de comique dans le soin que je prenais de ménager les forces et la vie des soldats qui m'avaient recueilli.

« ... Couché sur un lit de camp, j'entendais que les soldats s'entretenaient d'un inconnu arrêté comme moi et dont la voix avait retenti dans la même salle.

« Par un singulier effet de vibration, il me semblait que cette voix résonnait dans ma poitrine et que mon âme se dédoublait pour ainsi dire, — distinctement partagée entre la vision et la réalité. Un instant, j'eus l'idée de me retourner avec effort vers celui dont il était question, puis je frémis en me rappelant une tradition bien connue en Allemagne, qui dit que chaque homme a un *double*, et que, lorsqu'il le voit, la mort est proche. — Je fermai les yeux et j'entrai dans un état d'esprit confus où les figures fantastiques ou réelles qui m'entouraient se brisaient en mille apparences fugitives. Un instant, je vis près de moi deux de mes amis qui me réclamaient, les soldats me désignèrent ; puis la porte s'ouvrit, et quelqu'un de ma taille, dont je ne voyais pas la figure, sortit avec mes amis que je rappelais en vain.

« — Mais on se trompe ! m'écriais-je, c'est moi qu'ils sont venus chercher et c'est un autre qui sort !

« Je fis tant de bruit que l'on me mit au cachot. »

Nous regrettons de nous voir obligé d'arrêter ici la citation et de quitter le prestigieux écrivain qui vient de nous faire assister, avec une si étonnante puissance de psychique vivisection et de rendu incomparable, aux hallucinations de son pauvre grand cerveau. Il nous faut redescendre dans la *vie*, revenir à la réalité.

L'ami Paul *** dont nous a parlé Gérard de Nerval (et qui n'est autre que le peintre Paul Chenavard) va nous mettre à même d'opposer les faits aux décevantes illusions d'un cerveau profondément artiste, mais artiste jusqu'à l'affinement maladif confinant au déséquilibre.

Chenavard, accompagné de Gérard de Nerval, regagnait un soir son domicile, sortant du Divan de la rue Le Peletier, où l'on avait causé jusqu'a minuit avec des amis, quand son compagnon lui dit :

— Je ne sais où coucher ; j'irai chez toi.

— Si ça te fait plaisir. Tu connais la couche qui t'attend... C'est une bonne idée qui t'est venue. De cette façon, je ne rentrerai pas seul. Allons ! marchons !

Mais, loin d'activer le pas, Nerval avait l'air d'hésiter, d'être en proie à une irrésolution qui s'accentuait de plus en plus. Il se faisait traîner, trébuchant, préoccupé, tout ce qu'il y a de moins présent aux actes, purement mécaniques, d'une locomotion dirigée par un ami.

Enfin, arrivé à peu près au bout de la rue Saint-Lazare, en vue de l'église Notre-Dame de Lorette et de l'espèce de carrefour enfanté par la rencontre de la rue portant le nom de cette église de la rue des Martyrs, de la rue du Faubourg-Montmartre, etc., Nerval refusa nettement d'avancer.

— J'ai changé d'avis, pour des motifs que tu ne saurais comprendre, déclara-t-il : je vais aller coucher en Orient.

La surprise fit que Chenavard lui lâcha le bras :

— En Orient !

— Oui, viens avec moi ! tu verras comme c'est au-dessus de tout ce que tu as pu rêver.

Le poète parlait à son ami sans le regarder, les yeux levés vers le ciel, fixés sur quelque point lumineux qu'ils ne quittaient pas.

Le trajet depuis la rue Le Peletier s'était d'ailleurs accompli dans des conditions analogues pour Nerval. Il avait même obligé Chenavard, par le fait d'une espèce d'entêtement indéfinissable, à suivre une route légèrement détournée, comme si une attraction de quelque partie de la voûte céleste exerçait son influence sur cette marche. Gérard de Nerval nous l'a dit : c'était à l'appel de son étoile qu'il obéissait ainsi machinalement.

Chenavard tenta de raisonner (avec des raisons

déraisonnables, comme l'on en emploie quand il s'agit de se mettre à la portée des grands enfants de l'aliénation mentale), de raisonner le projet de son ami, pour lui prouver qu'il devait revenir sur son étrange détermination.

— L'Orient est bien loin, lui objecta-t-il. Il est tard ; rentrons, et demain nous serons à même d'accomplir ce que tu désires, dans de meilleures conditions.

Mais l'étoile était là, qui parlait aussi à l'imagination extasiée du pauvre Nerval, et lui disait, en son langage mystique d'astre, des choses toutes différentes de ces motifs tirés du positif bon sens.

— C'est ce soir, à cet instant même, que je dois me rendre en Orient, répondit-il ; qui sait ce qu'apportera demain. Cette heure seule est à moi... à nous, si tu veux me suivre.

Chenavard lui avait repris le bras, essayant de renforcer son argumentation d'un secours plus énergique, d'un appoint musculaire :

— Rentrons chez nous.

L'halluciné le força à lâcher prise. Le débat se prolongeait sans résultat. Chenavard changea de plan d'attaque. Il fit mine de s'éloigner :

— Alors, bonsoir ! moi je rentre à la maison.

Nerval hocha la tête :

— Tu as tort, car tu n'auras pas fait vingt pas, tu ne seras pas sorti de mon cercle d'action, que tu tomberas foudroyé.

Le peintre espéra démontrer à son ami, au moyen d'un exemple immédiat, à quel point il se trompait dans son appréciation des faits :

— Tant pis ! je tente l'aventure.

Il partit dans la direction de la rue des Martyrs. Au bout de quelques mètres, il se retourna.

Toujours à la même place, Nerval se déshabillait, semant ses vêtements à droite et à gauche.

Chenavard se souvint qu'il y avait, à une assez faible distance, un poste, où il pourrait demander du secours. Il s'y rend et explique qu'un de ses amis, à la suite d'un trop bon dîner, se trouve dans un bizarre état d'esprit : il veut à tout prix coucher dans la rue. Ne pourrait-on le transporter au poste et lui fournir un lit de camp jusqu'à ce que quelques camarades que, lui Chenavard, va s'empresser de prévenir, viennent le chercher. La personne en question était un esprit distingué, méritait à tous égards l'aide ainsi réclamée et devrait être traitée avec les plus grands ménagements.

C'est de l'arrivée de cette force armée que nous a entretenus, à sa manière, Gérard de Nerval.

Son ami accompagné au poste, et après l'avoir vu placer sur un lit de camp, Chenavard se hâta de monter la rue des Martyrs. Il se rendait rue de Navarin, où demeurait alors Théophile Gautier, pour l'avertir de ce qui venait d'arriver à leur commun camarade.

Il était près de deux heures du matin. Gautier, réveillé en sursaut, écouta le récit de l'aventure, se frottant les yeux et constatant, de sa sonore voix de méridional, de cette voix que ceux qui ont connu l'auteur de *Mademoiselle de Maupin* ne peuvent oublier :

— Hé bien ! ça ne m'étonne pas ! Vois-tu, ça ne m'étonne pas !... Nous disons tous, et tous les jours, tant que nous sommes, un tas de bêtises auxquelles nous croyons plus ou moins... auxquelles nous finissons par nous habituer à croire sous bien des rapports. Nous dansons en rond autour du trou de la folie. Gérard, qui est le plus distrait et a le pied le moins solide, s'est laissé glisser dedans. Il lui a suffi pour cela de prendre nos paradoxes plus au sérieux que nous... Ça ne m'étonne pas !... Mais il faut nous occuper du pauvre diable avant qu'il nous en arrive autant, ce qui n'aurait rien de surprenant, non plus !

Il venait de sauter de son lit, et s'habillait précipitamment :

— Oui, entre nous je n'aperçois qu'une question de degrés ; mais, mon cher, sois en sûr, c'est la même pente. Ce qui, par parenthèse, n'est pas des plus malin de notre part.

Et le fataliste se faisant jour :

— Mais c'est comme ça !... Après tout, Allah est grand ! Courons voir pourquoi il retient notre ami en Orient.

Comme ils dégringolaient la rue des Martyrs, Chenavard fit observer à son compagnon :

— Tout cela est bel et bon ; mais où allons-nous pouvoir faire transporter le pauvre Gérard pour qu'on lui donne les soins réclamés par son état ?

Gautier, après une seconde de réflexion, se frappa le front ; il avait une idée :

— Nous allons le conduire chez Blanche.

C'était bien, mais pas encore suffisant. Restait à savoir qui payerait la pension chez ce Docteur. On ne pouvait pas lui imposer, sans la moindre idée de rémunération légitime, tout le poids du séjour du malheureux égaré. Certainement, cet ami des littérateurs et des artistes accepterait les choses ainsi. Mais Gérard avait de la famille, un père... qu'il voyait peu, avec lequel il ne s'entendait pas trop...

son père, cependant. Et, étant donnée la situation, cet homme avait le droit d'être informé des premiers...

— Va le trouver, dit Gautier à Chenavard ; moi, je me rends auprès de Gérard.

Le père de Nerval était un vieux dur-à-cuire du premier Empire, doublé d'un original assez mal commode. Il ne voulut pas entendre parler de son fils.

— Il n'a jamais tenu compte de mes conseils ! s'écria-t-il ; il n'en a jamais fait qu'à sa tête ! C'est vous tous ! ce sont ses amis qui l'ont encouragé ! C'est à vous à vous en tirer comme vous pourrez ! Moi je n'y puis rien, je le sais par expérience.

Chenavard salua et prit le chemin de la rue Saint-Lazare.

Au poste, il ne vit plus Gérard. Il lui fut répondu qu'un second ami l'avait déjà réclamé et emmené en voiture.

Cet ami était évidemment Théophile Gautier. Il l'avait, à n'en pas douter, voulu tirer, sans plus tarder, d'un lieu protecteur, il est vrai, mais aussi refuge de vagabondage, où il lui répugnait de le savoir, en quelque sorte, prisonnier.

Chenavard ne s'était pas trompé dans ses prévisions. Parvenu chez le docteur Blanche, on le mit bientôt en présence de ceux qu'il cherchait.

Gérard consentit sans difficulté à demeurer quelque temps dans l'asile hospitalier qu'un homme de cœur lui offrait.

Nerval a parlé, on l'a vu, dans *le Rêve et la Vie*, de deux personnes qui l'avaient réclamé au poste. Chenavard ne se rappelait pas qui il avait pu prendre pour cette seconde personne, Gautier l'ayant seul réclamé.

VIII

La mystérieuse mort de Gérard de Nerval a été cause de bien des polémiques, de bien des affirmations, plus ou moins contradictoires, suivies d'un plus grand nombre encore de rectifications.

L'encre a coulé de quantités de plumes amies, tout au moins invariablement sympathiques, volontiers émues.

Le mot de l'énigme n'a pas été deviné pour cela. Au contraire, on croirait que toute cette encre répandue n'a fait qu'obliger à s'enfoncer plus profondément dans sa nuit, déjà si obscure par elle-même, le secret avidement cherché.

Remuer l'eau avec un bâton est rarement un moyen heureux pour arriver à apercevoir, au fond, un objet qui vous intéresse. Mieux vaut laisser reposer.

Il en est du temps comme des fluides : les années calment tout et permettent de mieux voir. Elles fournissent aussi le recul voulu.

Je crois donc pouvoir, à l'heure qu'il est, revenir à cette rue de la Vieille-Lanterne que notre génération ne connait que par la tragique célébrité due justement au suicide, ou à l'assassinat du candide et bon Gérard, comme ses amis se plaisaient à l'appeler.

Théophile Gautier a tracé, en quelques lignes d'une poignante puissance de rendu, le tableau saisissant (l'eau-forte serait mieux), de ce coin lépreux et gluant, l'on peut même dire visqueux, froidement et répulsivement visqueux, du vieux Paris misérable : « Un corbeau familier croassait et battait des ailes rue de la Vieille-Lanterne, sur le palier de la rampe fangeuse, maculée de neige près des affreux barreaux, et peut-être à son heure suprême, le pauvre Gérard de Nerval, par un de ces sauts de pensée si fréquents aux moments solennels, se souvint-il d'un corbeau rencontré sur le pont du navire (durant son voyage de Syrie) qui le fascinait de ses yeux fixes et fatidiques. »

Le sinistre battement d'ailes de corbeau évoqué, donne à cette rue, telle que l'on peut la concevoir aujourd'hui, son frappant caractère inoubliable.

Qui sait quel pan d'ombre menaçant, quel manteau de nuit hostile, cette aile noire étendue entre la pâleur inquiète du ciel et les vacillantes lueurs des bouges, qui sait quel pan d'ombre apocalyptique cette aile de corbeau a répandu sur les derniers moments de ce malheureux grand enfant, si artistiquement doué, qu'était Gérard de Nerval ?

Le même guide qui nous a mis à même d'assister au début du désordre mental qui força à interner quelque temps Nerval dans la maison de santé du D′ Blanche, va encore nous aider ici de ses précieux souvenirs.

Nous n'arriverons peut-être pas plus que nos devanciers à une conviction absolue sur la manière dont le doux poète termina sa souvent lamentable et toujours étrange existence. Ceux qui ont assisté à ses derniers moments, s'il est quelqu'un qui y ait assisté, ou eurent un intérêt tout personnel à se taire sur ce qui venait de se passer, ou furent trop obscurs pour que l'on eut l'idée de s'adresser à eux.

Nous n'avons nullement la prétention de fournir, en ces pages, un document positif, éclairant d'un jour direct, la scène tragique dont Théophile Gautier a ressuscité si intensément le décor.

Notre recherche ne reposera que sur des déductions, des suppositions, n'ayant elles-mêmes pour bases que des probabilités. Elle sera toute psychologique. Nous ne tenterons pas de deviner d'une façon précise les faits et gestes, les actes de Gérard durant la lugubre nuit. Nous nous bornerons à chercher dans quel état d'esprit il devait être alors. Peut-être tout se verra-t-il expliqué dans des proportions satisfaisantes pour les fouilleurs de vérités morales si nous parvenons à démontrer que la mort par suicide est la conclusion logique qu'implique l'état cérébral maladif du poète.

La veille du jour où l'on devait trouver le corps raidi de Gérard de Nerval attaché aux barreaux de fer de la rue de la Vieille-Lanterne — pendu à l'aide d'une sorte de bande d'étoffe claire achetée chez un bouquiniste-brocanteur du quai et montrée aux amis en qualité d'ancienne jarretière de Madame de Lamballe —, le poète vint voir son camarade Chenavard.

Dès le seuil, il prononça gravement :

— Serre la main à un *hadji*... Ce qui est écrit est écrit... Le pèlerinage magnétique est commencé... Rien ne peut plus empêcher qu'il ne s'accomplisse... Il a ses stations, comme la montée du Calvaire. Je frappe en passant à la porte des amis, je salue les lieux qui ont eu leur jour de sourire en mon passé...

Il tendit la main à Chenavard :

— Veux-tu me faire la conduite, l'accompagnement de la mise en route ?... Dans ce cas, l'heure a sonné.

Gérard refusa de s'asseoir, ne fut-ce qu'une seconde. Il répétait, avec un non très doux, mais tenace, de la tête et des yeux, une résistance faite de cette inertie des faibles, que rien ne parvient à vaincre :

— Le sablier est retourné ; il faut obéir à sa destinée. Tu vois un *hadji*.

Son camarade, inquiet, résolut de céder à sa fantaisie ; d'abord pour l'observer, ensuite pour aviser, s'il y avait lieu.

En mettant le pied sur le palier de l'escalier, Nerval demanda :

— Peux-tu me confier dix francs... ou plutôt deux pièces de cent sous ?

Chenavard les lui donna.

Alors, l'illuminé se mit à jongler avec, et l'une d'elles étant venue à tomber, il regarda dans quelle position : pile ou face, puis se mit à descendre sans prendre la peine de la ramasser.

Chenavard se chargea de ce soin et lui tendit la pièce de cinq francs, qu'il reprit sans observation.

Au bout de quelques mètres dans la rue, il déclara :

— Tu es grand, tu es fort... Je t'ai reconnu. Ton nom est : *Le Très Haut.*

Et cent pas plus loin :

— Examine-moi bien ... Souviens-toi que, aujourd'hui, tu as vu Christ... car c'était l'heure. Souviens-toi !...

Il entraîna son compagnon vers le quai :

— La route est tracée, il faut la suivre, prononça-t-il comme se parlant à lui-même, le bâton est dans la main du voyageur.

On remonta du coté de l'Hôtel de Ville.

Nerval semblait se complaire à des détours qui le ramenaient parfois sur ses pas. On eut dit qu'une force cachée l'obligeait à décrire des cercles, de plus en plus rapprochés, autour du sinistre point de Paris où allait se terminer bientôt son existence de bohème à intelligence haute, mais mal en équilibre, à imagination de voyant.

Nerval désira faire l'ascension de l'une des tours de Notre-Dame. L'on s'engagea donc dans l'interminable escalier en colimaçon.

A la hauteur du toit de la nef, en traversant, au-dessus de la façade, à l'air libre, d'une tour à l'autre, Gérard s'arrêta pour suivre du regard dans l'espace un vol de corbeaux dont les croassements venaient d'appeler son attention.

Après avoir tournoyé quelques instants, la bande lugubre, qui procurait l'impression d'une écharpe de deuil en train de se dérouler dans le ciel, déjà d'un gris triste par lui-même, la troupe aux appels lamentables se dirigea du côté de la rue de la Vieille-Lanterne.

Nerval avait suivi attentivement et anxieusement de l'œil cette direction du vol de corbeaux.

Y voyait-il un *signe?* Un signe qui, ajouté à tout ceux dont son esprit, en proie à la plus vive exaltation, avait été frappé, devait décider de tout, faire pencher sans retour le plateau de la balance du destin.

Ces corbeaux, sombres frères de celui rencontré en bateau jadis, sur la côte de Syrie, du « fatidique » corbeau aux « yeux fixes » de là-bas... de l'Orient, ces funèbres oiseaux n'enfantaient-ils pas comme un tracé de communication dans l'espace, entre ce dernier et le corbeau, sans doute connu lui aussi, de la rue de la Vieille-Lanterne ?

Qui sait si tout ne fut pas dit, ne fut pas décidé à cette même minute, où l'idée fixe trouvait sa légitimation, ou, du moins, pouvait la croire trouvée ?

Les corbeaux, revenant subitement, volèrent se perdre du côté du sud-est. Ils avaient montré le lieu fatal, à présent ils montraient la route vers l'Orient.

Gérard de Nerval eut un léger frisson.

— Il fait singulièrement froid sur cette plateforme, dit-il, descendons.

Il avait renoncé au désir, ou bien oublié, de monter jusqu'au haut de la tour.

Une fois sortis de Notre-Dame, sur le trottoir, Gérard tendit la main à Chenavard :

— Je te quitte, lui dit-il.

Chenavard, effrayé, aurait souhaité l'accompagner encore, tout au moins le voir avec d'autres amis, le mettre en leurs mains :

— Mais je vais marcher avec toi ; nous pouvons bien terminer ensemble une journée commencée ainsi de compagnie. Je n'ai rien à faire...

Nerval l'interrompit :

— Moi, j'ai à faire.

— Cependant ?...

— Non, mon cher. Chacun à sa route. La nôtre diverge maintenant, il faut nous séparer. Adieu.

— Voyons, mon vieux !...

— Adieu... J'ai encore beaucoup de chemin à faire... d'autres stations... des mains d'amis aussi à serrer.

Il n'y avait pas à lutter contre une résolution aussi inébranlable. Gérard de Nerval était habitué à accomplir toutes ses volontés. Nulle nature ne supportait moins la contrainte. Il avait toujours été et prétendu être « libre comme l'hirondelle ». Sa volonté était au service de son caprice, qui régnait en maître absolu.

Le suivre n'était pas plus facile que de l'accompagner malgré lui. Il avait des habitudes de nomades capables de dépister les plus fins limiers. Le mystère qu'il adorait et avait toujours pratiqué semblait à son service.

Comme il n'était pas dans un état mental permettant l'emploi de la force, il n'y avait qu'à le laisser aller où l'appelait son destin.

Nous savons où celui-ci le conduisit.

« Libre comme l'hirondelle », le pauvre Nerval sentait sourdement qu'il ne pourrait bientôt plus l'être. Il faut la jeunesse en sa vigueur première, avec le réparant d'une sève capable de toutes les prodigalités, à l'existence du bohème. Vieilli avant l'âge, vieux de corps, usé jusqu'au cerveau, pour en avoir abusé en grand enfant de poète assoiffé d'infini, Gérard de Nerval pressentait d'instinct que ce corps allait devenir un boulet, ce cerveau une prison, ou même — chose plus lamentable encore — un cabanon, pourses idées sur la limite du déséquilibre. Il voulut échapper à ce traîné du boulet de forçat de la durée, à cette prison, à ce cabanon du *moi* mental surmené.

« Libre comme l'hirondelle »... Il en arriva, consciemment ou inconsciemment, à la pensée fixe de la liberté demandée à la mort.

> La mort est une amie
> Qui rend la liberté...

Que de fois j'ai pensé à la fin de Gérard de Nerval en entendant Louis Ménard songer, plus qu'il ne se le chantait à lui-même, l'air de Schubert sur ces paroles de mélancolique dernier espoir, d'espoir caressé, regards plongeant en l'au-delà.

« Libre comme l'hirondelle »... Libre après... Mais comme la fatalité devait jouer son rôle, même dans l'aspiration à la liberté, chez cet épris de l'Orient qu'était Nerval, ce fut un signe qui décida de l'heure.

Le corbeau du bateau, le corbeau rappelé par Théophile Gautier à propos de celui de la rue de la Vieille-Lanterne, ce dernier lui-même, enfin le vol de ceux partis en nuée tournoyante des tours de Notre-Dame : le signe, l'accumulé des signes !

Selon nous, avec ce vol tout fut dit. Notre analyse psychologique n'a rencontré que ceci, en cherchant à éclairer rétrospectivement le mystère de la rue de la Vieille-Lanterne : une agonie dans le silence du vide, un départ libérateur pour l'infini.

IX

Enfin je te trouve. — Le *gueux* de Maman Cibot. — Petit *rat*.
— Camusot, Cardot, Florentine. — Un Mondor et un mont
d'or. — Honoré de Balzac. — Je quitte Nucingen. — La
veuve de l'éditeur. — La caverne d'Ali-Baba. — Je m'en
étais douté. — Ce pauvre Pons. — Les ananas. — Mme Sand
au comptoir et Gautier garçon de café. — Le *Mélino*. —
Flots d'or. — Haut comme les Alpes. — Un monde en
valant la peine. — Une femme extraordinaire. — Diploma-
tie. — L'ambassadeur en Angleterre.

— Ah ! enfin, je te trouve !... Depuis plus de
deux heures que mon cabriolet brûle le pavé de
Paris, à ta recherche, sur ta piste à chaque instant
perdue et retrouvée ! Je te saisis au gîte !... Passant,
repassant par ici, je t'ai demandé plus de quinze fois
à ta portière. Elle préparait, dans le fond de sa
loge, sur son *gueux*, une cuisine à la *maman Cibot* !...
Une maman Cibot dont on entendra bientôt parler
ainsi que du *cousin Pons* : un collectionneur je ne te
dis que ça, celui-là ! qui me renseignerait en un tour
de main sur ce qui m'amène chez toi... Je t'ai
demandé à ta portière... une femme étonnante !...
avec une superbe moustache à la lèvre supérieure...
et *qu'à eu des malheurs !*... Son Hortense... car ces
monstres-là ont toujours des Hortense... est évidem-

ment un gentil petit *rat* en train de grignoter les épargnes de quelque *Camusot*... à moins qu'elle ne travaille à souffler le vieux *Cardot* à *Florentine !*... Est-ce que tu ne flaires pas d'ici tout ce tissu d'aimables canailleries ?... Enfin ! tu sauras que ton cerbère fait mijoter... aux petits oignons !... un de ces fricots dont, seules, ses pareilles ont le secret icibas... et qui vient de me poursuivre, d'étage en étage, de sa bonne odeur... qu'on s'en lècherait les doigts jusqu'au coude... Ouf ! laisse-moi m'asseoir !... A propos, mon ami, j'ai l'honneur de t'annoncer que ma fortune est faite ! Tu reçois en ce moment la visite d'un Mondor... Tu as bien entendu, un *mont d'or !* ah ! ah ! ah !

Qui vient d'entrer ainsi, en coup de vent, s'épongeant le front, un volumineux paquet sous le bras ; hors d'haleine et hors de lui ; fourbu par la montée quatre à quatre de l'escalier, et enfiévré par la chevauchée de ses rêves emballés ?

C'est Honoré de Balzac, ce grand enfant de Balzac en personne.

A présent, il dénoue religieusement la ficelle qui attache le paquet, il ouvre l'enveloppe de papier avec émotion, et, par dessus la table-bureau qui le sépare de son ami, lui avance sous les yeux un tas de gravures de toutes tailles :

— Examine-moi ça avec respect, monsieur l'artiste ! monsieur le connaisseur !... Qu'est-ce que tu en penses !... Du nanan, mon vieux ! du nanan ! Je quitte *Nucingen*, que j'ai croisé devant la Bourse. Il m'a dit que ça pouvait être une mine d'une richesse incalculable ! *ingalgulable !*...

Son ami l'interrompt, ahuri de voir qu'il parle sans sourciller d'une rencontre avec un personnage de ses romans, type du banquier d'origine germanique, du baron de la haute finance :

— Tu dis ?... *Nucingen !*...

Balzac bat des paupières :

— Oui... c'est-à-dire... Enfin, peu importe ! L'intéressant, ce sont ces merveilles de la pointe et du burin ! Voilà l'histoire... Figure-toi... Mon éditeur mort... sans le sou !... Me voilà à la côte, faisant eau de toutes parts... Sa veuve me dit : « Je suis ruinée... Voulez-vous accepter ces gravures en payement de ce que nous vous devons ? Mon pauvre défunt y attachait le plus grand prix ! C'était son *dada.* au cher homme. » Sans s'en douter, elle venait... Sans s'en douter, elle venait de m'ouvrir les portes de la caverne d'Ali-Baba !

Et tandis que son ami se met en devoir d'examiner les estampes :

— Il y en a pour diablement plus que les deux ou trois mille francs qu'ils me doivent ! Ça vaut dix mille francs, à première vue, comme un sou !... J'estime que trente mille francs ne serait pas trop dire.

Puis s'exaltant :

— J'en refuserai cinquante mille ! C'est tout un musée, et cent mille francs !...

L'ami souriait :

— Oh ! cent mille francs !...

— Pourquoi pas ! J'en tirerai plus ! Qui m'empêche de les exposer, ces œuvres hors ligne ! J'ouvre, j'ouvre une sorte de musée !... Tout le monde voudra connaître ça !... A vingt sous par tête !... Je te dis que c'est une fortune ! tout simplement une fortune !... Et cette exhibition décuple, centuple leur valeur ! Qui m'empêche de m'en défaire après dans des conditions qu'on ne saurait prévoir ! Une fois qu'une pareille affaire est lancée !... Le tout est d'amorcer le public ! Et je m'en charge !... Tu ne comprends donc pas !...

L'ami, ayant suffisamment examiné les gravures, l'arrêta :

— Si... sur le quai... on veut bien t'accorder vingt-cinq francs du tout, tu feras bien de ne pas laisser se rompre le marché. Ça vaut à peine... à peine cela... Oui, vingt-cinq francs, ce serait bien payé.

Balzac, qui n'avait pas cessé, tout en causant et en battant imaginairement la campagne, de suivre les moindres gestes, les moindres manifestations d'impressions du camarade consulté, de l'observer de ses yeux fouilleurs, Balzac ne se déconcerta pas pour si peu.

— Hé bien ! je m'en étais douté ! annonça-t-il, avec le plus beau sang-froid du monde.

Et comme son ami, tout en rattachant le paquet, pour le lui rendre, le mettait en garde contre les exploiteurs qui s'attachent aux gens connus et s'entendent à flatter leurs manies, contre la bande des habiles de la brocante, toujours aux trousses des amateurs, il constata, bien loin de prendre le conseil et la leçon pour lui :

— Tu as diablement raison ! Aussi je vais mettre en garde ce pauvre *Pons* contre tous ces gaillards-là !

Il tint parole, fit comme il avait dit.

L'on peut voir, en effet, dans cette seconde partie de la superbe étude des *Parents pauvres*, que le bonhomme *Pons* a été bien et dûment stylé sur le chapitre en question par l'auteur de la *Comédie humaine*.

Voici maintenant une anecdote digne d'être mise

en pendant avec celle de la vente des ananas des Jardies.

Théophile Gautier à narré cette première histoire : « Voici le projet : cent mille pieds d'ananas étaient plantés dans le clos des Jardies, métamorphosé en serres qui n'exigeraient qu'un médiocre chauffage vu la torridité du site. Les ananas devaient être vendus cinq francs au lieu d'un louis qu'on les payait ordinairement, soit cinq cent mille francs ; il fallait déduire de ce prix cent mille francs pour les frais de culture, de châssis, de charbon ; restaient donc quatre cent mille francs nets qui constituaient à l'heureux propriétaire une rente splendide — « sans la moin- « dre copie » ajoutait-il. — Ceci n'est rien, Balzac eut mille projets de ce genre ; mais le beau est que nous cherchâmes ensemble, sur le boulevard Montmartre, une boutique pour la vente des ananas encore en germe. La boutique devait être peinte en noir et rechampie de filets d'or, et porter sur son enseigne en lettres énormes : **« Ananas des Jardies »**.

Venons au second projet.

C'est encore une boutique que Balzac cherche sur le boulevard... une boutique si vaste, si grandiose, si monumentale à sa manière, que fort heureusement pour lui. il ne parvient à rien rencontrer de capable de répondre à son plan idéal.

Il tient un camarade sous le bras et l'initie à l'affaire tout en faisant les cents pas, sondant les devantures de l'œil, reconnaissant, de droite et de gauche, en habile général, le terrain sur lequel il s'agit d'opérer. Et ses bras vont, viennent, font le moulinet :

— Voilà, mon cher !... Simple comme bonjour ! comme l'œuf de Christophe Colomb ! comme tout ce qui est véritablement grand, réussi, pratique et génial à la fois !... Ecoutez-moi ça !

Et, très amusé, esbrouffreur, tant soit peu commis voyageur ; moitié blageur, moitié rêvant déjà, entrain de se prendre à son propre piège ; puis hypnotisé bientôt tout entier par le verre grossissant de son imagination, s'allumant, s'échauffant, s'enflammant, s'incendiant au contact de son propre feu d'artifice :

— J'ouvre, en plein boulevard, au cœur de Paris, lui-même le cœur du monde, un débit monstre, un foyer prodigieux, des *Mille et une Nuits*, un café comme on n'en a jamais vu, comme on n'en aurait jamais vu sans cela !... Je fais trôner George Sand au comptoir... Hein ! qu'en pensez-vous ! Voilà une dame de comptoir à succès ! Gautier ne me refusera pas de me servir de garçon de café !... Ne le voyez-vous pas d'ici, le tablier blanc au ventre !... Il fera une recette d'enfer !... Moi, j'aurai la serviette sous le bras, dirigeant tout, organisant tout, veillant à tout !

Il lançait un coup d'œil de côté à son auditeur :

— Vous n'en revenez pas ! Est-ce assez trouvé ! Vous ne vous attendiez guère à la chose ! Hé bien jugez alors de l'effet sur les autres, sur le vulgaire troupeau des humains !

Il bombait sa poitrine avec orgueil :

— Hé bien, mon cher, tout ceci n'est rien encore ! Nous n'en sommes qu'au préliminaire, à la mise en scène ! Le trait de génie, le voici ! Que vendons-nous ?... Que détaillons-nous dans notre établissement ?... Ah ! voilà ! Vous me le demandez ! vous vous le demandez !... comme l'univers entier se le demandera bientôt à votre suite !... Que vendons-nous ? Ouvrez vos deux oreilles !... Nous servons du !... du *mélino !*...

Il répétait sur tous les tons, se gargarisant du mot, le vocalisant, le criant, le hurlant, le savourant, le lançant, le balançant, le calinant, le berçant, le semant sans parvenir à se lasser :

— Mélino ! mélino ! mélino !

Et, on ne peut plus convaincu :

— Qu'en dites-vous ?

— Que sera ce fameux *mélino ?* quelle sorte de breuvage ?

Balzac hausse les épaules :

— Ce que ce sera ? Qu'est-ce que cela peut faire ?... Ce sera du *mélino !* Est-ce que vous trouvez que ça ne suffit pas ! Parbleu ! ça sera ce que ça voudra ! Nous verrons plus tard ! Nous avons tout le temps d'y songer !... De l'eau chaude avec du sucre, si vous voulez !... Est-ce que je sais, moi ! Que m'importe ! *Mélino* est tout. Vous n'avez donc pas entendu ! vous ne comprenez donc pas : *mélino ! mélino !...* Tout est là ! *mélino !*

Et appliquant la théorie des noms développée au début de *Z. Marcas :*

— Mélino ! Est-ce que ça ne sonne pas bien ! On dirait un éclat de trompette... embouchée par la Renommée elle-même ! Mélino ! ça dit beaucoup en quelques syllabes ! ça dit tout !... et ça promet !... ça fait attendre ! espérer ! encore bien davantage ! Ça va frapper à petits coups répétés, irrésistibles, dominateurs et enchanteurs, sur la curiosité de chacun. La demande que vous venez de m'adresser : « Mais qu'est-ce que ce Mélino ? » tout le monde sera tenté de la répéter, entraîné à la faire pour son compte ! Et nous vendrons tout le mélino... mélino ! mélino !...

que nous voudrons ! Il coulera à flots, tandis qu'en échange, l'or viendra tomber en cascade inépuisable, en chute du Niagara, dans nos poches bondées, éventrées ! Le mélino ! mais c'est le Pactole ! ce sont les mines du Potose, celles des diamants du Brésil et de l'Inde réunies ! Dans un mois, Paris ne parlera plus que de *mélino !* ne voudra plus entendre parler que de *mélino !* Et l'Europe questionnera, inquiète, émue, avec échange de notes diplomatiques, courriers de cabinets se croisant à franc étrier : « Vous dites Mélino ? qu'est-ce que ce terrible, cet effarant Mélino ? » Puis l'Asie, l'Afrique, l'Amérique et l'Océanie suivront, viendront à leur tour. traversant les mers, bravant les tempêtes : « Du *mélino*, s'il vous plaît ! du *mélino*, par grâce ! » Et les peuples, d'un pôle à l'autre, navigueront sur une nappe sans bornes, un océan de *mélino* ! Et l'enflure de notre bourse lui permettra de lutter avec les plus hauts sommets des Alpes ! Et ce sera un sublime spectacle ! Et je me frotterai les mains ! Et je rirai d'un rire formidable, à en décrocher la mâchoire de l'univers ! Et tout sera bien, dans un monde en valant la peine !

Terminons par un *Mot de la fin* où l'imaginatif et débordant, le singulier et déconcertant Balzac, où le remueur de monde, le constructeur de sociétés, le brasseur d'idées et, aussi parfois, de nuées, que nous allons quitter, va se peindre comme en un miroir, en son miroir convexe de grossisseur à outrance.

Quelqu'un, assis dans le cabinet de travail de Balzac, y vit entrer, pour dire deux mots au maître de la maison et sortir presque aussitôt, une femme ayant l'air tout-à-fait chez elle et ne craignant pas de le montrer à un étranger. Le romancier avait remarqué une expression de surprise, comprimée avec peine, sur la figure de son visiteur.

Il se leva et se mit à arpenter la pièce, fougueux, léonin, secouant ses longs cheveux :

— Vous avez vu cette femme, mon cher ? C'est un monde !... un poème, un drame, un cataclysme ! le plus prodigieux de tous les romans !

Puis à la fois, supérieur et tragique, convaincu et enthousiasmé de *l'effet* trouvé et de la sensation produite :

— Il m'a fallu déployer... pour ne pas l'épouser !... un art, une astuce, un génie diplomatique, qui devraient — si l'on s'en doutait en haut lieu — me faire offrir à l'instant, sur un plateau d'argent, le poste d'ambassadeur en Angleterre !

X

Complément d'information. — Mme Sand. — Chaudes-Aigues. — Musset ne vient pas. — Le dîner de la Revue des Deux-Mondes. — *Lui et Elle*. — Beaucoup à redire sur *Rolla*. — Ce pauvre M. Musset. — Sagesse antique. — Je vous présente Alfred de Musset. — Premier chapeau. — Gustave Planche et second chapeau. — La jeune cauchoise. — En promenade. — Lune de miel de carnaval. — Le voyage d'Italie. — L'âne Buloz. — Stendhal. — Lorenzaccio et Julien Sorel. — Vers à dire entre hommes.

Paul de Musset, dans la Biographie qu'il a écrite de son frère Alfred, a parlé de la première entrevue de ce dernier avec George Sand, mentionné l'amusant incident Chaudes-Aigues, expliqué la cause de la brouille avec Gustave Planche, gaiment rapporté l'anecdote du costume de cauchoise, et consacré des pages empreintes de tristesse au célèbre voyage en Italie.

Si nous revenons sur ces choses, c'est que nous possédons des variantes, des détails complémentaires caractéristiques, et que, par conséquent, la source où nous avons puisé nos renseignements nous met à même de dire du nouveau, soit en complétant les faits déjà écrits, soit en les éclairant d'un jour qui leur prête une couleur autre, parfois même un dessin différent ; c'est que nous pensons pouvoir serrer la vérité de plus près. Un sujet n'est jamais épuisé tant qu'il reste un aspect sous lequel on a oublié de l'envisager. Qui peut dire que cet aspect n'est pas justement le plus expressif, celui qu'il importait avant tout de reproduire ?

M⁰ Sand désirait beaucoup faire la connaissance d'Alfred de Musset. De là à prier quelque familier de son salon, qui prétendait être lié avec le jeune poète, de l'amener un jour et de le lui présenter, il n'y avait qu'un pas. Ce fut aussi ce pas qu'elle fit.

Chez elle venait souvent un grand diable, maigre et pâle, à figure de crucifié, au parler hésitant, confus, bredouilleur. C'était Chaudes-Aigues, critique un peu oublié de la *Revue de Paris*. Ce malingre, timide, à langue embarrassée, était, comme il arrive souvent, un envieux naïf, caché sous un drapé de vantardise. Comptant peu par lui-même, il se faisait une gloriole de connaître beaucoup de gens célèbres ou en train de le devenir, de connaître *tout le monde*.

Certainement, il était des plus liés avec Musset, qui n'écrivait pas un vers ou pas une ligne de prose sans le lui lire, la lui montrer pour le consulter.

— Hé bien ! priez-le donc de vous accompagner ici un soir, mon cher Chaudes-Aigues, avait dit une vingtaine de fois George Sand, chaque fois que le critique avantageux s'était laissé entraîner à faire parade de son influence sur son *intime* ami.

Et Chaudes-Aigues n'amenait toujours pas Musset. Il faisait valoir tantôt une raison, tantôt une autre.

Alfred était si original, si imprévu et, en même temps, si têtu dans ses subites déterminations ! Un véritable enfant !... enfant gâté !

Le rédacteur de la *Revue de Paris* ne connaissait

même pas Musset de vue. Mais il n'allait pas tarder à le connaître de cette manière, et cela à sa grande confusion.

La *Revue des Deux Mondes* offrit à ses collaborateurs, dont étaient Alfred de Musset et George Sand, un dîner aux *Frères provençaux*. La présentation fut faite de la façon la plus simple du monde, sous les auspices du hasard, ce grand entremetteur, comme eut dit l'auteur, tout récent, de *Rolla* (ce poème venait de paraître dans la *Revue*, 15 août 1833). *Lui* et *Elle* se trouvèrent placés à côté l'un de l'autre à table.

Musset se montra galant pour son *voisin* (car Mme Sand portait le costume masculin), fit des compliments sur un minuscule poignard d'or attaché en breloque à la chaîne de montre du romancier. Il déclara à George Sand qu'elle n'avait pas besoin de ce dangereux bijou pour percer à jamais les cœurs.

Mme Sand qui se savait attendue chez elle par des amis, se voyait dans l'obligation de se retirer, afin d'aller accomplir ses devoirs de maîtresse de maison.

Nous savons qu'elle tenait à posséder Musset dans son salon. Ne faisant guère fonds sur Chaudes-Aigues, et profitant de l'occasion, elle se chargea de l'y introduire elle-même.

Elle l'emmena donc, avec un ou deux autres écrivains de la *Revue*.

Chaudes-Aigues, dans le salon de Mme Sand, lorsque l'on arriva, tenait le dé de la conversation, verbe haut, dos à la cheminée.

Il exposait sa bredouillante opinion sur *Rolla*, et cette opinion n'était pas des plus favorables. Il trouvait beaucoup à redire ; accordait du feu, de la verve, de l'élan, mais il constatait aussi, du décousu, de l'enflure, de la tirade, de la *tartine*.

Cependant George Sand avait serré des mains à la ronde. Parvenue près du terrible *tombeur*, elle lui dit :

— Vous éreintez bien ce pauvre Musset. S'il vous entendait.

Et elle lançait un coup d'œil plein de gaminerie amusée au poète debout à son côté.

Chaudes-Aigues se récria :

— S'il m'entendait !... Mais je viens de lui seriner tout cela à lui-même !

— Vous venez ?... interrogea Mme Sand.

Le critique de la *Revue de Paris* se rappela sa promesse jamais tenue :

— Oui, je le quitte. J'ai même fait tout ce que j'ai pu pour vous l'amener. Impossible !... Peut-être m'en voulait-il un peu. Mais çà passera. Entre nous, tout s'arrange bien vite.

Alfred de Musset risqua :

— Il est de bonne composition ?

Chaudes-Aigues se rengorgea :

— Je ne dissimule pas qu'il a quelque confiance en moi. Ce cher Alfred !...

Musset reprit :

— Comme vous le connaissez bien !

Chaudes-Aigues demanda :

— Vous le connaissez aussi, Monsieur ?

Alfred de Musset salua :

— J'essaye d'y parvenir, monsieur... selon la recommandation de la sagesse antique.

— *Delphienne consigne*, compléta un des rédacteurs de la *Revue des Deux Mondes*.

Mme Sand prononçait :

— Permettez-moi, Chaudes-Aigues, de vous présenter votre ami intime, Alfred de Musset.

Quelqu'un constata :

— Il parait que connaître et reconnaitre sont deux.

Le pauvre Chaudes-Aigues, le visage enflammé, rouge peut-être pour la première fois de sa vie, attrapa son chapeau d'une main qui tremblait, tremblait énervé, et gagna précipitamment la porte.

Cette soirée vit encore un infortuné quittant, son chapeau dansant au bout de doigts crispés, le salon de M⁽ᵐᵉ⁾ Sand.

Gustave Planche, esprit dogmatique autant que critique despote, avait apporté dans ses relations avec George Sand ses manières autoritaires, son sans gêne d'impérieuse domination. L'auteur d'*Indiana* subissait cette tyrannie à l'ordinaire, sa nature rêveuse et repliée dans une presque constante contemplation intérieure, l'empêchant d'en sentir le poids, souvent insipide et désobligeant, d'un bourru déconcertant les autres invités.

Le soir de la présentation de Musset, ledit Planche se montra plus maussade, plus volontaire et plus agressif que jamais. A un tel point que le nouvel ami de la maison ne parvint pas à retenir quelques marques d'agacement.

A un moment même, n'y pouvant plus tenir, il tendit la main vers son chapeau, avec l'intention de se retirer. Mais M⁽ᵐᵉ⁾ Sand lui arrêta le bras :

— Restez, M. de Musset, dit-elle.

Puis se levant et présentant à Planche son propre chapeau (si l'expression propre peut être appliquée sans hérésie à une partie quelconque du costume de ce Diogène de la littérature), elle le poussa doucement, mais d'une façon qui n'admettait pas de réplique, vers la porte de l'escalier :

— Bonsoir, mon ami, bien le bonsoir.

Et Planche, hors de lui, ne sachant à quels saints se vouer, n'eut qu'à regagner sa mansarde... où, heureusement, il trouva Chaudes-Aigues déjà en pénitence.

A quelques jours de là, ils étaient exposés à rencontrer, soit dans les rues de Paris, soit aux environs, une voiture montrant face à face, à la portière, les têtes de George Sand en fringant cavalier, et d'une jeune cauchoise à bonnet relevé en casque, dont les traits rappelaient, à s'y méprendre, ceux d'Alfred de Musset.

Son frère Paul a narré tout au long, dans sa *Biographie* l'amusante scène du dîner offert par l'auteur *d'Indiana*, dîner durant lequel Debureau joua le rôle de diplomate et Musset celui de jeune servant.

Ce travestissement avait tant plu aux deux nouvelles connaissances qu'ils eurent l'enfantillage de vouloir le promener partout où ils pouvaient.

Et, ainsi déguisé, le poète saluait de la main les amis croisés au hasard de la route. Et leur ahurissement, et la joie de ne pas être reconnu amenait de bruyants éclats de rire.

Cette plaisanterie ne les lassait pas. Chaque jour on la renouvelait. C'était une vraie lune de miel de carnaval.

Une gamine lune de miel qui devait se terminer par le si cruel voyage d'Italie !

On sait les excentricités du début de ce voyage ; les tristesses, les souffrances de cœur et la maladie terrassante de Venise. On sait aussi la douleur affaissée et navrante du retour seul. On connait cette mélancolique histoire, que laisse saigner à chaque page les deux récits de *Lui* et *Elle* et d'*Elle* et *Lui*.

Voilà où les conduisait le *voiturin* de par delà les monts, qu'ils avaient pris pour leur excursion, et auquel était attelé un modeste bourriquet baptisé, avec une joie d'écoliers en vacances, ravis d'être à même d'envoyer un pied de nez au patron, baptisé du nom du directeur de la *Revue des Deux Mondes*.

— Hue! Buloz! hue donc! Buloz! Il ne marchera donc jamais, ce Buloz!

Au début de ce voyage, auquel nous devons de si poignants et superbes cris de douleur, Musset avait fait la rencontre d'un penseur à l'observation fine jusqu'à l'aigu, à la notation systématiquement sèche, au scalpel sûr de lui.

A Marseille il avait eu « le grand plaisir » (c'est lui qui l'a écrit aux siens) de lier connaissance avec ce si curieux et si difficilement analysable Henri Beyle qui a illustré le nom littéraire de *Stendhal*. Stendhal se rendait aussi en Italie, gagnant son consulat de Civita-Vecchia.

Musset, Stendhal, quelle antithèse d'organisations littéraires romantiques : la différence de Lorenzaccio au Julien Sorel du *Rouge et le Noir*, du poète de l'amour douloureux à l'analyseur de la *cristallisation*.

Je me trouvais un jour au bord de la mer, avec le directeur de la *Gazette anecdotique* Georges d'Heilly, et nous parlions d'Alfred de Musset, je ne me souviens plus à quel propos ; du reste, à propos de Musset suffit.

Des vers non publiés, peu publiables, du poète, me revenaient en mémoire. C'était de Louis Ménard que je les tenais. Une strophe, m'avait même dit

Louis, n'était pas de Musset, avait été faite, avec son consentement, par deux de ses amis pour compléter la pièce.

Quoiqu'il en soit, voici ces vers, à réciter entre hommes :

> Quand Madame Valdor à Paul Foucher s'accroche,
>   Montrant le tartre de ses dents,
> Et dans la valse en feu, comme l'huitre à la roche,
>   S'incruste à ses muscles ardents ;
>
> Quand de ses longs cheveux flagellant sa pommette,
> De son épine osseuse elle crispe les nœuds,
> Coudoyant les valseurs ainsi qu'une comète
>   Heurte les astres dans les cieux ;
>
> Quand de son rire affreux glaçant la contre-danse,
> Suspendue au collet du hanneton crêpu
>   Comme un squelette à la potence
>   Elle agite son corps pointu ;
>
> De son front inspiré quand la sueur ruisselle,
>   Comme l'huile d'un vieux quinquet,
> Et répandant au loin les pleurs de son aisselle,
>   Fait des dessins sur le parquet ;
>
> Et quand lassée enfin de la valse rapide,
>   Nonchalante et fermant les yeux
> Elle laisse flotter sa mamelle livide
> Et lance un regard fauve au Werther pustuleux ;
>
> Alors le ciel frémit, la chouette siffle et crie,
> Les morts dans leurs tombeaux se retournent d'horreur,
> La lune disparaît, la rivière charrie,
>   Et Drouineau devient rêveur.

Georges d'Heilly n'était pas pour rien directeur de la *Gazette anecdotique* ; je ne lui eus pas plutôt récité ces vers inédits qu'il me les demanda pour sa publication.

Non seulement ils avaient à ses yeux la valeur du peu connu, mais la qualité d'art, la saveur d'originalité due peut-être au déshabillé, mettons même au débraillé dans le déshabillé, que l'on ne peut s'empêcher de sentir en eux en les lisant ici.

Je cédai au désir de Georges d'Heilly ; mais comme il était ami de l'acteur Régnier de la Comédie-Française, je lui dis qu'il était à ma connaissance que ce comédien possédait une version de ces vers légèrement différente de la mienne, et m'avait-on affirmé, écrite pour lui de la main de Musset.

Georges d'Heilly publia les deux versions dans sa revue comme ayant chacune son intérêt. La *Gazette anecdotique* n'étant dans les mains que d'un nombre restreint de curieux et les vers fournis par moi à son directeur n'ayant, que je sache, jamais paru ailleurs, je m'en rempare et les redonne sans hésiter dans ces souvenirs.

Ils valent, selon moi, d'être lus par tous : lus par ceux qui n'en ont pas connaissance — et ils sont nombreux —, relus par la petite quantité de personnes qui étaient, à l'époque de leur publication, abonnés de la *Gazette anecdotique*, ou qui, héritiers de ces abonnés, l'ont dans leur bibliothèque.

Une fantaisie à outrance du *Fantasio* de la poésie française au xix⁰ siècle est un régal de délicats dont, j'en suis sûr, beaucoup me sauront gré.

XI

Portrait de Gustave Planche par Louis Veuillot. — L'homme en robe de chambre. — Les coulisses de la Porte-Saint-Martin. — *Lucrèce Borgia* et Juliette. — Les cordons des souliers. — Maladie et visite de Meyerbeer. — Vous avez oublié ce chiffon. — Le bohême. — L'héritage. — Voyage d'Italie. — Vue affaiblie. — M. et Mᵐᵉ P***. — Opinion de George Sand. — Le critique et le connaisseur. — Une galerie sans pareille. — Des copies. — Les *signore*. — Comment donc reconnais-tu ces choses-là ?

Louis Veuillot a écrit, dans un volume de vers aujourd'hui un peu oublié *(Satires)*, mais où le poing du rude boxeur troue souvent le papier avec une vigueur peu commune :

> Devant Planche prophète on s'incline très bas,
> Et, s'il l'avait voulu, dans l'orgueil de sa mise,
> Le premier aux *Quarante* il entrait sans chemise.
> Il meurt. L'enthousiasme aussitôt monte à flots,
> Et tout Paris pour Planche a les yeux de Buloz,
> Et cela dure encore au bout d'une semaine.
> Ma plume en protestant va paraître inhumaine ;
> J'y consens. Que Paris blâme mes cruautés :
> Planche n'est qu'un pédant et des plus mal frottés ;
> Un ouvrier jaloux qui, dans son honneur triste,
> Déjà mûr au métier prétend régir l'artiste.
> Sous l'œil du bon Buloz qui tenait l'aiguillon,
> On l'a vu comme un bœuf mener loin son sillon ;

Il a déraciné quelques plantes sauvages,
Il a dans les cailloux fait de petits ravages,
Il a des oisillons parfois couvert le bruit,
Et peut-être coupé quelques arbres à fruit ;
Mais ni bouvier ni bœuf dans ce sillon immense
— En longueur — n'ont porté l'engrais et la semence.
Ils ont creusé, c'est tout. Aucun amendement
Ne suivra leur travail fait assez proprement.

Et qui sait si foulant et chardon et lavande,
Ils ont seulement vu qu'ils labouraient la lande.

Nous ne voulons pas nous occuper ici du critique, mais de l'homme. Et encore, nous n'avons pas la prétention de juger ce dernier. Nous désirons seulement le déshabiller un peu, l'étudier, quelques minutes, en robe de chambre, — si, toutefois, Planche a jamais endossé une robe de chambre.

Ecoutons-le d'abord, de derrière un portant — côté jardin —, dans les coulisses de la Porte-Saint-Martin.

On joue *Lucrèce Borgia*. L'actrice Juliette voudrait lier connaissance avec l'auteur et triomphateur Victor Hugo.

La jeune femme consulte Planche. Comment doit-elle s'y prendre pour arriver à ses fins?

Le critique a un rire brutal, très voisin du ricanement. Il signale avec une satisfaction mauvaise le point faible où doit porter l'attaque : ce point faible chez tout poète est l'orgueil.

— Dis-lui, répond-il, en se grattant le dessus des mains, selon son habitude, dis-lui que tu ne *te* sens pas digne de dénouer les cordons de ses souliers.

Et Juliette de s'écrier, avec sa vivacité compréhensive, sa finesse immédiatement éveillée et armée :

— C'est vrai ! c'est cela qu'il faut, tu as raison !

Puis pivotant sur ses talons :

— J'y vais.

A côté de cette boutade, et pour lui faire opposition, il n'est que juste de rapporter un trait de caractère tout à l'honneur de l'homme privé.

Gravissons, si vous le voulez bien, les cinq ou six étages conduisant à la mansarde de Planche. Nous exécutons cette ascension en bonne compagnie, car Meyerbeer vient voir, en même temps que nous, le critique malade et retenu au lit.

La mansarde n'est rien moins que confortable. A peine est-elle logeable. Elle offre le spectacle d'un dénuement à peu près absolu. Cela tient du campement de bohème bien plus que de l'habitation.

Le compositeur prend l'unique siège, encore capable d'équilibre, que son œil rencontre parmi les restes d'un mobilier en ruines. Il s'assied au chevet de l'alité.

Après quelques moments de causerie amicale encourageante, il se retire, craignant de fatiguer le malade. Mais en passant devant la cheminée sans feu, il pose dessus, le cœur serré par tout ce qu'il vient de voir, un billet de banque. Puis il sort, content de lui, souriant à la pensée que Planche ne s'est aperçu de rien. Il tourne, en descendant, l'interminable cage de l'escalier.

Mais les choses n'ont pas eu lieu dans la mansarde comme il se vante intérieurement qu'il en a été. Le critique a vu le mouvement de la main. Il a sauté à bas de sa couche, couru à la cheminée.

Il prend le billet de banque, le froisse entre ses doigts colères, en fait une boule, une sorte de balle. Alors, il s'élance en chemise sur son palier, et envoyant ce projectile à Meyerbeer, d'un étage à l'autre, il lui crie, furieux :

— Meyerbeer ! vous avez oublié ce chiffon !

Veuillot n'a rendu que strictement justice à l'intégrité reconnue du critique, dont il a dit :

> Du reste, puritain, raffiné sur l'honneur,
> Buloz était son prince et non son suborneur.

Et cette justice ne fait que continuer sous forme de raillerie un peu grosse dans son recours au jeu de mot, quand il ajoute :

> Ce ne fut point d'argent que Planche eut les mains sales.

L'argent ne compta peut-être même pas assez à ses yeux. C'est sans doute une des peu nobles nécessités de notre époque que le respect de ce triste argent y marche côte à côte avec le respect de soi-même. On est en droit de le regretter, mais il ne nous est pas donné de nous affranchir de cette tyrannie. Franklin l'a dit au moyen d'un exemple familier fait pour être entendu de tous : « Un sac plein se tient debout, un vide non ». Peut-être qu'un peu plus de soin de ses affaires eut mis Planche à même de s'éviter la mortifiante méprise de Meyerbeer causée par l'idée du sac vide.

Le bohème Planche traita le monde et la vie en grand seigneur du xviiie siècle. Il eut à subir les conséquences de cette conduite. On ne brave jamais en vain l'opinion de son temps, et moins encore la logique des choses en accord avec ce temps.

Gustave Planche, après des années de misère et, par conséquent, de rude expérience, eut le bonheur bien rare de voir une petite fortune venir à lui.

Tout eut dû lui crier de saisir l'occasion aux cheveux. Il se sentait fatigué, vieilli, malade. Ses yeux, usés par de prodigieuses lectures et les corrections d'épreuves, menaçaient de lui refuser leur concours. L'avertissement était terrible ; Planche ne comprit pas, ou ne voulut pas comprendre. Son intelligence aussi se montra presque aveugle.

Il ne songea pas une minute à placer, à rendre productif le capital de soixante-quinze à quatre-vingts mille francs qu'un héritage mettait dans ses mains. Il prit tout sur lui et partit pour l'Italie. Il y vécut à même la somme, sans compter. Le séjour dura ce qu'elle dura elle-même, c'est-à-dire à peine quelques années.

A l'époque de ce séjour en Italie, un peintre lié avec Planche le croise sur la route, près de Naples.

Le critique en vacances trônait dans une calèche en compagnie de Mme P***, célébrité de théâtre, et de son mari.

Planche hèle son ami et, après l'avoir présenté, le fait monter dans la voiture, sur le devant, à la droite du mari — entre parenthèses, le père, ce mari, d'une des plumes les plus spirituelles qui aient écrit aux *Débats*.

Tandis que Gustave Planche reprend avec la dame une conversation momentanément interrompue, le mari entre en matière de la façon suivante avec le nouveau venu, son voisin :

— Il fait la cour à ma femme... mais je n'ai rien à craindre. Je sais par expérience ce qu'il lui raconte. Il lui parle des lois du beau dans leurs rapports avec les arts et les règles impérissables de la langue française.

— Ce sont ses articles qu'il parle, au lieu de les écrire pour Buloz, dit l'ami.

Et le mari de répondre, en s'inclinant avec le plus grand calme, la plus parfaite sécurité :

— C'est cela ! c'est cela !... C'est exactement cela ! Il rédige en imagination ses articles pour ma femme... que ça intéresse... que ça occupe et flatte en même temps... Vous savez ! les femmes !... Enfin, votre ami Planche est un bien excellent garçon !... Et puis, chacun son goût, n'est-ce pas !... Je les laisse aller. De cette façon, ils sont contents... et moi aussi.

Ce mari finement et sceptiquement philosophe avait-il sur la conversation du dogmatique critique de la *Revue des Deux-Mondes* la manière de voir que George Sand devait exposer plus tard, dans *Histoire de ma vie :* « Sa conversation peu variée, mais très substantielle et d'une clarté remarquable, m'instruisit d'une grande quantité de choses... Son humeur mélancolique, ses théories de dégoût universel, son aversion pour le laisser-aller de l'esprit aux choses faciles et agréables dans les arts, enfin la tension d'analyse qu'il fallait avoir quand on causait avec lui, me jetaient à mon tour dans une sorte de spleen auquel je n'étais que trop disposé à l'époque où je le connus. Je voyais en lui une intelligence éminente qui s'efforçait généreusement de me faire part de ses conquêtes, mais qui les avait amassées au prix de son bonheur, et j'étais encore dans l'âge où l'on a plus besoin de bonheur que de savoir. Je me souviens qu'un jour Planche me demanda si je connaissais Leibnitz, et que je lui répondis *non* bien vite, non pas tant par modestie que par crainte de le lui entendre discuter et démolir. »

En fait d'œuvres d'art, Gustave Planche était plutôt, à proprement parler, un esthéticien fort renseigné, pouvant mettre à son service une vaste érudition, qu'un connaisseur proprement dit.

Nous n'en voulons pour preuve que l'anecdote que nous allons rapporter.

Un après-midi, pendant son séjour en Italie, il proposa à l'ami que nous venons de voir convié à monter en voiture avec lui, de venir visiter, en sa compagnie, une galerie particulière, fréquentée depuis près d'une semaine, et où il avait « passé des heures sans pareilles en face des chefs-d'œuvre de la peinture ».

— Des merveilles ! de véritables merveilles ! ne se lassait-il pas de répéter ; quels hommes que ces artistes de la Renaissance !

On arrive à l'habitation désignée, on pénètre dans la galerie sans rivale, que l'on se met à parcourir.

Et Planche de s'exclamer :

— Qu'est-ce que je t'avais dit ! Qu'en penses-tu, mon bonhomme ! Tu n'en as pas souvent rencontré de comme ça dans ta coquine d'existence !

L'ami, peintre et collectionneur, amateur-connaisseur, s'aperçut, à sa grande surprise, que la plupart des œuvres placées devant ses yeux n'étaient pas des originaux.

— Mais je ne vois guère que des copies ici ! s'écria-t-il.

— Comment, des copies ? questionna Planche ; que dis-tu ?

Son œil en même temps surpris et alarmé courait rapidement, autour de lui, sur les toiles accrochées aux murs de la galerie, son œil fatigué, à vision pénible et hésitante, que le séjour d'Italie, les vacances de l'héritage, n'avaient que relativement amélioré.

Un gardien, qui était à quelques pas des deux visiteurs, et qui venait d'entendre la remarque étonnée du connaisseur, s'avança, salua obséquieusement jusqu'à terre et avoua, légèrement railleur au fond sous son masque de politesse italienne, assez amusé en dedans :

— Le *signore* a parfaitement raison. Le *signore* s'y connaît à merveille. Le *signore* a parfaitement remarqué que certains tableaux vendus ont été remplacés par des copies... d'ailleurs par des copies... d'ailleurs remarquables... si remarquables que la plupart des visiteurs s'y trompent...

Il fit une petite pause, pour appuyer sur ce qui allait suivre :

— ... Et qu'il faut toutes les hautes connaissances *des signore* pour qu'ils aient pu reconnaître, comme *ils* viennent de le faire, sans hésiter, les substitutions...

Il soupira :

— Qui ont dû avoir lieu !

Il avançait la main, attendri, répétant une phrase, sans doute retenue de quelque voyageur Français :

— Les temps sont durs, les *signore* ne l'ignorent pas... puisque les *signore* savent tout !

Planche lui mit dans la main aussitôt refermée, avec une dextérité de chat, une pièce d'argent, un des derniers débris du fameux héritage, qui commençait à toucher à sa fin. Puis, prenant son ami sous le bras, il l'entraîna nerveusement au dehors.

Dans la rue, il resta un moment à marcher d'un pas lancé et rapide. Mais cédant bientôt à sa préoccupation, il demanda, avec une candeur désarmante :

— Des copies !... Comment donc connais-tu ces choses-là ?

XII

Il n'y a pas que les personnes qui soient douées de mémoire, les choses aussi gardent des souvenirs. Elles s'entendent parfois d'une façon bien saisissante à vous rappeler par leur simple présence ce qui sans cela ne vous serait peut-être jamais revenu à l'esprit. Ces choses ont donc droit à leur chapitre dans des souvenirs du genre de ceux-ci. Je le leur accorde avec un plaisir très vif, d'autant plus vif qu'il s'agit d'échos réveillés de souvenirs qui sont des souvenirs *miens* remontant à mon enfance.

J'ai voulu revoir un chef-lieu de canton des environs de Paris où, à l'époque où j'étais écolier, je passais mes mois de vacances.

En conséquence, j'ai pris le chemin de fer de

Sceaux, avec mon billet pour Palaiseau — c'est le chef-lieu de canton en question.

Premier arrêt : « Arcueil ! » Mon œil est attiré par la vitre d'une porte de salle de voyageurs de la petite station.

Par cette porte — elle me le dit en son langage parlant aux yeux — par cette porte j'ai vu sortir jadis diverses fois un vieillard à barbe blanche inoubliable, escorté d'un compagnon d'une mise typiquement sévère, tenant le milieu entre le pasteur protestant et le médecin de Molière. Ce vieillard était Raspail, Raspail flanqué de son fils.

Assez tôt, nouvel arrêt. L'employé crie : « Bourg-la-Reine ! »

La vue du quai me remémore : « Le fondateur du Magasin du Bon Marché ». Monsieur Boucicaut prenait ici le train de Paris chaque matin, amené de Fontenay-aux-Roses par un attelage que les connaisseurs appréciaient en le regardant piaffer par-dessus la barrière de bois. C'était qu'aussi ce piaffé était exécuté... Ça semblait réglé par un maître de ballet de l'Opéra.

Bertron — qui songe aujourd'hui à Bertron ? — Bertron, *le candidat humain* demandant la destruction des hannetons dans ses programmes électoraux pleins d'originalité, arrivait à pied, lui.

Une petite charrette anglaise, ou un panier, amenait Edmond About d'une propriété où il passait même l'hiver avec sa nombreuse famille.

Le quai me fait signe : « Te souviens-tu de sa réponse à une connaissance qui s'étonnait de ce séjour à la campagne durant la mauvaise saison ? »

Ce signe m'en fait souvenir. Je vois le fin sourire la soulignant : « Mon cher ami, c'est le seul moyen qu'a un parisien d'être un peu chez lui. A Paris, on est chez les autres, ou les autres sont chez vous... à part l'été... L'été, tout le monde étant parti, on a des chances... Oui, c'est l'été que j'y demeurerais le plus volontiers... si la température ne se mettait pas de la partie alors ».

Mais le train s'est remis en marche.

Successivement : « Berny, Antony, Massy ». Puis enfin : « Palaiseau ! »

Je saute du wagon, gagne la sortie. Au moment où je remets mon billet et m'engage dans cette sortie, un : « Te souviens-tu ? » comme pénétrant sous mon crâne par mes prunelles.

Oui, je me souviens, je revois de plus en plus nettement.

J'ai une douzaine d'années. J'attends mon père. Il descend d'un train après une vieille dame à cheveux gris crêpés sur le front. Un ami, un Monsieur Desplanque que nous désignons entre nous par ce qualificatif : « le Saint-Simonien », descend à son tour.

Mon père, parvenu près de moi, me présente à la vieille dame :

— Mon gamin.

Monsieur Desplanque dit :

— Un lecteur assidu de *La petite Fadette*... un de vos profonds admirateurs.

La vieille dame était George Sand !... George Sand que je me figurais !... que mon imagination !...

Elle me tapota maternellement la joue :

— C'est très bien d'aimer la lecture.

Et devant mon émotion :

— Je suis très fière de ce suffrage, mon jeune ami.

Je bégayai :

— Madame, que c'est beau, *La petite Fadette !*

George Sand se tourne vers son voisin de campagne M. Desplanque :

— Sa naïve exclamation vaut pour moi tous les compliments les plus doctement motivés des meilleurs critiques. C'est pour ces exclamations-là que nous écrivons... Du moins, c'est à elles surtout que moi je pense en écrivant.

Mon père s'inclina galamment :

— Parce que vous êtes blasée sur les autres éloges.

George Sand parut réfléchir, puis :

— C'est possible... Mais, blasée ou non ainsi que vous le dites, pourquoi ne l'ai-je jamais été, ne le serai-je jamais, j'en suis sûre, des exclamations du genre de celles de votre gentil enfant ?

Revenons à l'heure actuelle. Me voici sur le gros pavé de la grande rue de Palaiseau, de la *rue de Paris.*

Palaiseau, église des xii et xv· siècles, maison du célèbre financier du xviii·, Pâris, l'un des frères Pâris, les ennemis acharnés de Law et du *système.* Dans le clocher de l'église, une autre célébrité : la pie voleuse qui fit pendre une pauvre servante innocente et fut mise pour cela en musique d'Opéra. A quoi tiennent réputation et notoriété !

Après avoir suivi quelque temps la rue de Paris, je prends à gauche. Où vais-je ? Parbleu ! là où le : « Te souviens-tu ? » de la sortie du chemin de fer m'a sans le vouloir ou non, invité à aller. Venu à Palaiseau dans l'unique but d'y revivre un peu des heures lointaines, il est naturel que j'obéisse à une impulsion, semble-t-il, de ce passé lui-même. Où je vais ? A la recherche de la maison de George Sand.

Une petite place avec un rû — comme on dit dans ce pays —, un rû et le lavoir qu'il alimente en glougloutant. J'ai à tourner à droite cette fois.

Là-bas, les bords de l'Yvette, leur double rideau de peupliers, le toit du restaurant de l'Ile d'amour, les prairies remontant vers Lozère, le moulin, l'horizon, un horizon boisé, limité par les hauteurs d'Orsay. Ici, il y avait un énorme champ d'artichauts, maintenant... j'ai encore à tourner à droite...

A cet angle, le mur de la propriété de la famille Boutet. Le beau-père de M. Boutet — intime ami, l'un des exécuteurs testamentaire de George Sand — le beau-père de M. Boutet, M. Desplanque, le Saint-Simonien, avait sa chambre au second, sous le toit. Je l'aperçois entre les arbres. Elle me cligne de l'œil : « D'ici on t'a montré la porte que George Sand avait fait ouvrir pour que son jardin communiquât avec celui de ses amis ».

Ah ! cette porte ! si j'avais pu en ce temps la voir s'ouvrir pour moi !...

Et maintenant la grille de ce jardin de George Sand... Elle, elle s'est ouverte un jour devant mon père et moi ; mais pour se refermer presque aussitôt.

J'entends encore notre coup de sonnette à danse de notes précipitées allant se perdre par l'espace ou dans des massifs.

Le fils et la fille d'un médecin homéopathe, le docteur Péri — ça s'écrit ainsi je crois — nous avait chargés de remettre à Madame Sand un morceau de musique de leur composition. Mon père m'avait dit : « Voilà une occasion qui t'est offerte de revoir l'auteur de *La petite Fadette* ; ne la manquons pas ».

Rien de menteur comme les soi-disant occasions ! Elles se conduisent en capricieuses filles du hasard qu'elles sont, lorsqu'on n'est pas en posture de les faire naître.

Plus de sautillement de la sonnette, le seul perçu des battements de mon cœur.

L'auteur de ma *Petite Fadette !...*

Une bonne, qui fait tourner la grille, n'ouvrant que juste assez pour se montrer barrant l'ouverture :

— C'est que Madame repose. Selon son habitude, elle a travaillé toute la nuit, et...

— C'est vrai ! reconnaît mon père, j'aurais dû me souvenir de ce mode de travail de votre maîtresse ! vous voudrez bien lui remettre ce paquet.

Ce paquet était la perruque de l'occasion : voilà celle-ci chauve.

Aujourd'hui la grille est muette, et ses jalousies ne me cachent que de l'actuel banalement indifférent.

En échange, cette sombre masse dans la direction de l'Yvette : l'usine à gaz.

Encore un rappel de l'autrefois. L'inauguration de cette usine avec bénédiction en cérémonie. La presse parisienne conviée et représentée par Carjat, Thimothée Trimm et le nègre Cochinat. Banquet au champagne dans la salle de bal de l'hôtel de l'*Ecu de France*. Discours du maire, le docteur Morère. Plaisirs variés dans le parc et sur l'ancien vivier élargi en lac de l'établissement de l'Ile d'amour.

Incident aquatico-comique. Carjat rame sur une barque, Cochinat barre ; une jeune femme, en toilette vert pomme, cueille, de cette barque, en se penchant, des fleurs des rives de l'île... Patatras !...

Elle s'est trop penchée pour atteindre des marguerites, Carjat a donné un trop vigoureux coup d'aviron, Cochinat barré à contre temps... Voilà la dame, ou demoiselle, à robe verte qui disparaît en un plongeon, pour reparaître flottant à la surface avec un air d'Ophélie malgré elle. On la repêche. Elle a l'air d'un chien mouillé.

— C'est l'eau qui aura miroité et lui aura fait tourner la tête, dit Carjat.

— Le champagne de l'*Ecu de France* y entre peut-être pour une bonne part, dit Cochinat.

Aucun des deux hommes n'admet qu'il puisse être question de maladresse de la part du rameur ou du barreur.

On fait sécher Ophélie, qui paraît en avoir vu bien d'autres, et on se dirige vers l'usine, car c'est l'heure.

Nombreux public, société musicale organisée pour la circonstance, faisant ses débuts, inaugurant ses cuivres et sa grosse caisse aussi.

Monsieur le curé.

C'est l'instant, le moment !... Il nasille, asperge avec un goupillon ; c'est le moment ! Le bâton du chef d'orchestre s'abat, les cuivres éclatent, la grosse caisse soutient de ses boums boums :

> On va lui couper la tête,
> C'est bien fait !

On n'a eu le temps que d'apprendre cet air d'un opéra en vogue, l'*Œil crevé*.

Le curé est imperturbable, les cuivres plus convaincus que jamais.

> On va lui couper la tête,
> C'est bien fait !

Quelques rires.

— Ce n'est pas très heureusement choisi.

— Quoi donc ?

— Mais ce cancan bouffe.

La personne qui a questionné est debout sur un tas de pierres : une vieille dame, à cheveux gris crêpés... Le tas de pierres devient un piédestal pour moi.

Si j'osais la saluer ! lui dire qu'elle me connaît... que !...

Elle répond à la personne qui n'a pas trouvé l'*On va lui couper la tête* de circonstance, et qui lui donne maintenant ses raisons à demi-voix.

— Ma foi ! je ne m'en étais pas aperçue ! Et puisque la plupart de ces braves gens non plus ! puisqu'ils sont contents ! Moi, dans ce cadre rural, ça ne me dérange pas du tout, je vous assure.

Elle ne m'a pas vu, reconnu ! Elle me connaît bien cependant, puisqu'à la gare !...

Et dire qu'on ne la connaissait pas plus qu'elle ne me reconnaissait, que l'on ignora parfaitement George Sand à Palaiseau jusqu'au jour où le prince Jérôme vint la voir, de son château de Vilgenis en calèche à quatre chevaux, avec un postillon. Un peu avant, Dumas fils, s'étant renseigné pour apprendre où était sa maison, n'avait pu obtenir de réponse, avait dû chercher, trouver à tâtons.

Retour à Paris après cette journée à Palaiseau toute remplie d'autrefois ressuscité.

« Bourg-la-Reine ! »

Encore un souvenir, un dernier, un oublié en venant, et que le quai de cette station me reproche de n'avoir pas écouté alors.

Edmond About de nouveau sur ce quai, toujours

causant avec son ami. « Bourg-la-Reine ! Les voyageurs pour Sceaux changent de train ! »

Un paysan envoie par la portière d'un wagon l'éternelle plaisanterie :

« Encore un pourceau ! »

Et un gros rire de brute ravie.

L'interlocuteur d'About hausse les épaules avec une certaine impatience de nerveux.

About, lui, a un geste vague, puis amusé.

— Mon cher, ce gros sel est au sel attique ce que la farce de nos aïeux est à la comédie d'un Molière. Pas à dédaigner ! Villon et *sa corde d'une toise*, Rabelais qui s'esclaffe à *braguette déboutonnée*, ont... leur charme. Et les Grecs eux-mêmes n'acceptaient-ils pas dans un poème d'Homère le « Je me nomme personne » d'Ulysse, *le plus subtil de tous les mortels ?*

Comme George Sand pour l'accompagnement de la bénédiction sur un air bouffe d'Hervé, il se déclarait satisfait de la façon de sentir populaire. L'ex-normalien spirituellement lettré se mêlait en lui au curieux des choses de notre ancien théâtre. L'auteur de *Guillery* ne tenait pas à faire montre d'oreilles trop délicates. Il les voulait larges comme son esprit. Lui dont l'ambition, disait-il, eut été de fonder un journal pour le peuple, un organe à un sou, prêtait de son esprit aux pauvres, au rebours du proverbe qui n'admet qu'on ne prête qu'aux riches.

XIII

J'ai beaucoup fréquenté, durant mon enfance,
trois ou quatre milieux bourgeois reliés entre eux
par des amitiés ou des parentés, dont le journaliste
Eugène Briffault avait, à une heure donnée, fait les
délices.

On y remettait volontiers sur le tapis ses traits
d'esprit les plus mémorables, et ayant dans ces
familles force de tradition. On s'égayait facilement,
en petit comité, au souvenir de sa bonne humeur ;
on revidait et revidait son sac, soigneusement conservé ; on se réchauffait, pendant des après-dîners
alourdis par de solides digestions, à cette flamme
d'autrefois. Et on vantait alors, comme on célébrait
à l'envi, sa verve inépuisable autant que bonne enfant.
Son coup de fourchette, également légendaire en

ces maisons, où *l'on savait manger*, où la table s'était montrée digne du gastronome évoqué, son magnifique coup de fourchette obtenait de son côté les honneurs de l'apothéose.

Que de fois ai-je entendu répéter, recommencer sans la moindre trace de lassitude de la part des écouteurs :

— Vous souvenez-vous de Briffault quand on jouait au loto !

Car on jouait alors (sous Louis-Philippe) au loto dans ces réunions classe-moyenne, pouvant se décomposer en commerçants enrichis sous les galeries du Palais-Royal, ceci côté des personnes âgées, et en financiers, banquiers ou parts d'agent de change, ceux-là émigrés Chaussée-d'Antin devenue nouveau quartier à la mode.

— Vous rappelez-vous les éclats de rire de la pauvre petite Mᵐᵉ B***, qui en devenait toute rouge, en étouffait littéralement?

— Je me le rappelle comme si c'était d'hier !

Et d'une voix plus basse, avec l'émotion convenable :

— Dire qu'il y a près de quinze ans que nous l'avons enterrée, cette pauvre petite femme ! Voilà qui ne nous rajeunit pas.

— Et Briffault est mort, lui ?...

— Ma foi, je ne m'en souviens pas. Nous l'avions perdu de vue depuis déjà longtemps. J'ai lu l'événement dans mon journal. Mais la date m'est tout à fait sortie de la mémoire. Il paraît, du reste, qu'il avait eu *des malheurs*, n'était plus à fréquenter.

— Hé bien ! c'est égal ! je ne l'oublierai jamais au loto ! Il avait un mot drôle pour chaque numéro qui sortait.

— Le fait est qu'il s'y montrait intarissable.

Et maintenant, ouvrons Larousse. Nous y lisons à peu près ce qui suit :

« Briffault (Eugène), journaliste français. Né « en 1794, mort en 1854, à Charenton. Critique « dramatique du *Temps*. Il collabora au *Figaro*, au « *Corsaire*, au *Siècle*, au *Dictionnaire de la Conver-* « *sation*. Il écrivit *Le Viveur*, dans la publication « intitulée les *Français peints par eux-mêmes*. On lui « doit aussi un certain nombre d'amusantes *Physiolo-* « *gies*, entre autres *Paris à table*. Il mourut fou ».

Il nous amusa, il eut des malheurs, il mourut fou. L'oraison funèbre est faite en trois mots. Elle n'en est pas moins plus éloquente que bien des discours. Elle laisse apercevoir des dessous que le moraliste peut traduire ainsi : d'une part égoïsme oublieux sans avoir oublié, de l'autre esprit, talent facile, trop facile et trop prodigué peut-être, marche insouciante dans la vie, allure de gai convive assis au banquet des heures de jeunesse brillante... puis, le moment arrivé de la carte à payer, comme résultat de cette bonne chère et aussi du surmenage, dégrin-golade, épuisement, disparition, plongeon au sein des bas fonds de l'envasante misère, et, en fin de compte, aliénation mentale, décès mentionné sur un registre d'hospice, *mort à Charenton*.

En effet, pauvre grand homme des bons dîners du régime constitutionnel, vous *n'étiez plus à fré-quenter !* Puisque le vin pétillant était bu, ils n'avaient plus qu'à jeter la bouteille loin d'eux. Que leur importait si elle devait aller tomber sur un tas d'or-dures. Les fourmis n'accepteront jamais que sous bénéfice d'inventaire d'amicales relations avec les cigales. Sans cela, elles ne seraient plus les fourmis.

Mais, c'est égal ! comme disait le brave bourgeois de tout-à-l'heure, ces bonnes gens n'eussent pas mal fait de méditer les quelques lignes que voici de leur amuseur patenté : « ...J'ai compris ce mot d'un viveur que son esprit faisait rechercher en tous lieux :

« Je dîne tous les mercredis chez Mademoiselle « M***. Eh bien ! au jour de l'an elle ne m'a rien « donné pour mes étrennes. Quelle ingratitude ! »

Comme ce comique fait un effet lugubre à la suite de cette indication : *Mort à Charenton.*

Citons à présent quelques lignes qui viennent frapper, en pénible contrecoup, leur auteur, semblent comme marquées par le ricanement ironique de la vie : « Le roi des viveurs a une santé des plus robustes ; il pense qu'il y a quelque mérite intellectuel à se bien porter. On lui annonçait dernièrement la mort d'un illustre camarade, jeune encore : « Cela ne peut être, s'écria-t-il, il avait trop d'es- » prit pour mourir si tôt ! » Il avait raison, il a conservé son ami. Selon lui, ce sont les sots qui ont dit qu'il fallait faire la vie courte et bonne. Il prétend que le viveur l'embellit pour la prolonger. »

Réponse : *Mort à Charenton, 1854.*

En se remémorant les anecdotes dont Briffault avait été le héros, on n'avait garde d'oublier le bon tour joué à une connaissance, bon tour duquel on ne se lassait pas de rire après pourtant plus de trente ans.

La victime, qui venait de passer une désopilante soirée, avec Briffault, chez un ami, résolut en lui-même d'attirer chez lui, au moyen d'un bon dîner le spirituel convive, qu'il voyait pour la première fois, et de se faire gloire de sa présence en sa demeure, à la face de tout le haut commerce de son *ex-partie.* Il ne perdit donc pas de temps pour faire une invitation qui le flattait, le chatouillait dans son amour-propre d'amphitryon. Le spirituel journaliste accepta ; mais il avait vu où le bât blessait l'honnête parvenu, et résolu de lui en donner pour son argent, de payer son dîner en simple dîneur.

A table, pendant tout le repas, il mangea avec un entrain superbe, digne de toutes les admirations. Mais il ne desserra les dents que pour cela. Pas une plaisanterie, pas un trait d'esprit. Les remerciements réclamés par la politesse, et pas autre chose. Pour couronner la leçon, il se leva le café pris, et, saluant la compagnie décontenancée, réclama la permission de se retirer pour corriger des épreuves qui ne pouvaient attendre.

Et maintenant le souper, dans un cabinet de restaurant de nuit, où l'on s'était risqué en famille, en braves gens s'offrant une légère allure de goguette, à la sortie d'un bal de l'Opéra.

On s'était fait diriger par Briffault. Il avait laissé entrebaillée la porte du cabinet particulier choisi par lui, afin qu'on put voir défiler le personnel accoutumé de l'endroit, qui se croisait à travers les corridors.

Et voilà que Mogador, la chicarde Mogador, la reine du cancan, Mogador, en passant, avait aperçu Briffault par l'entrebaillement. Lui, de son côté, lui avait fait : pssst !

Puis quand la célébrité se fut assise délibérément, à califourchon, dossier en avant, sur un siège :

— Ces messieurs et ces dames te convient à un verre de champagne. Mais, de la tenue !

— Suffit ! avait répondu Mogador, avec un clignement d'œil d'intelligence ; je vois avec qui je me trouve. Je n'offusquerai pas ces pairs de France, et les oreilles de leurs épouses n'ont rien à craindre non plus !

Alors, tenant un verre de champagne en équilibre sur un second, elle avait lampé les deux sans se servir de la main gauche, abattant le premier sur elle avec les dents, en ne prenant qu'une respiration entre l'une et l'autre opérations. Après quoi, elle s'était retirée, faisant le salut militaire. C'était accompli selon le règlement de la Société des ingurgiteurs dont Briffault était président.

Un jour, un de ses anciens inviteurs à dîner, avait rencontré Briffault grossi, empâté, la langue difficile, comme terrassé par un commencement d'attaque.

C'était le début de la dégringolade. Il redescendait, emporté par son ventre et poussif, la pente gravie hier encore si allègrement, en joyeux conquérant.

Il avait dit :

— J'habite, dans le haut de Belleville, une petite maisonnette. Là, je suis bien aéré. De plus, cette distance du centre m'oblige à de longues courses hygiéniques chaque jour, à une gymnastique de locomotion que les médecins s'entendent pour me déclarer indispensable. Je n'ai plus la permission, non plus, de souper en ville. Le moment est venu d'enrayer, si je ne veux pas me voir accablé par toutes sortes d'infirmités.

Et dans un gros soupir de regret, aussi de crainte pour l'avenir :

— C'est que j'ai ma vie à gagner, mon pain quotidien.

Il s'était éloigné après ces dernières paroles de mélancolique retour sur lui-même :

— Ça vous use vite un homme, le journalisme ! On est jeune, on a de la facilité : on se lance à corps perdu dans la vie à l'aventure... Et puis les années viennent, qui ankylosent le cerveau comme le reste du corps. L'on est au bout de son rouleau ; de prodigue il faut devenir avare. On s'aperçoit qu'on a ensemencé dans le vide et qu'on récolte le néant. Le public vous classe ganache et vous tourne le dos. Les caisses se ferment. Nous sommes perdus, nous autres, le jour où l'on peut se répéter impunément, à nos dépens : « Vous voyez cet individu qui passe? c'est Briffault, il a eu diablement d'esprit ! » C'est comme une femme qui a perdu sa beauté. Et les petits camarades enveniment encore les choses autour de la place à prendre. Et l'on n'a qu'à se taire, qu'à baisser la tête, parce que, soi-même, on se sent vidé, parce que l'on a encore assez de critique pour s'apercevoir à quel point on sonne le creux... Sacré carrière, va !

Ce fut vers ce temps que Briffault disparut, que le boulevard n'entendit plus parler de lui.

« Personne ne pensait plus à ce chroniqueur autrefois si à la mode, m'a conté un vieillard, on le croyait mort, quand le hasard me le fit rencontrer dans les tristes circonstances que voici. Les Champs-Elysées n'étaient pas ce qu'ils sont aujourd'hui. On y voyait encore beaucoup d'endroits à l'abandon. Des saltimbanques, des équilibristes, des faiseurs de tours y donnaient leurs séances. Or, un jour que, faisant le cercle avec un tas d'autres badauds, j'assistais au spectacle offert par un forain qui avalait de l'étoupe, l'allumait dans sa bouche et rendait des aunes de ruban, je me laissai aller, entraîné par la satisfaction que la réussite du tour me causait, à entrer en conversation avec mon voisin.

« C'était un gros homme, assez misérablement vêtu, qui portait sur l'épaule un paquet de linge. Il tourna la figure de mon côté pour me répondre, déplaçant le paquet qui faisait barrière entre nous.

« Je le regardai, les yeux écarquillés par la surprise. J'avais devant moi, dans cet étrange costume, ou Briffault, ou son ombre.

« Lui-même m'avait reconnu et paraissait assez embarrassé.

« — Comment, vous ! m'écriai-je.

Il bégaya :

« — Que voulez-vous ! la vie est ainsi faite !

« — Comment ! vous en êtes réduit !...

« — Il faut dîner !

« — Mais les journaux !...

« Il se frappa le front :

« — Il n'y a plus rien là-dedans. Ça ne contenait que du champagne. C'est parti en pétillement. Après ! bonsoir ! plus rien ! Malheureusement, l'estomac ne suit pas la même marche que le cerveau. Il a ses droits à part, qu'il s'entend à faire valoir. Quand on a faim, il faut manger, et pour avoir quelque chose à se mettre sous la dent...

« Il eut une tentative de haussement d'épaule philosophique, détaché, supérieur. Mais le mouvement s'arrêta en route, avorta :

« — Après tout, il n'y a pas de sot métier, et...

« Il se hâta de conclure :

« — J'habite Courbevoie, où ma femme est blanchisseuse. (Roger de Beauvoir a écrit dans *Les soupeurs de mon temps*, quelle était bien moins et moins bien que cela.) Je m'utilise comme je peux, en reportant le linge aux pratiques. Ça économise un garçon. Et puis, comme ça, on est sûr que le travail est bien rendu... Ce qui revient à dire qu'il faut que je vous quitte. Je me suis amusé un instant à regarder ce faiseur de tours ; mais les pratiques n'aiment pas à attendre.

« Et il disparut sous les arbres de la promenade, s'éloignant rapidement, pour rattraper le temps perdu. »

Que se passa-t-il entre cette misérable étape de la vie de Briffault et son internement à l'asile de Charenton ? Je ne puis le dire. Aucune des personnes que j'ai connues ne le savaient. Dans quels dessous se débattit cet ancien prince du journalisme avant de fournir aux feuilles où il avait fait la pluie et le beau temps cette constatation nécrologique : « Mort à Charenton », lui seul peut-être, à l'époque où l'inconscience n'avait pas encore fait l'oubli en lui sur ces choses, lui seul peut-être eut pu éclaircir ces points.

XIV

Charles Baudelaire, à une époque plus ou moins mélancolique de sa vie, a essayé... ou fait semblant de se tuer. Le problème de ce suicide est intéressant en tant que caractéristique de tout ce que l'organisation de l'auteur des *Fleurs du Mal* présentait de factice dans son nerveux affinement, dans ses maladifs raffinements côtoyant le désordre mental.

Voici d'après les camarades qui y ont été le plus mêlés, le récit de ce suicide manqué, ou simulé.

Une après-midi, Baudelaire vient frapper gravement, avec une lenteur et un prolongé de son calculés, à la porte d'un petit logement du numéro trois de la place de la Sorbonne.

Les deux pièces et le cabinet-noir-alcôve qui composaient ce modeste cinquième, à balcon sur la place, ont été décrit par le spirituel administrateur-bibliophile Cousin, dans son amusant *Voyage dans un grenier*. Elles méritaient cet honneur par tous les souvenirs littéraires que leurs murs auraient pu faire revivre, si les murs avaient une bouche, comme on prétend qu'ils ont des oreilles.

M. Jules Simon, aux jours de début, a eu ses pénates là. Louis Ménard — un sophiste Alexandrin parvenu jusqu'à nous, le dernier soupirant avoué de la sage Hypatie, le poète-historien, l'apôtre-érudit —, Louis Ménard y a reçu tous ses amis, c'est-à-dire y a fait défiler toute la littérature et tout l'art de l'époque où il ne s'était pas encore « retiré au désert »… entouré de beaucoup de livres, ne quittant sa cellule d'anachorète que pour sa chaire de savant professeur. Depuis, les cloisons ont été démolies pour donner la place voulue à l'atelier du peintre délicat Emile-René Ménard, neveu de Louis Ménard.

Louis Ménard étant allé ouvrir à Baudelaire, lui tendit la main. L'arrivant ne répondit à son amicale pression de la paume et des doigts que par un serrement de phalanges senti et perpétué jusqu'à en devenir solennel.

— Qu'as-tu?

— Rien. Je viens pour que tu me récites des vers.

Louis Ménard introduit le visiteur dans la pièce donnant sur la place de la Sorbonne, où se trouvait déjà un intime, un camarade de collège, le futur administrateur-bibliophile Cousin, dont nous venons de parler. Baudelaire, traversant obliquement la chambre, se dirige vers lui :

— Ah! vous êtes là.

Puis, sans transition :

— Dites-moi, Cousin, vous qui êtes un spéculatif et devez vous connaître à ces choses, que pensez-vous de l'immortalité de l'âme ?

Cousin sourit en Voltairien :

— Mais je vous avouerai que je n'ai pas d'idée très nette, très arrêtée, là-dessus.

Baudelaire pousse un profond soupir :

— Tant pis ! J'ai lieu d'attacher la plus grande importance au renseignement que je viens de vous demander.

Et se tournant vers Louis Ménard :

— Veux-tu me réciter des vers ?

Cousin s'était levé :

— Je vous laisse. Il faut que j'aille faire une visite indispensable.

Sur le seuil, il dit à Ménard qui le reconduisait :

— Tu feras bien de surveiller Charles : il est plus étrange qu'il n'a jamais été, aujourd'hui. Il a l'air de vouloir en finir avec l'existence.

Louis Ménard retrouve Baudelaire immobile, hautainement taciturne, au milieu de la pièce :

Ah ! te voilà revenu... Tu as bien fait...

La voix devint sépulcrale :

— Prends ton chapeau. Nous allons nous promener dans la campagne. Tu me diras des vers... des vers de toi... ceux que tu préfères... que tu voudrais faire se rythmer à l'oreille d'un ami que tu pourrais avoir des craintes de perdre.

L'on descend l'escalier, et l'on gagne, par Montrouge, le plateau de Châtillon. Tout en arpentant un paysage lépreux, à terrain défoncé, coupé de chemins à ornières, Baudelaire se déboutonne, se livre à des confidences.

« La vie est tellement plate et bête qu'il faut se

sentir aussi stupide qu'elle pour ne pas en finir !...
Toujours la même chose et encore la même chose !...
C'est absurde ! insipide, ridiculement irritant !...
Les années succèdent aux années, apportant le même
nombre de jours, excepté les bissextiles, ce qui
n'est vraiment pas assez pour permettre de supporter cette monotonie. Enfin, l'avènement des journaux à grand format (l'exaspération contre ces feuilles, en train de remplacer les petits journaux d'alors,
était, pour le moment, le dada enfourché par le
poète des *Fleurs du Mal*), enfin, les façons d'être
que vont imposer à la littérature la multiplication de
ces Gazettes, vastes à parcourir ainsi qu'un désert,
seront tellement arides, qu'il vaut mieux ne pas voir
ça, les fuir dans un monde où elles n'ont pas encore
fait leur apparition... si ce monde existe. »

En conséquence, il s'adressait à l'ami chimiste
pour qu'il lui fournit de l'acide prussique, comme
il s'adressait à l'ami poète pour qu'il berçât ses dernières heures d'ici-bas avec des vers.

Louis Ménard s'occupait de chimie à cette époque. Il répondit, sans trop s'effarer, habitué aux
étrangetés, le plus souvent voulues et jouées, de
Baudelaire, que l'acide prussique était d'un emploi
à recommander, parce que l'effet réclamé de lui
devait être foudroyant... mais à une condition cependant : celle de s'en servir dans toute sa pureté.
Or, n'avait-il pas été question d'un voyage aux An-
tilles, que le futur suicidé désirait faire ? N'en par-
lait-il pas à tous ses camarades depuis quelque
temps ? Avait-il donc renoncé à ce projet ?

Non. Baudelaire avait l'intention de se tuer en
mer, quand le manque de nouveauté lui aurait rendu
le bateau aussi ennuyeux que la terre.

Bien ! mais dans ce cas, il était nécessaire de renoncer à l'acide prussique, que l'air humide de l'Océan serait capable de détériorer.

— Quel moyen alors ?

— Un coup de pistolet, une balle dans le cœur.

— Tu crois ?

— J'en suis convaincu.

— J'y songerai. Récite tes vers.

Les heures s'étaient écoulées à errer à travers des fondrières. Louis Ménard voyait venir l'instant du dîner. Il se savait attendu dans sa famille et craignait l'inquiétude des siens :

— Si nous rentrions dans Paris ?

Baudelaire fut superbe de révolte de cœur blessé :

— C'est peut-être pour la dernière fois que tu es à même de soulager le dévorant ennui de ton ami, et tu ne peux pas y consacrer encore quelques calmantes heures !

On n'en revient pas moins sur ses pas. A la porte de l'hôtel garni de Baudelaire, rue des Mathurins-Saint-Jacques (actuellement rue du Sommerard), on se sépare. Louis Ménard, fort sceptique malgré tout ce qui vient de se passer, demande comme à l'ordinaire :

— Quand te reverra-t-on ?

Baudelaire répond, tragique :

— Sans doute jamais.

Le lendemain, Privat d'Anglemont entre, tout essoufflé, au numéro trois de la place de la Sorbonne :

— As-tu eu la visite de Baudelaire, ce matin ? Sais-tu ce qu'il est devenu ?

— Non.

— Alors, il a dû se tuer. Je sors de chez lui. Il n'y avait personne. La cheminée était pleine de papiers brûlés... Les manuscrits dont il n'aura pas voulu que la postérité ait connaissance.

Louis Ménard se frappe le front :

— Mais alors, notre promenade... notre conversation d'hier... c'était vrai !... Il m'avait parlé de ses idées de suicide.

— Hé bien ! ça y est !

Cousin arrive. Il constate :

— C'est donc pour cela qu'il tenait tant à des renseignements sérieux sur l'immortalité de l'âme. Je m'explique son attitude.

Louis Ménard conservait quand même des doutes :

— Il faudrait voir... S'informer.

Privat propose :

— J'ai une idée. S'il s'est tué, c'est qu'il n'avait plus d'argent. Je vais me rendre chez son notaire. Il sera à même de me renseigner.

Lous Ménard fait remarquer :

— Mais nous voudrions bien savoir aussi... Où vous retrouver ?

— Je dîne ce soir chez Banville, rue de Fleurus. Venez m'y rejoindre. Je vous mettrai au courant.

..... A l'heure convenue, Louis Ménard grimpe les étages. Des cris, des chants arrivent jusqu'à ses oreilles, dès le premier. Il pense :

« Ils sont bien gais, là-haut ; Baudelaire nous a joué un tour, comme je m'en doutais. Privat a dû rapporter d'excellentes nouvelles ».

A présent, l'on pouvait distinguer les paroles d'un chœur d'atelier offrant le débraillé de ces sortes de morceaux musicaux :

> O*** est le roi des... (bas du dos)
> Mais B*** l'est encor plus
> Et tru, et tru, et tru dondaine !

Parvenu à un autre palier, Louis Ménard entendait :

> Le crocodile, en partant pour la guerre,
> Disait adieu à ses petits enfants !
> Le crocodile traînait sa queue dans la poussière.

Encore quelques marches, un retour de l'escalier dérobant un vers, et arrivait la conclusion, beuglée formidablement :

> N'en parlons plus ! *(bis)*

Coup de sonnette. On ouvre.

— Tiens ! c'est toi !... Entre ! Messieurs, faites lui place. Qu'il prenne la coupe en main, comme nous et entonne sans plus tarder le refrain interrompu.

Autour de la table, Louis Ménard reconnaît, avec Théodore de Banville, le peintre Deroy (à qui l'on doit un remarquable portrait de Baudelaire), Vitu, et Privat d'Anglemont, qui mène évidemment la fête, car il se tient encore debout, le bras allongé horizontalement, le verre en main.

— Et quelles nouvelles ?...

— Bois d'abord. Ce soir, on ne parle pas, on chante... et l'on boit. Allons, messieurs :

> O*** est le roi des... (bas du dos)

En avançant dans la soirée, l'enthousiasme se calme. Louis Ménard profite de l'occasion pour placer la question qui l'a amené.

— Mais c'est juste ! s'écrie Privat, je t'avais promis d'aller chez ce notaire ! Ma foi ! je l'ai complètement oublié.

Et s'adressant aux amis :

— Je ne vous ai pas dit... Baudelaire s'est tué.

Banville constate :

— Ça ne m'étonne pas. Il y a trois jours, il est venu me confier mystérieusement des manuscrits... Ah ! c'était pour ça.

— Si l'on examinait ces papiers ? Peut-être a-t-il laissé quelques mots capables de nous renseigner.

Théodore de Banville va chercher lesdits manuscrits. On feuillette, on lit, on s'arrête à des morceaux dont on admire la forme. On se met à en réciter à haute voix, entre ceux-ci celui dédié à Privat. Il s'en rencontre d'annotés. En marge de l'un est écrit : « Ne publier qu'à la dernière extrémité ».

— C'est facile, dit judicieusement Banville, nous ne les porterons pas à l'éditeur.

Cette spirituelle malice fait crever le ballon que la pose de Baudelaire avait sans doute pour but de lancer.

— Mais, fait observer Louis Ménard, notre ami s'est-il bien tué ? Il serait peut-être bon de savoir au juste...

Un doute incorrigible le reprenait.

— La chose a son importance, fait remarquer Deroy.

Théodore de Banville ferme les cahiers, se rangeant à cet avis.

— Il faudrait se rendre chez Jeanne (la négresse, maîtresse de Baudelaire), expose Privat.

— Où demeure-t-elle ? demande Ménard.

La houri à peau d'ébène des *Fleurs du Mal* logeait à cette époque dans l'île Saint-Louis, rue de *La Femme sans tête*.

Louis Ménard se rend à l'endroit indiqué, en qualité de délégué des amis du poète.

C'est une vieille négresse à l'air respectable, à gros et gras cheveux essayant de tirebouchonner honnêtement sur les joues et les oreilles, qui lui ouvre la porte :

— Que désire monsieur ?

— Mademoiselle Jeanne, s'il vous plaît.

— C'est ma fille. Ayez la bonté de me suivre.

On pénètre :

— Jeanne, un monsieur pour toi.

— Mademoiselle, c'est à propos de Baudelaire...

La houri a un aplomb magnifique :

— Connais pas, monsieur.

— Cependant, permettez-moi de vous dire...

— Je ne sais rien. Vous vous trompez évidemment.

Louis Ménard que l'on pousse doucement vers l'escalier a une pensée lumineuse :

— Pardon, mademoiselle, mais je ne suis ni huissier, ni recors, ni même créancier. Je viens délégué par les amis (comme j'en suis un moi-même), par les amis de Charles Baudelaire... à cause des bruits de suicide... de la crainte que nous... crainte justifiée par des papiers brûlés, et...

— Rassurez ces messieurs, Charles n'est pas mort. Je ne puis vous en dire plus pour l'instant. Mais je leur écrirai demain.

Le lendemain, l'on sut que le dit Charles s'était porté, à une raisonnable distance du cœur, un inoffensif coup de couteau. Le simulo-suicide avait eu lieu dans le quartier de la place Vendôme, où habitait son beau-père, le général Aupic, gouverneur de Paris.

Privat d'Anglemont eut, à ce propos, un mot profond :

— Ce coup de couteau à dû porter dans la bourse de sa mère, qui va payer ses dettes. On dira ce que l'on voudra, il était bien dirigé : *la bourse et la vie !*

On n'entend plus parler de Baudelaire pendant quelque temps. Enfin, Louis Ménard le rencontre un jour :

— Hé bien ? comment vas-tu ?... Ta blessure ?...

Le poète l'arrête, d'un ton bref :

— Tu me questionnes ?... Privat, Banville, Vitu, et Deroy, eux, se sont montrés parfaits, pleins de tact : ils ne m'ont parlé de rien... Mais, puisque tu tiens à savoir, apprends donc. Tu m'avais conseillé le poignard...

— Non, le pistolet.

— Tu m'avais dit que le fer était plus sûr que le poison...

— Pardon, le plomb, la balle d'un pistolet.

Baudelaire semble ne pas entendre, continue, imperturbable :

— Je venais d'achever de déjeuner dans un restaurant. Je prends mon...

— Canif ?

— Mon arme. J'enfonce... Je ne sens rien... Alors, je serre le manche, je tourne la lame dans la blessure. Ça fait crac. Je croyais avoir rencontré un organe essentiel... Et je perds connaissance.

— Çà y était ?

— Non, écoute. Après un laps de temps que je ne saurais évaluer, mes oreilles perçoivent, de plus en plus distinct, un bourdonnement agaçant. Il me semblait être tout près d'une cascade ou d'un robinet de fontaine laissé ouvert. Cela se précisant, j'entends : « Jeune homme... se tuer !... A votre âge !... Vous vous devez à votre famille !... On se doit à son pays !... à son quartier ! à son commissaire de police ! » Et la voix de cette excellente fille de Jeanne arrête ce courant d'eau tiède du représentant de l'autorité : « Ne continuez pas plus longtemps, monsieur, il est capable de vous dire que vous vous mêlez de ce qui ne vous regarde pas ».

— Et ta pauvre mère ? demande Louis Ménard.

Baudelaire prend son air le plus digne :

— Mon beau-père et moi, nous nous sommes réconciliés. Nous avons mutuellement jeté un voile sur le passé, nous avons volontairement oublié.

— Mais l'émotion de ta pauvre mère ?

— Maman ? elle recopie mes vers.

XV

Puisque le suicide de Baudelaire, tragique seulement dans ses préliminaires, s'est heureusement terminé en queue de poisson, nous allons pouvoir nous retrouver avec le fantasque auteur des *Fleurs du mal*. Nous n'avons qu'à l'attendre dans le petit appartement du cinquième de la place de la Sorbonne. Il ne peut tarder à y faire une visite.

Le voici, en effet, qui monte les marches de l'escalier.

Il trouve encore le locataire de ce logement en train de philosopher avec le bibliophile Cousin.

— Tu arrives à propos !

— Ça m'étonne. Comment peux-tu bien le savoir ?

— Mais nous songions justement à toi, nous disions... nous te souhaitions... et te voilà...

Baudelaire demeure imperturbable :

— Mais vous ignorez ce que je viens faire ici... et qui va peut-être nuire à l'à-propos.

Tout en parlant, il tira un petit paquet de sa poche :

— Je viens vous rendre... ou, tout au moins, essayer de vous voir tout autrement que vous n'êtes.

Louis Ménard demande :

— Qu'est-ce que cette pâte noire ?

— Du haschisch. Je vais en prendre. Il y en a une part pour vous.

— Merci bien ! je n'en suis pas ! s'exclame le bibliophile Cousin.

— Ma foi, il faut tout connaître, déclare Louis Ménard ; je veux tenir compagnie à Baudelaire. Cousin, de sang-froid, observa les phénomènes qui vont avoir lieu.

Durant cette séance, rien de bien curieux ne se produit. Les deux preneurs du dit haschisch se montrent nerveusement gais et exaltés, on ne peut plus contents d'eux-mêmes et de toutes choses. Ils échangent des plaisanteries banales, des traits d'esprit courants, usés comme une vieille monnaie qui a beaucoup circulé, et en rient à gorge déployée, y revenant, se les renvoyant sans se lasser. Ils récitent avec ravissement les vers les plus ordinaires. Ils finissent par déclarer à Cousin qu'ils le trouvent extrêmement beau, grand, imposant, avec quelque chose de divin dans les traits. Quoiqu'il n'ait prononcé que quelques paroles, ils lui assurent que jamais ils ne l'ont vu si en verve.

L'heure du dîner venue, on se quitte. Résultat pour Louis Ménard, un assez fort mal de ventre, une sorte d'indigestion.

Quant à Charles Baudelaire, voici comment il raconta, le lendemain, ce qui lui était arrivé une fois dehors :

— La rue me semblait très sombre, avec une profondeur d'obscurité louche, hostile, facilement menaçante. Les lumières aperçues, çà et là, soit à des fenêtres, soit à des devantures, me paraissaient bien ce qu'elles étaient réellement ; mais, en même temps, je voyais en elle des astres, les astres étranges d'espaces inconnus, au sein desquels j'errais mélancoliquement. Et j'avais parfaitement conscience que tous ces phénomènes étaient dûs au haschisch que j'avais absorbé. Je me disais : « Voilà, tu es par ta faute, victime d'un enchantement ! Mais il doit y avoir remède à la chose. Il ne s'agit que de trouver l'antidote. » Je devais dîner ce jour-là chez ma mère, et je craignais de l'effrayer par l'aspect extraordinaire que je croyais avoir. Je m'arrêtai devant la boutique d'un pharmacien. Comme je me préparais à y pénétrer, pour obtenir son concours, la vive clarté bleue et rouge des bocaux de la vitrine m'arrêta. L'impression me venait, grandissait et s'affermissait en moi, que j'étais de verre comme eux. J'avais peur de me laisser heurter par un passant, dont le choc eut été capable de me mettre en pièces. Le pharmacien était là, et une guérison se trouvait dans cette boutique. Mais je n'osais plus y entrer. Je redoutais de terroriser ce pharmacien, aussi bien que ma mère. « C'est peut-être un père de famille, me répétais-je. Qui sait si le coup que ma présence va lui porter, ne le foudroiera pas. Et dans ce cas, que deviendront les siens ! Je ne veux pas être un meurtrier. » Les mots *homicide par imprudence*, se mirent à danser, flamboyants, au-dessus des bocaux de couleurs de la vitrine. Je m'arrachai à cette effarante contemplation. Je repris ma route, avec les plus grandes précautions, la plus vive crainte de toucher les allants et venants. L'air du soir finit par dissiper mon état d'exaltation, et, quand je fus arrivé chez ma mère, je compris, avec la plus grande satisfaction, que j'avais repris mon état normal. J'étais redescendu de mon *Paradis artificiel*.

Sous ce même titre de *Paradis artificiel*, Baudelaire a noté les effets des excitants du système nerveux sur sa personne. Ces études offrent de remarquables pages, que ce cerveau bizarre pouvait seul écrire ; les effets du haschisch y ont leur place.

L'humeur fantasque de Baudelaire se manifesta dès le collège. C'est ainsi que le proviseur de Louis-le-Grand l'ayant fait venir dans son cabinet pour lui reprocher d'avoir écrit les *pensums* d'un camarade, et lui demandant pourquoi il avait fait cela, ne put obtenir que cette réponse, dont il fut révolté : « Qu'est-ce que ça peut bien vous faire, tout de même ? »

L'auteur des *Fleurs du mal* était, du reste, un fantasque amoureux de sa fantaisie. Il entrait de la recherche autant que du voulu dans son excentricité.

On connaît la façon dont il aborda Jules Vallès :

— Quand j'avais la gale...

Ce qui lui valut la réponse suivante, qui le déconcerta :

— L'avez-vous encore ?

Un jour, à Bruxelles, Baudelaire, se trouve devant un étalage d'objets de curiosités, à côté de deux jeunes gens qui riaient d'une petite statuette de dieu japonais.

— Ne riez pas, prononce gravement Charles Baudelaire, c'est peut-être le vrai.

Une autre fois, il entend parler irrévérencieusement des Jésuites. Aussitôt, il arrête les railleurs par ces mots :

— Prenez garde, messieurs, j'en suis.

Il adorait déconcerter les moutons de **Panurge**, désarçonner les chevaucheurs d'opinions courantes, les dogmatiques du cliché. Devant l'un d'eux, il accusa hautainement quelqu'un d'être plongé dans le *spiritualisme le plus abject*, retournant ainsi contre les badauds de l'électisme idéaliste alors régnant un qualificatif dont ils affectaient de se faire une arme à l'adresse de leurs adversaires.

Baudelaire, dans son besoin de mystification ou sa tendance naturelle à la pose, comme on voudra, ne ménageait pas plus ses amis, même les plus intimes, que les autres mortels. Il ne savait pas résister au plaisir d'étonner, d'ébahir.

Charles Baudelaire rencontre un de ces amis intimes dans le quartier Saint-Honoré. Ce dernier, pour dire quelque chose, lier conversation, après la question inévitable sur l'état de santé, lui dit :

— Tu sors de chez toi ?

— Non.

— Tu rentres, alors ?

— Pas plus.

L'ami essaye d'expliquer sa demande, pour échapper à la gêne de ces courtes réponses :

— Je ne te parlais ainsi que parce que nous sommes tout près de la place Vendôme.

— Je n'habite pas place Vendôme.

— Comment !... mais !...

— Je n'habite *plus* place Vendôme.

— Tu n'es plus chez tes parents ?

— Non.

Et, prenant le bras de son camarade, d'un ton mystérieux :

— Figure-toi qu'ils n'aiment que le vin de Bourgogne dans cette maison ; tandis que, moi, je n'admets que le Bordeaux... C'était intolérable. Alors, je suis parti. Voilà !

Le poète des *Fleurs du mal* a immortalisé la femme de couleur dont il avait fait sa maîtresse comme pour ajouter une excentricité de plus à toutes celles dont il s'est plu à semer sa vie. Nous avons déjà nommé cette Jeanne, à propos du pseudo suicide motivé par l'avènement des journaux à grand format.

La brune Jeanne ne se bornait pas à la société de Baudelaire. On l'avait même vue danser dans un bal public avec le premier venu, et quitter le dit bal au bras d'un premier venu aussi.

On avait rapporté la chose à son amant, lequel s'était contenté de constater, avec un soupir :

— Pauvre fille ! c'est son métier. Il faut bien qu'elle vive.

Quelque temps après, l'ami qui avait fait le rapport et reçu cette réponse, entendant Baudelaire se poser en homme à fortes passions, risqua :

— Mais, cependant, quand je t'ai appris que Jeanne faisait la noce...

Baudelaire l'arrêta là :

— C'est que je sais me contenir. Tiens ! écoute, tu vas voir ! Je sais tellement me contenir que, l'autre soir, prêt à entrer chez Jeanne, au moment de mettre la clef dans la serrure, voilà ce que j'ai fait en entendant deux voix, une que je connaissais car c'était celle de Jeanne, et une d'homme... Jeanne était avec quelqu'un... Comprends-tu ? avec quelqu'un... Hé bien!... j'ai eu le courage... de m'en aller!

Et le poëte, prenant la main de son camarade, la lui serra d'une façon sentie, avec une émotion qu'il avait l'air de désirer voir partagée.

Nous avons dit que Baudelaire avait chanté sa Jeanne en vers merveilleux. Mais jamais, peut-être, elle ne lui inspira une pièce de poésie plus folle que le poème inédit, connu des seuls amis, dans lequel nous voyons le roi Louis-Philippe ennemi, on ne sait pourquoi, du poète, s'offrant la vengeance sans précédent de faire souiller sa maîtresse par la garnison de Paris tout entière.

Baudelaire, dans une exaltation d'agonie, entend par les rues le bruit sourd des pas des fantassins, des fers de chevaux de la cavalerie, le roulement des canons de l'artillerie. Les régiments, suivis des régiments, s'avancent, s'avancent, couvrant tout le quartier. Puis les premiers se mettent à gravir l'escalier, tambours-majors en tête, grenadiers, cuirassiers, etc., etc., jusqu'aux sergents de ville, *engeance vile.*

Ils entrent, ils arrivent au lit, accomplissent leur infâme mission à la suite les uns des autres.

Et le poète ne peut rien à la chose. Et il faut qu'il assiste à l'horrible spectacle.

Etait-ce aussi une vengeance du Roi constitutionnel qui obligeait, s'il faut en croire Privat d'Anglemont, la houri au sein d'ébène à des visites régulières à la Préfecture de police ?

Quoiqu'il en soit l'effet du passage de la garnison de Paris à travers son domicile... et ses amours, marqua d'une empreinte ineffaçable l'imagination de l'auteur du poème.

Il y dit, en effet :

C'est depuis ce moment que je vais confondant dans mes nuits d'in-
Le présent, l'avenir, moi, tout est l'infini. | somnies

Ces vers qui n'ont, ni rime, ni rythme, prétendent simuler la forme poétique d'un être qui a perdu la raison. Le fait est qu'ils ont une magnifique allure, en dépit des fautes voulues, et qu'il fallait être le merveilleux artiste que fut Baudelaire pour se permettre cette débauche d'esprit.

On a dit de l'auteur des *Fleurs du mal* qu'il avait couru toute sa vie après la folie. Hélas ! ce fut l'aphasie, la paralysie de tout moyen d'expression, qui se dressa un jour, raidie et avec un rire idiot, sur son chemin.

On connaît son internement dans une maison de santé, la visite que lui fit Leconte de Lisle et l'unique réponse qu'il put faire à toutes les questions qu'on lui adressait :

— Cré nom ! cré nom !

Un coffre était dans la pièce, un coffre où Leconte de Lisle devina que son pauvre ami avait enfermé ses manuscrits.

Il dit :

— Tu as là du travail pour bientôt. Ça va mieux. Tu ne tarderas pas à te remettre aux vers.

— Cré nom ! fit Baudelaire.

Leconte de Lisle insista, voulant se retirer sur des paroles d'encouragement :

— Si, si ! La prochaine fois que je viendrai je te trouverai à l'œuvre.

— Cré nom ! Cré nom !

Et deux grosses larmes se mirent à couler lentement sur les joues du terrassé. Le malheureux avait conscience de son état.

N'est-ce pas Taine qui a écrit que le génie est une forme de la névrose.

XVI

J'ai un peu connu Théodore de Banville durant
les dernières années de sa vie. J'ai passé chez lui de
bien spirituels après-midi, certains dimanches (jour
où le poète recevait), dans ce rez-de-chaussée à jardinet de la rue de l'Eperon auquel, dans ses *Souvenirs*, il consacre un si gracieux chapitre.

Il avait en effet grande allure, cet appartement de
vieille maison de vieille rue. Il avait, avec la grandeur de ses pièces et la hauteur de ses plafonds, un
aspect d'ancien hôtel, d'aristocratique demeure du
temps passé.

« On m'a souvent demandé, a écrit l'auteur de
Mes Souvenirs, pourquoi j'habite un appartement
dont le loyer est beaucoup trop cher pour ma très
mince fortune, dont les hautes chambres convien-

draient à un Louvre et dont les perrons donnent
accès à un jardinet de trois cent mètres, qui pour
Paris est une espèce de parc. C'est pour avoir de
vastes et interminables murailles, auxquelles je
puisse adosser des bibliothèques et des armoires
pleines de livres, car j'aime tous les livres, même
inutiles ! et aussi accrocher toute une galerie de por-
traits de famille, dont les uns sont beaux et charmants, les autres absurdes, mais qui tous me sont
chers, les uns parce que je les ai vus depuis ma petite
enfance, les autres parce qu'ils me sont venus par
héritage, à mesure que la famille s'évanouissait, ne
me laissant que de poignants et doux souvenirs. »

Quelque soit la valeur pratique de ce raisonnement de poète, d'habitant des contrées roses et
bleues, à clartés d'aurore, Théodore de Banville n'a
pas eu à regretter de se l'être donné pour une raison. C'est dans cette demeure, entouré de tous ces
souvenirs intimes, ainsi que des bataillons alignés un
peu partout de ses amis les livres, qu'il s'est vu terrassé par la mort. Ses derniers regards ont pu être
pour ces choses aimées. Il ne les a quittées qu'à
l'heure où nous devons tous nous séparer de tout,
qu'avec la lumière (cette lumière qui le grisait, qui
s'irisait dans son cerveau, illuminait son imagination
de charmantes couleurs d'arc-en-ciel) qu'avec la vie.
Ce n'est pas le cadre qui lui a manqué, comme il est
arrivé à tant d'autres qui, moins amis des bonnes
fées que lui, ont connu l'angoisse des revers, ont
dû courber leur front anxieux sous les coups sans
remède du destin. C'est lui qui a manqué au cadre,
à l'instant où l'on emporte avec soi amitiés et souvenirs, où tout ce qui vivait de vous, de votre pensée

et de vos facultés aimantes, meurt comme vous, avec vous.

Aussi veux-je évoquer l'ombre de l'ancien locataire de ces lieux, devenus monument du passé à mes yeux, pour leur rendre un peu de l'existence de ce passé, de la seule que mon esprit consente à leur reconnaître.

Nous sonnons. Le domestique vient nous ouvrir, comme autrefois — car nous sommes aux jours d'autrefois, allons revivre cet autrefois.

L'antichambre franchie, nous pénétrons dans le salon précédant le cabinet de travail.

Banville, averti, s'empresse à notre rencontre, les deux mains tendues, des mains potelées, douces et souples, chaleureuses à l'étreinte, des mains amies ou bienveillantes aux nouveaux venus, toujours cordiales :

— Qu'est-ce que vous examinez ? Ces panneaux de portes. Les compositions sont de Rochegrosse... Ses premières compositions... Il s'est amusé à peindre cela... Toute une série se suivant de panneau en panneau, sur les trois portes de la pièce... Tous les épisodes de la journée d'un jeune homme chic...

Et il faut voir avec quelle complaisance d'affection il s'étend sur l'œuvre de son beau-fils, de l'enfant d'adoption de son cœur.

Mais nous voici dans le cabinet de travail aux corps de bibliothèques se dressant en maîtres incontestés contre toutes les murailles ; au poële que tous les familiers, ou simples visiteurs, se rappelleront occupant le milieu de la pièce ; à la table de labeur du journaliste-chroniqueur, placée immédiatement sous la grande fenêtre par où pénètrent la riante lumière et, l'escortant, toutes les fraîches gaîtés du jardinet. Ces gaîtés gracieuses, le poète ne les trouvant sans doute pas encore assez à sa portée, assez à lui, leur a donné accès dans le sanctuaire même, sous forme d'une immense cage où s'ébattent des oiseaux se sentant bien chez eux, rythmant et rimant eux aussi, à leur façon, se gargarisant de sonorités d'or. Le pot à tabac, le vaste pot à tabac que le poète fait circuler volontiers et dans lequel il plonge à chaque moment les doigts, pour confectionner adroitement des cigarettes rapidement fumées et non moins rapidement roulées à nouveau, le pot à tabac inépuisable se trouve — au hasard des promenades du propriétaire, qui va et vient en causant — tantôt sur cette longue et large table de travail, près de la cage, tantôt sur le couvercle du poêle, à portée de la compagnie, rangée forcément en demi-cercle autour par le fait de la disposition des lieux.

Là, vos regards, selon les jours, se croisent avec ceux de Leconte de Lisle, Edmond de Goncourt, Richepin, Coppée, Dorchain, Lafenestre, Louis Ménard, etc., etc.

Le joli gamin de Richepin a récité, près de ce poêle, les premiers vers que la Muse enfantine lui a dictés. Ils sont plus dans le goût de Quinault que dans celui de Boileau ; la rime y joue un plus grand rôle que la raison. Les voici, du reste, dans leur gentille naïveté :

> On voit des poissons
> Dans tous les buissons.

Banville les trouva hardi de conception ; mais d'une musique qui devait faire passer... le reste. Il ajouta : « Et puis, qui sait ce que nous réservent les découvertes des sciences naturelles ! La poésie ne saurait jamais avoir tort... peut-être parce qu'elle ne s'abaisse jamais, la dédaigneuse qu'elle est, à chercher à avoir raison. »

La musique des vers, l'oreille du poète s'en grisait parfois jusqu'à le porter à lui faire la part véritablement trop belle. Il en arrivait à oublier les droits du bon sens, qui, lui aussi, peut être génial, qui, considéré dans sa légitime ampleur sachant voir de haut, au service d'un esprit large, pourrait bien nous offrir, au fond, la base la plus ferme d'une tradition intellectuelle nationale.

Un jour, Banville hasarda, emporté par son lyrisme :

— Bah ! on peut bien le dire à l'heure qu'il est !... d'autant plus que nous sommes entre nous... Molière ne mérite pas...

Tout le monde baissait le nez. Nous attendions, gênés, le démolissage que l'on sentait venir à grands pas. Mais, presque tous jeunes, nous nous taisions. Lafenestre, à qui son âge permettait un parler plus franc, se cabra :

— Permettez ! permettez !... Si nous nous attaquons à de telles gloires !...

Banville sentit la nécessité de battre en retraite.

— Pardon, je parle de l'écrivain.

Lafenestre ne se déclara pas satisfait :

— Mais l'écrivain chez Molière...

— Vous m'accorderez au moins que comme poète, comme artiste, comme musicien du vers...

Lafenestre eut la loyale bravoure de ne rien accorder. Et il faut croire que Théodore de Banville, avec son tact ordinaire, ne trouva pas assez préparé le terrain sur lequel il venait de s'engager, car, grâce au pot à tabac et à une cigarette à rouler, il trouva le moyen de faire dévier, avec dextérité, la conversation.

Les de Goncourt, dans leur *Journal*, ont donné, en deux lignes, un portrait de Banville jeune (vers 1853), rédacteur alors du *Paris*, fondé par leur cousin de Villedeuil et dont Gavarni était le dessinateur quotidien. Ils nous montrent, dans un éclair de vision, une sorte de saisie au vol, le poète « avec sa face glabre, sa voix de fausset et ses fins paradoxes, ses humoristiques silhouettes de gens ».

Tel ils le croquèrent à cette époque, tel il devait être toute sa vie, avec seulement les années en plus.

Les amis et visiteurs de l'appartement de la rue de l'Eperon n'ont pas oublié le Banville intime, partant caractéristique, qui évoluait au milieu d'eux, replet, mais alerte, court dans son veston, à abdomen comme à mains d'abbé, à joues, menton et dessus de lèvres toujours rasés de près, ne rappelant plus, toutefois, l'ecclésiastique, mais, bien plutôt, l'homme de théâtre, la face expressive d'un spirituel, mille fois spirituel comédien, d'un diseur et d'un mimeur de premier ordre. Et le grand béret, la tombante coiffure à la Scapin qu'il portait, ou rejetée tout à fait en arrière ou inclinée sur l'épaule, en valet de l'ancien répertoire, complétait encore la ressemblance. Et la voix de fausset, en même temps mordante, suffisamment timbrée, était également de théâtre, scénique, en même temps que conforme à l'emploi, à la tradition du rôle, du personnage consciemment ou inconsciemment incarné.

Il n'est pas étonnant que Banville ainsi doué, connut aussi admirablement qu'il le connaissait le tempérament acteur. Un jour, il me le définit en ces termes : « Un individu doué par la Nature (développée grâce à l'étude de son art) *d'une nature* capable de tout excepté d'être naturelle, tout en procurant l'illusion de la nature, du naturel ».

Il me raconta, à ce propos, une anecdote bien typique :

Etant allé, pour l'enterrement, chez un comédien de sa connaissance, qui venait de perdre son père, et cet artiste tardant à venir recevoir ses invités, Théodore de Banville, à sa recherche, le trouva enfin dans son cabinet de toilette, en train de se grimer. « Que fais-tu ? lui dit-il, tout le monde t'attend. » Et l'autre de répondre, affecté, pleurant, mais pourtant en scène, tragique : « Tu le vois, je me fais ma tête d'enterrement. »

Sous son béret, Théodore de Banville était Scapin. Sans ce béret, il se donnait facilement l'inoubliable masque de ce personnage à face enfarinée dont les traits sont chargés de rendre à eux seuls les trois quarts du comique et du poignant des pantomimes, de ce Pierrot qu'il a si souvent chanté en célébrant les prouesses de l'idéal du genre, du fameux mime Deburau.

Banville fut avant tout un amoureux de la forme. Croyait-il même à autre chose qu'à la forme et à la couleur ? Il fut un plastique dans toute la force du terme. On a dit qu'il rimait comme l'oiseau chante. Jules Lemaître a même écrit qu'il était hypnotisé par cette même rime ; mais le poète se plaignait de ce jugement, qu'il déclarait étroit. Il prétendait finement que c'était le critique qui avait été hypnotisé par la richesse de ses rimes. « Un poète, ajoutait-il, est trop habitué à ces choses pour en subir l'obsession. Cela lui vient comme cela, parce que ça ne peut pas lui venir autrement. Il rime parce que c'est sa manière naturelle de s'exprimer : de chanter, de fredonner, de soupirer, de pleurer, de déifier, comme on voudra. Ecrire qu'il est hypnotisé revient donc à dire tout simplement qu'il est poète. Dans ce cas, à quoi bon ce nouveau terme d'aspect barbare, empreint de toute la rudesse des mots techniques de la science ? »

Banville, tout en se défendant, exposait aussi ici une de ses théories les plus vivement senties de la plastique et de la musique des syllabes comme des phrases. Son oreille délicate, son œil artiste, étaient blessés par la moindre dissonnance, la moindre erreur de dessin à cet égard.

Il nous racontait un jour que Francisque Sarcey n'avait jamais pu orthographier le nom de Théophile Gautier, qu'il écrivait sans cesse *Gauthier*. « Un poète, se plaisait-il à constater, n'eut jamais commis cette faute : Gauthier, avec l'*h* après le *t*, peut être tout ce que l'on voudra, tel individu du Moyen-Age qu'il vous plaira ; mais ça ne saurait jamais être Théophile Gautier, ça ne parviendra jamais à nous faire songer au grand artiste Théophile Gautier… qui, d'ailleurs, n'a jamais pardonné (littérairement s'entend) cette hérésie à Sarcey. »

Comme quelqu'un s'avisa, une fois, de demander à Théodore de Banville pourquoi il ne s'était jamais présenté à l'Académie, le poète lui fit cette réponse :

— On m'a déjà souvent adressé votre question. Des amis m'ont même laissé entrevoir que je ne manquais pas de chances de succès. Mais je n'ai jamais pu me décider. Voyez-vous, l'Académie ne répond pas à ma manière d'être, à mes habitudes d'esprit, à l'attitude que j'ai gardée toute ma vie, parce qu'elle m'est naturelle. Non ! vous le sentez vous-même, je ne rime pas avec Académie.

XVII

Les bouquineurs de la génération qui précède
immédiatement la nôtre ont bien souvent heurté de
l'un ou l'autre coude, devant ou par dessus les boî-
tes, une femme aux traits doux et fatigués, qui se
livrait assidûment, résolument, fiévreusement, à la
chasse des livres sur les quais.

Cette femme, que les marchands connaissaient et
se nommaient, était l'épouse d'un poète, d'un penseur et d'un érudit d'une incontestable valeur. Mais
une humeur originale, peut-être une fêlure, comme
en présentent parfois les organisations les plus pro-
digieusement douées, ont fait que ce poète, ce penseur, cet érudit, a été en somme d'une infécondité
telle que la postérité ne connait presque de lui que
le nom : Philoxène Boyer.

Ce fougueux et infatigable liseur avait dressé sa dévouée compagne à lui trouver les ouvrages innombrables que, pour ne pas perdre de temps, il absorbait, compulsait, dévorait au lit. Elle les entassait, de retour de ses courses, de chaque côté de la couche de ce grand enfant maniaque. Il n'avait qu'à tendre le bras pour rencontrer le bouquin désiré par sa fantaisie. Son rêve de critique transcendant, avant tout résurrecteur en imagination, était refroidi subitement par la seule pensée de la page à écrire. Aussi ne l'écrivait-il pas, se contentait-il de la songer.

« Quand un sujet se présentait à l'imagination de Philoxène Boyer, a écrit Théophile Gautier, sa vaste érudition dans toutes les langues mettait à son service une immense quantité de matériaux. On le voyait alors charrier des livres et des bouquins de toute part, c'était comme un chantier de blocs de pierre qui n'attendaient plus que d'être taillés et mis en place, et Philoxène se réjouissait de voir tout cet amoncellement. Le plan était fait dans sa tête, superbe et magnifique, il n'y avait plus qu'à exécuter. Malheureusement, la patience, comme l'a dit Buffon, est la moitié du génie, et notre pauvre ami Boyer n'avait que le génie ; le livre projeté aboutissait à quelque splendide improvisation... »

Théodore de Banville, collaborateur pour quelques pièces de théâtre et ami toujours fidèle de Philoxène Boyer, avait bien raison de mettre son camarade en garde contre sa passion, l'on peut même dire sa folie d'érudition sans bornes, de lui prophétiser qu'il finirait par tuer en lui le poète, écrasé sous les in-octavo et les in-folio remués, feuilletés, lus et relus jusqu'à la manie, jusqu'à l'épuisement, jusqu'au suicide.

Un exemple va nous montrer à quel point sa passion faisait perdre pied au pauvre Philoxène, le jetait en dehors de toute possibilité de production.

Harel, directeur de théâtre, habitué à en voir et à en entendre de toutes les couleurs et sur tous les tons, le moins facilement démontable des hommes, put se rendre compte, à son indicible stupéfaction, de l'étrange portée de cette monomanie.

Il avait commandé un drame historique à Banville et à Philoxène. Rendez-vous fut pris, un jour donné, pour que les deux collaborateurs vinssent communiquer au dit Harel, dans son cabinet directorial, le plan arrêté par eux. Ce jour-là, directeur et collaborateur virent arriver Boyer, un peu en retard, suivi d'un commissionnaire qui pliait sous le poids de toute une bibliothèque de vieux bouquins.

— Qu'est-ce que tout cela ? demanda Harel surpris.

Philoxène exposa tranquillement :

— Ce sont les sources auxquelles nous allons avoir à puiser, ainsi que les ouvrages qui peuvent jeter quelque jour sur notre futur drame, lui fournir des bases solides, une valeur sérieuse, les pièces à compulser.

— Vous allez ingurgiter tout ce tas-là ?

— Naturellement.

— Ha !... Après tout, c'est votre affaire ! Mais quel intérêt y avait-il à apporter le tout ici, au risque d'encombrer mon cabinet ?

— N'avons-nous pas à nous entendre ? nous consulter ?

— Oui. Hé bien ?

— Hé bien, ne faut-il pas alors que vous soyez au courant comme nous ?

— Vous dites !

— Je vous ai apporté ces volumes afin que vous jugiez par vous-même.

Les bras en tombèrent à Harel :

— C'était pour moi ?

— Evidemment. Comment vous décider sans cela ?

Harel se leva, éclatant de rire :

— Mes amis, je vois que nous devons remettre notre séance à un autre jour... assez éloigné... oui, oui, très éloigné.

Et s'adressant au commissionnaire en train de s'éponger :

— Mon brave, je le regrette beaucoup pour vous, mais il va falloir que vous rechargiez cette masse terrible sur vos épaules, que vous m'en débarrassiez au plus vite. J'en ai presque aussi chaud que vous, rien qu'à la regarder. Emportez ! emportez !

Comme on se retirait, les deux auteurs faisant escorte à la bibliothèque ambulante, formant arrière-garde, Harel dit à Banville, en lui serrant la main :

— Je crois bien que le drame doit prendre le chemin de ses sources. Voilà notre projet dans l'eau, c'est aussi votre avis, n'est-ce pas ?

Les choses, en effet, en demeurèrent là.

Nous avons montré Philoxène Boyer marié et ayant dressé sa femme à la poursuite du bouquin. Il nous reste à dire quelques mots sur le mariage et la singulière entrée en ménage de cet être bizarre hypnotisé par le livre.

— Ah ! mon cher, je ne t'ai pas dit ?... je me marie, annonce un jour, tout-à-coup, en sortant d'une éloquente rêverie lyrique poursuivie à grands pas sur le trottoir, Philoxène Boyer à son compagnon de péripatétique et poétique promenade, Théodore de Banville.

— Bah !

— Oui, il paraît que c'est fixé pour la fin de cette semaine. Ma future me l'a encore rappelé hier.

— Et comment, diable ! t'y es-tu pris pour trouver ta femme, distrait comme je te connais ?... Sur le quai ?

— Non, ça s'est fait tout seul... je ne me rappelle plus bien comment... C'est une bonne fille, pleine de cœur, qui adore la lecture... douce, simple... la douceur des héroïnes de Shakspeare. Quel connaisseur du cœur humain, ce Shakspeare ! Tiens, que je te raconte !...

— Et tu vas te marier avec le costume que tu as sur le dos ?

— Il est noir.

— Non, gris... à cause de sa saleté.

— Tu crois ?

— Examine toi-même.

— C'est vrai... Je ne m'en étais jamais aperçu. Veux-tu que nous allions en acheter un autre ?

— Ça me semble utile. Mais toi-même...

— Quoi ?

— Tu n'es guère plus en état que tes vêtements.

— Oui, mais, moi, je ne puis pas me changer.

— Peut-être, pourrais-tu prendre un bain.

— Ça équivaut ?

— Il paraît. Tu sais qu'il y a des gens qui se baignent... même assez souvent.

— En bouquinant, j'en ai aperçu qui barbottaient, dans les écoles de natations. Du pont, lorsque quelque coup de vent agite les toiles, on les voit très bien. D'ailleurs, les Romains et leurs thermes, dont les prodigieuses ruines attestent...

— Viens. Tu m'exposeras toutes ces belles choses... de ta baignoire, en joignant la pratique à la théorie.

— Soit! si c'est nécessaire.

— Dans l'état où tu es, c'est même indispensable.

On pénètre dans un établissement de bains. Banville explique à son ami qu'il a à verser une certaine somme entre les mains de la dame qui occupe le bureau d'entrée. Puis, comprenant que ce dernier ne s'en tirera jamais tout seul, il le dirige à travers les corridors et le suit dans sa cabine.

Philoxène se déshabille avec docilité et s'étend dans l'eau chaude. Mais une fois là il s'oublie de nouveau à causer des grecs et romains, citant, et *piscina*, et *tepidarium*, et *frigidarium*, etc.

— Frotte-toi, commande Banville.

— Il faut me frotter? C'est vrai, les anciens !... Mais je n'ai pas de strigile. Est-ce que tu pourrais m'en faire avoir un.

— Depuis des siècles, cet instrument est remplacé par les mains.

— J'ignorais. Je n'ai pas étudié la question.

— Hé bien ! contente-toi de la résoudre pratiquement, en te frottant le mieux qu'il te sera possible. N'hésite pas non plus à employer ce savon.

— C'est fort curieux !... en vérité, fort curieux !

Enfin le bain est pris. Reste la tête : la chevelure léonine jamais peignée et la barbe hirsute.

Banville, continuant son œuvre, annonce :

— Il faut nous rendre, à présent, chez un coiffeur.

— Ah ! Mais sais-tu que c'est très compliqué, ces choses-là !

— Garçon, un nettoyage et un élagage sérieux, suivis d'une coupe savante.

— En effet, m'sieu !... oui, m'sieu !

Et le garçon attaque forêt vierge et savane inextricable. Sous l'action de la mousse du savon la chevelure se dresse, monte, monte et s'élargit, devient formidable, digne de certains naturels de l'Afrique.

Philoxène se démène, roule des yeux à demi-aveuglés. Il voudrait parler, discuter, échanger des idées. Mais son chef appartient au garçon, qui s'y perd et ne permet pas au propriétaire d'augmenter encore par une mimique effrénée les difficultés avec lesquelles il est aux prises.

De nouveau dehors, sur le trottoir, Philoxène respirait largement, se croyant libre enfin, quand Banville l'arrêta dans sa joie par cette question :

— Tu as loué un appartement ?

Son interlocuteur le fixa, surpris :

— Non... pourquoi faire ?

— Mais l'installation d'un ménage...

— J'ai mon logement.

— De garçon.

— Hé bien ?

— Deux chambres uniquement remplies de livres... Je sais que ta future aime la lecture...

— Justement.

— Oui, mais ça ne saurait suffire. Montons chez toi, si tu veux. Il doit y manquer bien des objets du confortable le plus élémentaire.

On gravit les étages, on visite les deux pièces. Des livres, encore des livres, partout des livres tenant lieu de tout.

— Pas même de lavabo ! c'était à prévoir.

— Tu vois, j'ai un lit, des chaises...

— Oui, et pas de lavabo.

— Puisque tu te connais à toutes ces affaires-là, descendons en acheter un ensemble.

Chez un marchand de meubles, Banville avise une commode-toilette :

— Voici justement ce qu'il te faut ! Tu t'en rends compte, c'est à deux fins. Ici la place pour la cuvette, le pot à l'eau, etc., puis ces tiroirs pour des effets, le linge...

— Des papiers, des manuscrits...

— L'achètes-tu ?

— Volontiers, puisque c'est ce qu'il faut.

Et l'on fait monter la commode-toilette chez Philoxène.

La veille du mariage, Banville revient chez son ami, il jeta autour des pièces un coup d'œil d'inspection. Les livres régnaient partout en maîtres incontestés, comme devant. D'abord, l'auteur des *Odes funambulesques* n'aperçoit plus sa toilette. Cependant une formidable colonne, faite de volumes, lui donne l'éveil. Il va à elle, déplace, regarde. Il ne s'était pas trompé, ces volumes entouraient la commode-toilette emprisonnée, s'appuyant contre ses tiroirs et ses flancs, l'ensevelissant de leurs bataillons serrés, lui formant une sorte de revêtement, d'impénétrable armure. Et, comble de l'ingéniosité bibliomaniaque, le dessus de la toilette a été soigneusement refermé... et, dessus, pesant de tout leur poids, enfermant la cuvette comme en un tombeau de pyramides clos pour jamais, des piles d'autres livres s'élèvent gravement, solidement, puissamment, jusqu'au plafond, en vainqueurs qui ont fait de la commode-toilette un piédestal triomphant.

Philoxène Boyer mourut jeune, laissant sa veuve,

mère de deux filles, dans une situation des plus pré-
caires. A force de démarches, on obtint pour cette
malheureuse compagne d'un grand... enfant, un
bureau de poste à quelques lieues de Paris. La
misère était évitée. Mais la vie ne laisse pas péri-
cliter ses droits. Elle aussi est une originale qui n'a
cure d'aucune de nos recherches de convenances
sauvegardées. Nous croyons les choses définitivement arrangées, et le mieux du monde, nous nous
frottons les mains !... La femme de Philoxène
Boyer va terminer doucement ses jours dans la
retraite, conservant pieusement, plaçant sur une sorte
d'autel domestique le souvenir du chef de famille
respecté à la manière d'un être supérieur disparu.

Non ! la vie est là, qui accomplit son œuvre. Elle
change peu à peu les rapports, modifie parcelle par
parcelle l'être moral comme l'être physique, le conforme au milieu actuel, dont elle sait faire un moule
qui modèle les êtres, une matrice qui les frappe fatalement, irrésistiblement à son coin. L'homme propose et la vie dispose ; qui oserait jeter la pierre à
ceux qu'elle a habillés de sa livrée ?

Ecoutez une de ses ironies.

Banville reçoit un jour une lettre de la veuve de
Philoxène Boyer. On voudrait bien le voir ; on a à
le consulter sur un événement intéressant toute la
famille. Théodore de Banville prend le chemin de
fer et arrive.

— C'est... c'est à propos d'un mariage.

— Ah ! tant mieux !... Votre fille ainée ?

— Non.

— Votre cadette, alors ?... En effet, toutes deux
sont en âge... Il aurait peut-être mieux valu...

Ce n'est pas encore cela. C'est la veuve de Philoxène qui est sur le point de contracter une nouvelle union.

Le besoin de la présence d'un homme à la maison se fait sentir. Le service du bureau n'en sera que mieux surveillé. Enfin, l'emploi du futur est honorable. Il appartient à la même administration.

— Allons, puisque c'est après mûre réflexion, et que, je le devine, vous êtes assez avancée dans votre projet pour n'avoir plus qu'à me présenter ce futur...

— Malheureusement, il n'est pas ici pour le moment.

— Il n'appartient pas au même bureau que vous?

— Si; mais il est en tournée.

— D'inspection?

— Non. Il est... C'est le facteur rural.

XVIII

Murger répétait volontiers à Privat d'Anglemont :

— Toi, mon cher, tu n'es pas de la bohème, tu
es : *la bohème.*

Alfred Delvau, un autre bohème, qui, à son
heure, intrigua tout Paris avec ses lettres adressées
mystérieusement au *Figaro* et signées du pseudonyme de Junius, Delvau a plaidé éloquemment la
cause de Privat dans une étude-préface placée en
tête du curieux livre de ce dernier : *Paris inconnu.*
Il y a écrit :

« On a peu connu Privat, — bien qu'il eût été
connu de tout Paris. On s'est obstiné à ne voir en
lui que le bohème, l'homme sans feu ni lieu, le noc-
tambule incorrigible, le juif-errant littéraire, comme
s'il avait eu cette douloureuse spécialité. »

Victor Cochinat, créole, de sang mêlé comme Privat d'Anglemont, dans un article publié immédiatement après la mort de celui-ci, nous le montre « inventant des anecdotes et des nouvelles : — car c'était surtout un inventeur que notre Privat ! »

Théodore de Banville, qui le connaissait bien, qui se flatte d'avoir été un de ses plus intimes amis, tout en accordant que son imagination ne se montrait jamais en retard, et avançait même, le plus souvent, de pas mal sur la réalité, limite cependant cette tendance de méridional à la fermentation que le soleil des tropiques produit naturellement dans les cervelles des enfants de la Guadeloupe. « Pour menteur, constate le poète des *Odes funambulesques*, il le fut au moins autant que le Dorante de Corneille, et, ainsi que le grand Honoré de Balzac, il parlait toujours dans un rêve. »

Et un peu plus loin :

« Vingt fois, dans ses moments d'effusion, il m'a dit qu'il obéissait à un besoin impérieux en me contant son histoire, et il me la racontait, en effet, avec les détails les plus précis, ayant le caractère d'une évidente réalité ; seulement, elle était chaque fois différente. »

Il nous faut remonter maintenant à l'époque où, place de la Sorbonne, l'hôtel du Périgord réunissait autour de sa table d'hôte toute une jeunesse bruyante composée de savants en herbe, de futurs légistes et d'aspirants littéraires, avec quelques écrivains déjà parvenus à se faire connaître du public, soit par le fait d'un volume à succès, soit comme rédacteurs de feuilles plus ou moins éphémères, de ce que l'on appelait alors petits journaux.

Une poule à figure blagueuse de gamine née sur

le pavé parisien, vivait, ou, plutôt, trônait parmi tous
ces coqs au début de leur carrière. Maîtresse en
titre de l'un d'eux, tous avaient, paraît-il, d'excellentes raisons, pour se vanter de sa docilité et de
son humeur polie... polygame. Or, ils étaient trop à
l'aurore de la vie pour savoir savourer en silence les
avantages de la situation. Ils avaient encore plus besoin de gaîté tapageuse, de bons tours permettant à
l'exubérance de se dépenser en raillerie et en rires
vainqueurs, que d'amour ou de caresses. Ils résolu-
rent donc de procéder à une exécution publique de
la volage Jeanne, qui, hâtons-nous de le dire à sa
gloire, à su se fixer plus tard et conquérir, en légitime mariage, une position aristocratique capable de
lui assurer le respect de tout un vieux coin de la
France. Elle avait à se rattraper du côté de ce respect qui lui avait manqué, nous allons voir jusqu'à
quel point, au début de sa carrière.

Donc, tous ces jeunes gens, favorisés à leur heure,
s'offrirent la satisfaction peu galante de rappeler,
les uns après les autres, à la jeune Jeanne, quelques
détails intimes de leur moment de bonne fortune.

La pauvre fille perdit d'abord la tête, qu'elle
jourbait sous l'averse ; mais la gamine de faubourg
nit bientôt par se réveiller en elle. Alors, les rôles
changèrent. Sans chercher à rien nier, se jetant elle-
même par dessus bord, elle régla à chacun son
compte, leur donna à tous leur paquet, rappelant
soit un ridicule, une faiblesse ou un défaut caché,
livrés à sa malignité lors des instants d'abandon in-
voqués actuellement. Le triomphe lui demeura. Tous
balbutiaient, rougissaient, se démenaient gênés sur
leur siège quand elle leur envoyait en pleine poitrine :

— Toi, qui fais le fendant, tu te souviens, n'est-ce pas, de... Toi, quand le tailleur ne t'a pas remis d'aplomb, tu ressembles pas mal à une grenouille... Toi... Toi... etc.

Mais un homme, habitué intermittent de la table d'hôte, venait de faire son apparition dans la salle.

— Messieurs, prononça-t-il, articulant d'une façon hautainement tranchante, vous vous mettez à plus d'une douzaine, pour attaquer une femme, vous êtes des lâches !

Celui qui parlait ainsi était Privat d'Anglemont.

Comme il s'agissait de relever une insulte qui exigeait réparation par les armes, il fut convenu que Privat étant dans l'impossibilité de se battre avec tout le monde, on tirerait au sort le nom de celui qui se rendrait sur le terrain pour vider la querelle et défendre l'honneur de la compagnie.

Le duel eut lieu au bois de Boulogne. Ceci dit, la parole est à Privat.

Voici ce qu'il raconta aux amis rencontrés quelques semaines après cette séance de la table d'hôte, et qui s'étonnaient de sa longue disparition.

« J'avais reçu au flanc — entre parenthèses, par le fait de la maladresse de mon adversaire, qui n'entendait rien au maniement du fleuret et se démenait comme un possédé — un coup imprévu, désordonné, lequel me coucha sur le sol, privé de sentiment et perdant beaucoup de sang. Les témoins des deux côtés, de même que mon vainqueur épileptique, me supposant sans doute mort, et craignant la venue possible de gens de la police, m'abandonnèrent là, au beau milieu d'une allée solitaire, choisie pour lieu de la rencontre à cause de l'égalité et de la fermeté du terrain battu.

« Je ne saurais dire combien dura mon évanouisse-
ment. Mais comme je reprenais mes sens, j'entendis
une voix qui disait :

« — Cocher, qu'avez-vous ? avancez donc !

« Le cocher répondit :

« — Je ne peux pas, madame la princesse (car
c'était la princesse de B***), il y a un homme couché
en travers du chemin. Les chevaux l'ont senti et se
cabrent.

« — Un individu assassiné, peut-être !

« — Je ne puis dire, madame la princesse.

« — Faites tourner la voiture.

« — Non... il n'a pas été assassiné. J'aperçois un
fleuret à côté de lui.

« — Un duel !.. Arrêtez, je vais voir ! Ce pauvre
jeune homme respire peut-être encore.

Et la princesse de B***, descendant de sa voiture, vint se pencher au-dessus de moi.

« Je l'entendis murmurer, se parlant à elle-même :

« — Il a du linge, c'est un homme comme il faut...
On ne peut le laisser là.

« Puis elle cria :

« — Cocher, approchez !

« La faiblesse amenée par la perte de mon sang
devait me tenir encore les paupières closes ; car, si
j'entendais à peu près, dans une sorte de bourdonnement au sein duquel dansaient les paroles, plus
alertes, plus claires d'intonation, plus chantantes
aussi et d'un rythme qui allait se précisant, je ne
distinguais aucun objet. C'était le rapprochement de
sa voix et le senti d'un souffle haletant contre mon
visage, qui m'avaient donné la sensation qu'elle se
penchait sur moi.

« J'entendis encore :

« — Venez prendre ce gentilhomme et portez-le dans la voiture.

« Une secousse me fit perdre de nouveau tout-à-fait connaissance.

« Je ne revins à moi définitivement que dans un magnifique lit, d'une somptueuse et aristocratique chambre à coucher d'un vieil hôtel du faubourg St-Germain. La princesse était à mon chevet, me veillant elle-même, guettant mon premier mouvement de retour à la lumière et à l'existence. »

En cet endroit du récit, Privat passait légèrement en galant homme qui sait ce que l'on doit au sexe faible. Il se montrait d'une discrétion que seul l'air de légère fatuité qu'il ne parvenait pas à réprimer complètement permettait d'interpréter dans le sens d'une victoire *high life*, d'une conquête tout-à-fait dessus du panier.

Mais le philosophe, le moraliste ne tardaient pas à entrer en scène, à sauver, pensait-il, la situation, en terminant prudemment autant que brusquement l'aventure :

« Nous nous sommes bêtement quittés, concluait-il. Je la croyais plus forte qu'elle ne l'était. Je la traitai en égale, en être pensant et raisonnable. Elle me prouva qu'elle n'était qu'une femme, comme les autres, avec toutes leurs petitesses d'esprit...

« Nous agitions les éternels problèmes du sentiment, comme il convenait. Je me figurais qu'elle m'avait suivi à travers les hauteurs métaphysiques où je me tenais depuis un instant, quand, tout à coup elle me déclara :

« — Vous paraissez avoir de bien singulières

idées sur les personnes de mon sexe. Qu'en pensez-vous donc au fond ?

« Je m'inclinai :

« — Beaucoup de mal, madame la princesse.

« Alors, à brûle-pourpoint, avec ce besoin du *moi*, qui ne les quitte jamais :

« — Et que pensez-vous de moi-même ?

« Je fus net :

« — Plus de mal que de n'importe quelle autre.

« Elle se piqua :

« — Puis-je en savoir la cause ?

« Je lui expliquai que les malheureuses que le besoin oblige à se livrer, à se vendre, méritent quelque compassion ; mais que les favorisées de ce monde, qui n'écoutent que leur caprice sont absolument sans excuses. »

Et Privat terminait, tous ses traits exprimant qu'il n'en revenait pas, qu'il gardait à jamais l'étonnement de la chose :

« Elle m'a fait comprendre que je n'avais plus qu'à me retirer. »

Mais l'aventure ne pouvait en rester là. Mademoiselle Jeanne avait tous les droits à fournir le mot de la fin. Privat n'était pas homme à la priver de cet effet, en s'en privant lui-même :

« Figurez-vous que quelques jours après cette rupture, je me trouve nez à nez, sur les boulevards, avec Jeanne. Elle s'élance : « Privat ! » Mais, pour l'instant, j'en avais assez des femmes !... et de leurs grimaces. Puis, je n'admets pas que l'on doive profiter d'un service rendu, le faire payer. Je voulus me dérober à sa débordante reconnaissance. J'avais heureusement un crêpe à mon chapeau, venant de perdre un parent. Je demeurai très grave, d'une tenue froidement triste :

« — Mademoiselle, je n'ai pas l'honneur de vous connaître.

« — Comment ! tu n'es pas mon défenseur, mon brave chevalier de la table d'hôte ?

« — Je ne sais à quoi vous pouvez faire allusion.

« — Quelle farce ! Voyons ! tu... vous êtes bien Privat d'Anglemont !

« — Parfaitement, mademoiselle.

« — Hé bien ! alors !...

« — Je n'en comprends pas plus ce que vous voulez me dire.

« — Mais !... mais !...

« Elle était toute décontenancée par mon sang-froid et s'écria :

« — Enfin !... vous êtes !... Que tu es serin ! Tu ne vas pas me faire croire que tu n'es pas toi ! toi, Alexandre Privat d'Anglemont !

« — Pardon, mademoiselle, mon prénom est Théodore. Alexandre *était* mon frère.

« — Etait ! dites-vous !

« Je lui montrai du doigt le crêpe de mon chapeau :

« — J'ai eu la douleur de le perdre, il y a à peine huit jours.

« — A la suite de ce duel, sûrement !

« Un attendrissement succéda au tressaillement que mes paroles lui avaient causé. Tandis que je gardais le silence, elle s'exclama fort émue :

« — Le pauvre diable !

« Je la saluai très bas :

« — Merci pour ce regret.

« La vanité féminine ne put résister, se fit jour.

« — Mais c'est pour moi !...

« Je m'éloignai murmurant :

« — Mademoiselle, je dois ignorer !... Les convenances !... mon frère... Le respect !... Devant la mort !... Adieu ! »

XIX

Une seconde anecdote de Privat d'Anglemont :
« J'étais — c'est notre homme qui reprend, domi-
nateur du geste et du regard, ayant conscience de
sa verve et de l'irrésistible entraînement qu'elle va
produire, sûr de l'effet final —, j'étais allé respirer
quelques jours l'air à Fontainebleau. Je ne m'y étais
pas rendu d'ailleurs uniquement pour mon compte.
Henriette m'avait tellement supplié de lui procurer
cette fortifiante et saine distraction de promenade de
tous les jours et de toute la journée en forêt, que
j'avais accédé à un désir mignonnement manifesté
avec toutes sortes de gracieuses circonlocutions.

« Avec le charme de leur douceur, les femmes
font de moi tout ce qu'elles veulent. Elles le savent
et voilà pourquoi, elles-mêmes, font tout ce que je...
tout ce qu'elles veulent... en ma compagnie, s'enten-

dant admirablement à me le faire vouloir, ce qui sauvegarde ma supériorité d'homme et satisfait ma vanité. A mon avis, un être raisonnable ne se détermine pas sans raisons valables. Et du moment que ces raisons existent, il ne se détermine pas seulement : il est déterminé par quelque chose. Dans ce cas, puisque nul n'échappe à la domination extérieure environnante, autant, plutôt une jolie et amusante enfant que tout l'arsenal de la pédanterie.

« Je n'ai donc pas à faire mystère d'avoir été à Fontainebleau pour obéir au désir, au besoin de santé ou au caprice de mademoiselle Henriette. Et la preuve que j'ai eu raison de me *déterminer*... sous son inspiration, c'est que ce séjour, trop court, m'a fait le plus grand bien aux bronches, et que j'en aurais éprouvé encore plus de satisfaction s'il m'avait été permis de le prolonger à mon... au gré d'Henriette... et de ma santé.

« Mais le déterminisme, qui ne vous lâche pas, même quand vous êtes déjà *déterminé*, vint me relancer sous la forme de vigoureux gaillards, qu'à leur costume, à leur mine et à leur allure de civils disciplinés, il était impossible de ne pas reconnaître pour des agents de police.

« Le préfet de police étant mon parent, je ne me préoccupai guère, tout d'abord, de leur présence. Cependant, il devint bientôt de la dernière évidence que c'était à moi qu'ils jugeaient avoir à s'adresser, et qu'ils ne tardaient à entrer en matière que dans la crainte d'une erreur.

« Ils se décidèrent enfin, et me saluant le plus poliment qu'il leur fut possible, d'un double salu automatique leur faisant faire comiquement pendant et me plaçant comme entre deux magots, ils me demandèrent :

« — Nous ne nous trompons pas ? c'est bien en la présence de M. Alexandre Privat d'Anglemont que nous avons l'honneur de nous trouver ?

« — De lui-même, messieurs. Faites-moi le plaisir de m'expliquer ce qu'il peut pour votre service ?

« — Nous réclamons l'avantage de sa compagnie jusqu'à Paris, où nous avons l'ordre de le mener.

« — Et sous quelle inculpation, je vous prie ?

« — Nous avouons l'ignorer de la façon la plus complète. L'ordre vient directement du cabinet de M. le Préfet, avec la seule indication de traiter notre prisonnier avec la considération la plus parfaite... d'où nous concluons que vous êtes un personnage distingué... plus à même que nous, pauvres diables ! de savoir les dessous de tout ceci. Mais nous n'avons pas la curiosité... nous ne nous permettons pas de vous questionner. Nous sommes certains que vous nous rendrez facile notre mission, que vous ne mettrez aucun obstacle à l'accomplissement de notre devoir. On a toujours à se louer des rapports que l'on peut avoir avec un homme comme il faut, distingué... Ce sont là les petites satisfactions de notre métier, si pénible parfois à cause de ses frottements forcés avec la canaille.

« — Hé bien, messieurs ! vous me voyez prêt à me rendre à l'invitation... un peu imprévue de... *mon parent* le préfet.

« Ils se regardaient, démontés, se découvrant, abaissant leurs chapeaux jusqu'à terre. Je dis à Henriette, qui se désolait :

« — Ma chère amie, mon parent doit avoir de fortes raisons pour agir ainsi qu'il le fait. Il doit se trouver en face de questions qui ne peuvent être traitées qu'en famille. Il me connaît aussi mobile qu'indépendant ; c'est pourquoi il a assuré notre entrevue par l'entremise de ces deux messieurs, qui ne vont que me faire escorte. Je ne regrette qu'une seule chose, c'est que notre... que le séjour que tu voulais faire ici se trouve intempestivement écourté. J'expliquerai à mon parent à quel point il a involontairement manqué de courtoisie, et je ne tarderai pas à te porter ses excuses... En route, messieurs ! en route !

« Mais, à ma plus grande surprise encore, ils prièrent la pauvre Henriette, toute effarée, de les suivre également, lui expliquant, dans leur langage, d'un argot fleuri, qu'elle allait jouer le rôle d'une sorte de pièce de conviction.

« Il était inutile de chercher à comprendre. Le déterminisme ne révèle pas toujours clairement ses causes efficaces ; il se contente de se prouver par son action, sans se donner la peine de plus s'expliquer.

« Nos deux policiers ne me parurent pas s'être trompés sur le rôle réservé à Henriette, lorsque, arrivés à la préfecture, je vis qu'on la fit attendre dans l'antichambre. Quant à moi, à peine avait-on eu le temps de m'annoncer, que je me vis introduire dans le cabinet du grand maître du lieu, de mon parent.

« Je pénétrai la tête haute, le regard assuré, les lèvres pincées, l'air vexé, en homme certain de lui.

« Mon parent, dès que j'avais paru sur le seuil, s'était écrié, non sans un léger rire du coin de l'œil, qui ne pouvait être de mauvais augure :

« — Voilà que tu viens de nous jouer encore un de tes tours ! Tu seras donc toujours le même !

« Je fus très froid :

« — Je ne sais ce que vous voulez dire, monsieur.

« — Prends donc un siège, me dit-il.

« Mais je refusai d'un geste digne :

« — S'agit-il ici d'une plaisanterie... plutôt mauvaise, ou d'un interrogatoire?

« Il vit qu'il n'était pas facile de me déconcerter et ne chercha pas à finasser :

« — Voyons, jouons cartes sur table, me proposa-t-il. D'ailleurs, nous savons tout : tu n'as donc aucune raison de chercher des faux-fuyants, dans un but chevaleresque que, je me hâte de le reconnaître j'apprécierais en toute autre occasion. Je sais que tu es galant homme jusqu'au bout des ongles; mais, je te le répète, nous savons tout... Prends en pitié une mère éplorée, prête à pardonner... qui ne veut, ne demande que sa fille !

« Cette fois, je pris la chaise offerte précédemment. Je sentais le terrain solide sous moi. Il allait falloir m'adresser des excuses. Il y avait évidemment maldonne. J'étais fort de mon innoncence.

« — Expliquez-vous plus clairement, monsieur le préfet, car j'avoue que, malgré toute ma bonne volonté, je ne parviens pas à comprendre le premier mot de ce que vous cherchez à me faire entendre.

« Il essaya de me sonder du regard, les yeux dans les yeux, en homme habile :

— Alexandre, pourquoi as-tu enlevé Mademoiselle de S***?

« — Mademoiselle de S***!

« — Oui ! et, cette fois, c'est pousser trop loin la plaisanterie ! Quand tu ne t'es adressé qu'à des pe-

tites bourgeoises, j'ai pu fermer les yeux. Mais…
mademoiselle de S***! L'héritière d'une de nos plus
illustres maisons!…

« — Ne perdez pas inutilement votre éloquence,
mon cher parent. Qu'est-ce qui peut vous faire sup-
poser que j'ai enlevé mademoiselle de S***, puisque
mademoiselle de S*** il y a?

« — N'étais-tu pas à Fontainebleau avec la malheureuse enfant!

« — Avec Henriette, voulez-vous dire.

« — Un faux nom!

« — Pas du tout! Le nom qu'elle a reçu au baptême, s'il vous plaît. Du reste, puisque vous l'avez
fait amener ici, qu'elle attend à côté, il est bien simple de la faire venir; vous jugerez par vous-même.

« — Soit! mais avant, je veux te mettre à même
de réfléchir, en te plaçant en présence de la propre
mère de ta victime.

« Il fit une pause, puis :

« — Comme il est probable qu'elle saura reconnaître sa fille, je t'engage aux aveux… afin d'éviter
une scène pénible…

« — Je serai heureux de faire connaissance avec
au moins une représentante de cette famille de S***.

« — Bien! c'est toi qui l'auras voulu! Tu me ren-
dras cette justice que j'ai fait tout ce que j'ai pu
pour adoucir les choses. Tu ne t'en prendras donc
qu'à toi, à ton inqualifiable obstination, si…

« En ce moment, Madame de S*** entra, en
désordre.

« — Rendez-moi mon enfant, Monsieur Privat!
C'est une mère qui vous implore! Je me jette à vos
genoux!…

« Je l'empêchai d'accomplir cet acte d'affolement :

« — Monsieur le Préfet, je vous adjure, au nom de l'humanité de faire venir Henriette, afin que Madame puisse juger de ses yeux...

« Henriette étant amenée. Je demandai :

« — Est-ce là Mademoiselle votre fille, Madame?

« — Non, Monsieur !... jamais de la vie !

« — Dans ce cas, que me veut-on ?

« Mon parent abasourdi, se tourna vers elle :

« — Mais, Madame... votre dénonciation !... Vous accusiez formellement ! Quelle preuve aviez-vous !... Sur quelle base reposaient vos soupçons ? Car enfin, pour faire arrêter !...

« Madame de S*** ne cessait de me fouiller le fond des yeux, d'un regard singulier :

« — Un élan ! un simple mais irrésistible élan, Monsieur le Préfet !... J'ai jugé ma fille d'après moi ! Aussi, lorsqu'elle a disparu, la malheureuse ! je n'ai pas hésité, j'ai obéi à l'indication despotique de mon cœur ! A présent même, malgré l'évidence je doute encore !... Ah ! c'est que M. Privat d'Anglemont est si accompli, si aimable, si séduisant, que, à la place de ma fille, si j'avais eu le malheur de me laisser enlever, ce n'eut été... ça, je le jure !... ce n'eut été que par lui !... et pour lui !

« Mon parent abrégea :

« — Tu peux te retirer. Toutes mes excuses, mon ami... Ainsi qu'à vous, Mademoiselle.

« Et il me reconduisit avec Henriette jusqu'à la porte de son cabinet ».

Privat terminait ainsi :

« Figurez-vous que, dès que nous fûmes dehors, cette sotte d'Henriette s'est mise à me faire une scène de jalousie ».

Puis, philosophiquement :

« Voilà comment sont les femmes ! »

Le pauvre garçon à imagination hantée par des rêves aussi aristocratiques et aussi triomphants, s'y réfugiait peut-être d'autant plus volontiers que la rude réalité les lui rendait plus inaccessibles, plus bleus et plus hauts, plus dorés de clartés dans les régions de l'idéal. La réalité, la voici :

« Sans date.

« Mon domicile actuel est l'hôpital Lariboisière, où l'on m'a conduit après un accident : j'ai été échaudé. Sans un interne de l'endroit, je serais mort,
« Viens, ou envoie me voir.

Alex. Privat d'Anglemont. »

Les derniers vers que Privat se rappela peu avant sa mort, et qu'il se plut à réciter à Alfred Delvau sont empruntés au *Testament* de François Villon. Ces deux charmants bohêmes rimant à la lune se serrent ainsi la main à travers plusieurs siècles.

XX

Chenavard. — Sur la terrasse du bord de l'eau. — La marche de l'humanité. — Anecdote racontée par Jules Lemaître. — Les trois païens chez l'éditeur Charpentier. — Portrait par Théophile Silvestre. — *Désolateur le Grand*. — Mot du sculteur Préault. — Caractère deviné par l'écriture. — Projet de décoration du Panthéon. — Une visite de l'archevêque de Paris. — Si nous *flanquions* des auréoles ?

Si ces souvenirs causent quelque plaisir au lecteur, il doit, pour un grand nombre d'entre eux, en remercier la mémoire si fidèle du roi des conteurs sagaces, de l'homme dont on a pu dire qu'il *a connu tous nos contemporains méritant de l'être* et que presque trois quarts de notre siècle revivaient dans sa tête, de l'artiste-philosophe Chenavard.

Il n'est donc que juste de le présenter à ceux qui liront ces pages.

Ce fut, si je m'en souviens bien, au début de l'automne de l'année 1875 que j'eus l'honneur de faire la connaissance de ce célèbre causeur.

L'ami avec lequel je me promenais l'aperçut qui venait de notre côté, de son pas posé d'aplomb, avec son allure d'apparence somnambulique qu'expliquait le noyé complet du regard, le replié sur soi-même d'un reviveur de choses autrefois vues et entendues, aujourd'hui songées seulement mais intensément.

Nous arpentions la terrasse du bord de l'eau, des Tuileries. Lui-même paraissait marcher sans but, pour se promener. L'occasion était favorable, permettait de faire quelques tours avec Chenavard et de l'écouter à l'aise. Mon ami, ami aussi de Chenavard, me présenta donc.

Après quelques mots d'amical accueil, le grand et beau vieillard que nous venions d'obliger à descendre de quelque superbe rêve, eut bien vite regravi le lumineux et hellénique sommet une minute abandonné. A propos de rien, d'un mot sur le temps froid, les arbres qui se dépouillaient sous un ciel mélancolique, il prononça lentement, avec un pessimisme à racines plongeant dans l'admiration sans réserve d'une période du passé et ne s'embarrassant guère du présent ni de l'avenir :

— Depuis Périclès, le monde ne vaut plus la peine que l'on s'occupe de lui. L'humanité descend la pente de son irrémédiable décadence. Comme celle de l'homme, sa carrière est fatalement tracée. Elle est soumise, de même que tout ce qui existe, à la loi inéluctable de la vie. Entre sa naissance et sa mort, il n'y a place que pour trois âges : enfance, jeunesse, puis décevante vieillesse. Que voulez-vous ! nous assistons au déclin, aux heures vides, froides et impuissantes. Il ne nous reste plus qu'à nous draper, qu'à nous couvrir le visage d'un large pli ramené pour cacher aux yeux la grimace enlaidissante de la mort, qu'à tâcher d'en finir avec la stupide existence dans la noble attitude que nous ont enseignée nos maîtres en toutes choses, les heureux et divins fils de la terre de Grèce.

Il soupira, d'un souffle de large et pénétrant regret :

— Ah ! les Grecs ! il faut toujours revenir à eux ! Seul, leur ciel est beau, peuplé de leurs dieux ! de leurs personnifications si humainement, et, par ce fait, si religieusement polythéistiques : intelligences supérieures que pouvaient uniquement concevoir de tels artistes. La lumière appelle la lumière. Voyez-vous ! le flambeau est éteint ! Le foyer hellénique n'est plus là, permettant de le rallumer... Et quand la chose serait possible, d'ailleurs ! à quoi bon ? nous sommes trop vieux ! c'est fini ! bien fini ! Le soleil touche à l'horizon, ne va pas tarder à disparaître. Bonsoir la compagnie !

Jules Lemaître a écrit, dans un article sur le *néo-hellénisme* : « Ce qui augmente encore l'embarras, c'est qu'il y a plus d'une façon d'entendre ce mot de paganisme ». Ecoutez une anecdote. C'était dans une maison où Théophile Gautier, M. Chenavard et M. Louis Ménard, l'auteur de la *Morale avant les philosophes* se trouvaient ensemble à dîner.

« — Ce qui me plaît dans le paganisme, vint à dire Gautier, c'est qu'il n'a pas de morale.

« — Comment ! pas de morale ? fit M. Chenavard. Et Socrate ? et Platon ? et les philosophes ?...

« — Comment ! les philosophes ? répliqua M. Ménard. Ce sont eux qui ont corrompu la pureté de la religion hellénique ! »

Cet échange de points de vue on ne peut plus divergents eut lieu à la table de l'éditeur Charpentier, m'a appris Louis Ménard, qui en gardait très présent le souvenir. Cet éditeur avait voulu réunir les trois païens modernes pour jouir de l'entente idéale de ces intelligences d'une orientation crue commune.

On vient de voir comment il avait réussi dans son projet. Il se trouvait en présence d'originaux irréductibles dont Chenavard n'était peut-être pas le moindre par sa tournure d'esprit religieusement admirative à l'égard du passé, absolument découragée à l'égard de l'heure actuelle et de demain.

Théophile Silvestre, dans ses *Artistes Français étudiés d'après nature*, a tracé un portrait fort ressemblant de Chenavard, qu'il nomme : « *Désolateur le Grand* ». Le sculpteur Préault disait, lui : « Ne vous endormez jamais à l'ombre de Chenavard ; c'est un mancenillier, on en meurt ». Après avoir caractérisé d'une manière frappante la démarche, l'allure du *Désolateur*, en disant qu'elle « tient du bœuf tranquille et de l'ourson apprivoisé », Théophile Sylvestre continue en ces termes : « Il s'en va comme les mathématiciens distraits qui perdent leur jarretières et traînent leur manteau. Ses yeux un peu de travers semblent regarder en Champagne si la Picardie brûle. Les idées qui se culbutent dans sa tête font incessamment mouvoir ses sourcils ; des rides profondes, superposées en lignes courbes, traversent de l'un à l'autre côté son large front... Sa grande bouche, tantôt sympathique, tantôt railleuse, a des sourires d'une extrême finesse et d'une rude bonhomie. Tous les plans de son visage sont d'une ampleur magnifique. Son teint un peu blafard révèle la paresse du sang ; ses manières pesantes, émoustillées par la conversation, lui vont à merveille ; ses mains mâles et pesantes ressemblent à celles des prêtres sacrificateurs sculptés dans le granit des monuments assyriens. Ses grands pieds se traînent

dans des souliers énormes que l'on appelle des *philosophes* en argot parisien. »

Chenavard m'a conté que, déjeunant un jour chez
Dumas fils, il se trouva qu'un des convives cultivait
l'art de deviner les caractères des gens par l'examen
de leur écriture. Ayant lu quelques lignes de l'artiste, il donna aussitôt cette conclusion, assez juste
d'ailleurs, de son étude d'un instant : « Un vieillard
malade, à esprit large. » Vieillard, Chenavard l'a
été un peu toute sa vie, par le fait de sa tournure
d'esprit, de son amour exclusif du passé et de son
dédain absolu du présent ; manière d'être, au fond,
tant soit peu maladive. Quand à ce qui est de la largeur d'esprit, aucune contestation n'est possible. On
pourrait même dire que l'esprit de Chenavard est
tout en largeur.

Mais c'est surtout le Chenavard causeur et anec-
dotier qui doit nous occuper ici. Un souvenir à
narrer, nous avons été à même de l'observer vingt
fois, opérait en lui une transformation complète, en
faisait, en quelque sorte, un autre homme... ou,
plutôt, une série d'autres hommes — car nul ne
s'entendait mieux que lui à se mettre dans la peau
de ses personnages, à les faire revivre dans tout le
relief de leur individualité, évoluant au sein d'un
cadre dont la couleur locale contribuait encore à
porter l'illusion à ses dernières limites. Chenavard
n'avait pas l'air de rapporter les choses, mais de les
revivre. Geste, intonation, optique scénique, résurrection d'êtres et d'atmosphère, d'acteurs et de
milieu, tout y était. Il n'évoquait pas les faits du
passé pour leur faire jouer leur rôle sous vos yeux ;
c'est vous même qu'il emportait sans en avoir l'air à
travers ce passé où il vivait depuis qu'il avait l'âge

de connaissance, qu'il aimait d'une tendresse jamais lasse. C'était un résurrecteur ; il avait cette qualité que Michelet considère comme une des premières de l'historien et qui n'est pas moins utile au conteur : la sympathie.

Une anecdote sur ce Chenavard, qui nous en a tant fourni sur ses contemporains.

On sait que, quelques jours après la révolution de février 1848, Chenavard ayant fait l'exposé à Ledru-Rollin, ministre de l'intérieur, d'un projet grandiose de décoration pour le Panthéon, ce dernier l'invita à en commencer immédiatement les cartons. On sait aussi que les évènements ne permirent pas au gouvernement républicain de donner suite à à ses vues sur ce monument, qui n'a été rendu à sa destination première que lors des funérailles de Victor-Hugo. Alors que le Panthéon fut rendu au culte par Napoléon III, l'archevêque de Paris y vint faire une visite de nouveau propriétaire et maître, en quelque sorte, de prise de possession. Chenavard attendait le prélat non sans une certaine anxiété. Il était flanqué d'un jeune homme qui l'aidait dans ses travaux de décoration et qui s'était attaché à lui autant en qualité de disciple que d'ami. Tous deux se disaient en eux-mêmes, chacun de son côté, sans vouloir se communiquer ce pressentiment désastreux, que les cartons en préparation, et qui racontaient la marche idéale de l'humanité à travers les âges, ne pourraient que médiocrement plaire à l'orthodoxie du représentant de l'église romaine.

Jésus-Christ occupait bien une place distinguée dans ce système de décoration. On y voyait bien une foule de saints et, aussi, de pères de l'Eglise. Mais les païens y donnaient la réplique aux chrétiens, Socrate à Jésus. Mais Mahomet s'y montrait de même en bonne position. Mais les philosophes y foisonnaient, glorifiés par les scènes auxquelles le peintre leur faisait prendre part. C'est ainsi que le cabinet de Voltaire y grandissait jusqu'à avoir une ampleur et une portée de temple. Tous les encyclopédistes étaient là formant une garde d'honneur autour du patriarche de Ferney. Luther non plus et les têtes de la religion réformée n'avaient pas été oubliées et se tenaient à leurs postes.

Cependant, l'archevêque, enfin arrivé, faisait le tour du monument redevenu église. Sa figure ne laissait deviner aucune impression. Mais en passant devant Chenavard il prononça, avec une douceur souple de membre du clergé :

— Je veux bien que vous terminiez le décor de ce monument ; mais vous comprenez comme moi que la première condition est que ce décor soit en harmonie avec un lieu où sera dite la sainte messe...

— Mais... commença le peintre, les yeux agrandis et arrondis par l'effarement.

Monseigneur l'arrêta :

— Nous sommes catholiques et aimons, comprenons l'art, en catholiques... ce qui n'est peut-être pas, d'ailleurs, la moins bonne façon. Dans tous les cas, ce qui tranche la question d'une manière absolue, c'est qu'il s'agit d'une église.

Chenavard s'inclinait, comprenant que tout était dit pour son projet, lorsque son disciple-ami, doué d'un espoir plus robuste que lui, risqua, avec un éclectisme conciliant, tachant d'arranger les choses :

— Dites donc, *monsieur* l'archevêque ? si nous *flanquions* des auréoles à tous vos saints et à tous ceux qui vous en semblent dignes, là-dedans, cela vous suffirait-il ?

L'anecdote des auréoles imprévues m'a été contée par Chenavard sur la fin d'un déjeuner qui, par le ton de la conversation avait rappelé presque jusqu'au dessert celui de chez l'éditeur Charpentier, dit des *trois païens*. Théophile Gautier y manquait en tant que convive matériellement présent, mais son souvenir planait au sein de l'atmosphère psychique régnante. J'avais en face de moi Chenavard, et à ma gauche Louis Ménard qui nous offrait ce déjeuner. Ceci revient à dire que la Grèce avait plané, elle aussi, sur toutes les envolées spéculatives, rythmant leurs coups d'ailes de ses battements d'ailes, leur prescrivant une envergure à la taille de son divinisant idéal. Chenavard était bien le personnage comme frappé à un coin de médaille par Théophile Sylvestre dans le portrait dont nous avons donné ci-dessus l'un des passages les plus saillants.

Sous les rares mais longues mèches de ses cheveux blancs, son vaste — on eut dit son robuste — front se livrait à un jeu physionomique de rides que la mobilité de puissants sourcils concentrait en le portant au suprême degré de l'expressif. Là-dessous, les yeux rêvaient, mais rêvaient en quelque sorte plus intellectuellement qu'imaginativement. C'était plus transcendental dans l'abstrait du philosophique qu'artiste. S'il y avait tendance à la plastique, impliquée par le côté peintre, cette plastique était bien plus celle de l'esprit que des sens. Plus bas, des joues à secoué bon enfant, un nez de bon vivant non sans malice, une bouche de conteur inépuisable, avec aux coins, des plis de railleur riant de soi aussi facilement que des autres. Une barbe fourragée fréquemment d'une main un peu exsangue, mais à articulations noueuses, complétait ce visage de méditatif bien équilibré, jouissant d'une saine vigueur d'intelligence, fort rare dans le permanent du rêve somnambuliquement promené à travers la vie.

Ce qui prédominait, c'était l'action de la mémoire. Tout l'orchestre cérébral obéissait à son coup d'archet. Elle évoquait, ressuscitait, dressait, mentalement présent, tout un passé qui, par elle, était un hier à peine, qui, pour les auditeurs, semblait de l'actuel.

Chenavard rêvait si naturellement en se ressouvenant, qu'il vous entraînait à vivre avec lui son revécu mental. Il vous hallucinait, ou, si l'on préfère, vous suggestionnait hypnotiquement. C'était le plus merveilleux des magnétiseurs. S'il vous décourageait du réel, il compensait la chose par l'incomparable beauté du songe opiacé qu'il vous faisait partager.

Ainsi il m'est apparu sur la terrasse des Tuileries, ainsi place de la Sorbonne, chez Louis Ménard, et comme ainsi pareillement il a paru à ceux qui l'ont connu, c'est ainsi que j'ai voulu fixer ici son souvenir.

XXI

A propos de Laprade, c'est surtout de Chenavard que nous allons nous occuper ici.

En dépit de la différence des tempéraments, des
divergences sensibles dans la manière d'envisager
les formules d'art, on rencontre chez le poète
Laprade un certain nombre de conceptions systématiquement enchaînées, un exposé de théoriques aspirations, qui font immédiatement songer à Chenavard.

La cause de cette impression est la plus simple
du monde. On se trouve en présence de Laprade,
mais d'un Laprade ayant derrière lui son compatriote lyonnais Chenavard, s'appuyant sur lui,
chantant, en quelque sorte, avec sa noble douceur de
poète lamartinien, ce que l'autre, le causeur pessi-

miste, vient de lui dire avec une désolante sûreté de déductions arides comme un désert, mais en ayant aussi parfois l'imposante grandeur.

Donc, les généralités qui marquent à leur coin certaines œuvres de Laprade, nous allons chercher à en retrouver la source dans une causerie de Chenavard.

Nous nous trouvons voisins de table, à un déjeuner, dans une maison de commun ami (encore chez Louis Ménard). Le peintre philosophe, solidement calé sur sa chaise, la poitrine assez bombante sous un souffle puissant malgré le grand âge, mais le front penché facilement en avant, l'œil vague du rêveur errant un peu autour de la pièce, s'exprime ainsi, après avoir posé à côté de son assiette le verre qu'il vient de vider :

— Oui, j'ai exposé bien des fois à mon ami Laprade la marche idéale de l'humanité. Je crois pouvoir même dire, sans trop de vanité, qu'il s'est inspiré parfois de ma manière de voir. Il ne s'en cachait d'ailleurs nullement. Quoi qu'il en soit, voici ce que je lui disais :

« Pour suivre la marche de l'humanité en ce qu'elle présente d'intéressant, il ne faut la prendre que dans ses grandes lignes. Il faut s'attacher uniquement aux points culminants et rayonnants de lumière, avancer de sommets en sommets. Il faut surtout ne pas rapetisser le champ de sa vision, en laissant descendre ses regards sur les terres inférieures. On ne voit loin et clair que dans l'air pur, l'éther des hauteurs. Les génies seuls ont droit à notre attention de penseur. Le reste, le bétail humain sans nom, sans action individuelle sur la marche des civilisations, le reste ne compte pas. On n'a jamais la pensée d'examiner un à un les grains d'un sac de blé pour apprécier la valeur de ce blé. Il est des choses qu'il ne faut considérer que dans leur masse, parce qu'elles ne valent que par leur masse. Ce ne sont que des zéros ajoutés à une unité initiale. C'est elle qui les modifie et leur donne leur valeur relative ; c'est donc elle et elle seule qu'il s'agit d'étudier. En elle réside la réponse au problème.

« Et encore, il n'y a véritablement d'important que les grands parmi les grands. Ils résument. Les simples talents viennent s'absorber en leur génie, comme des lumières d'invention humaine dans la clarté du soleil. Leurs inquiètes lueurs ne sont propres alors qu'à fatiguer les yeux, à rendre le regard clignotant.

« Un Phidias, un Raphaël, un Léonard de Vinci, un Michel-Ange, un Titien, un Rembrandt, cela suffit. En dehors de ces hommes incomparables, véritablement initiateurs, ayant fait faire un pas à l'art, à l'idéal humain, je ne vois plus que des dérivés dans l'histoire esthétique de notre espèce.

« Je place Léonard parmi les initiateurs parce que c'est lui qui, le premier, a substitué le modelé au contour, et trouvé ainsi un nouveau moyen de rendu. Tous ses prédécesseurs n'étaient pas sortis de la *carte à jouer*, une ligne enserrant un coloriage, quelque belle que puisse être, d'ailleurs, cette ligne.

« Après Rembrandt, il ne reste plus rien à trouver : le cycle est parcouru, complet, partout fermé ».

Chenavard sembla rêver une seconde puis reprit :

— Je disais aussi à Laprade, qui me doit sa théorie de la musique considérée comme art matérialiste, tout de sensation, mode d'expression des nations arrivées à l'heure de la décadence et du sommeil précurseur de la mort, je disais à Laprade : « Quel poème à faire sur ce sujet ! Je le comprendrais à peu près de cette façon, lui faisant embrasser toute l'histoire de l'art.

« Orphée a perdu Eurydice. Après l'avoir cherchée en vain, il se distrait de son chagrin en prenant part à l'expédition des Argonautes. Enfin, il vient en Egypte où il croit retrouver sa chimère incarnée en Isis. Il lui élève un temple : voilà l'architecture créée.

« Mais Eurydice est bientôt perdue de nouveau pour lui. Perdue, mais non évanouie. Il en a gardé pieusement les formes dans son cœur. Pour serrer de plus près cette ombre chérie, en conserver le plastique souvenir fixé à jamais dans la durable blancheur du marbre, douer au moins son rêve de la vie *immortelle* de l'art, il devient Phidias et invente la sculpture.

« Nouvelle éclipse de l'épouse idéale. Un long sommeil, profond et séculaire, uu sommeil traversant toute la décadence du monde antique et tout notre moyen-âge, nous mène jusqu'à la Renaissance. Orphée est devenu Raphaël, et c'est à l'art de la peinture — dont l'avènement, dans sa plus superbe manifestation, est ainsi mythologiquement exprimée — qu'il a recours pour satisfaire son éternel désir, son inépuisable besoin d'une image tendant à se dissiper par l'effet du temps.

« Au sein du brouillard grandissant né de notre faiblesse en face de la durée, les couleurs s'accusent plus que les formes. Le pinceau prend la place du ciseau. On ne creuse plus et on ne fait plus saillir les formes sous les attaques vigoureuses de l'acier ; on fond les tons, on fait appel à toutes les ressources de la lumière, on utilise aussi l'ombre qui est la menace de demain, que l'avenir verra augmenter, augmenter jusqu'à ce qu'elle se nomme : nuit complète ».

Ici Chenavard se passa la main devant les yeux, et s'adressant plus directement à nous :

— Elle marche, elle marche toujours, cette nuit. Ses voiles, envahissent le ciel de toute part, y font planer comme un crépuscule qui va s'épaississant. L'heure de la vieillesse a sonné mélancolique et grave pour l'humanité. Les sens se sont émoussés. Nos désirs encore existants sont plus ternes, plus gris, nos derniers lambeaux de rêve plus proches, plus matérialisés, avec quelque chose de sensuellement nostalgique. C'est la tristesse de la fin, qui va donner carrière à la musique, lui fournir son plus glorieux vol. C'est le chant du cygne rythmé par le battement de ses ailes. Alfred de Musset l'a dit :

> Fille de la douleur, Harmonie ! Harmonie !

— Je disais à Laprade :

« Orphée se mit pour la dernière fois à la recherche d'Eurydice, encore perdue. Elle n'est plus que l'ombre d'une ombre, une vapeur flottante, aux contours sans cesse changeants. Alors, il s'incarne dans Beethoven pour la célébrer une suprême fois. Orphée, au moment de disparaître à son tour, le pied sur le bord de la tombe, déjà ouverte, retrouve les accents de l'aurore de sa vie, franchit tout l'espace qui le sépare de son origine : il redevient le musicien.

« Après cela, il n'y a plus rien, tout est fini... à jamais fini. C'est le néant des soleils complètement refroidis, des astres morts. Le corps d'Eurydice, enfermé dans un tonneau, a été jeté à la mer, où il va flotter, livré à tous les courants, inconscients, personnifiant lui-même le stupide hasard, l'inconséquence des flux et des reflux d'un chaos cosmique où il n'y a plus ni choses, ni êtres ».

Chenavard termina son exposé par un : « Et voilà ! » bon enfant qui tendait à en faire passer la désespérante, l'oppressante tristesse :

— Et voilà ! C'est comme ça ! nous n'y pouvons rien.

Il porta lentement à ses lèvres un nouveau verre de Bordeaux qui venait de lui être versé.

Pour me secouer aussi par une plaisanterie, je lui demandai si le tonneau, dernière demeure d'Eurydice, est une allusion discrète à la puissance d'inspiration qui réside dans le vin et dont il ne veut pas priver notre âge si mal partagé.

Il me répondit gaîment que le vin est le lait des vieillards, comme on l'a répété cent fois, et que, par conséquent, c'est une liqueur qui convient parfaitement à des gens aussi vieux que nous le sommes.

Puis il ajouta :

— D'ailleurs, cela donne la conclusion de notre poème : Orphée n'a-t-il pas été déchiré par les Ménades !

Et avec un large sourire :

— Ce qui veut dire que nous devons boire modérément.

— Bah ! opposa Louis Ménard, puisque les restes d'Eurydice sont dans le tonneau, pourquoi ne pas chercher à nous enfermer avec elle, et profiter ainsi du reste de songe qui nous est permis. Ça sera toujours cela, autant de pris, tout n'étant plus que vide sans bornes et sans intérêt autour de ce tonneau. Je ne veux pas renoncer sans de bonnes raisons à ma dernière et unique part d'illusion, si petite qu'elle soit, si brutale et inférieure qu'elle puisse être. Peu vaut mieux que rien.

Mais Chenavard ne l'entendait pas ainsi, et réfuta :

— Permettez ! l'humanité est morte à l'art, à l'idéal, au beau atteint et fixé, mais non à la science. Le savoir nous reste, et le nouveau fruit vaut la peine qu'on y morde. Vous ne sauriez plus inventer, créer ; mais il vous est loisible de découvrir, et de découvrir encore. Vous ne frapperez plus les imaginations, vous n'élèverez plus les esprits, vous ne charmerez plus les cœurs par le mystère esthétique de la ligne, de la couleur et du rythme et du son ; mais l'enseignement, la propagation de la bonne parole vous appartient. Apprenez et répandez autour de vous la saine et sainte lumière ; baignez-vous dans l'éther, enfin sondé. Etudiez les lois universelles et expliquez-les à vos frères plus ignorants, moins avancés que vous dans la grande étude. La marge est belle, il me semble, le champ n'est pas à dédaigner. Elevez les cœurs, rendez de plus en plus conscientes les consciences, dressez le faisceau des intelligences arrachées à l'esclavage de l'ignorance. Prêchez ! prêchez ! A vous les gloires de l'apostolat du juste et du vrai.

Et l'œil de nouveau noyé de rêve :

— Orphée a bâti son temple en Egypte. Ce temple est fermé depuis des siècles et des siècles. Nul n'a levé le voile de la déesse, de l'Isis énigmatique. Hé bien ! ouvrez ce Temple, vous les jeunes parmi les vieux, les pousses neuves de notre sénile époque ! La chaire est là, libre, qui vous attend, qui vous réclame ! Semez le bon grain ! dites les paroles qui doivent être dites. Et, la foule grandissant, les oreilles se multipliant, ouvrez, fondez, élevez de nouveaux temples. Oui, oui, jeunes gens, c'est votre rôle : dressez des temples et enseignez-y ! Votre part est belle ! Des temples ! des temples pour l'avenir !

Qui donc a dit de Victor de Laprade — n'est-ce pas Barbey d'Aurevilly — : « Au moins, avec lui l'ennui tombe de haut ». Ce que nous pouvons dire, nous, c'est que, s'il y a ennui dans ce poète à cordes de lyre parfois un peu bien tendues, rien de cet ennuyeux ne saurait être emprunté à Chenavard. Si le sans cesse élevé jusqu'à nécessiter en permanence l'usage des ailes répondait à la tournure d'esprit de ce dernier, ses coups d'ailes étaient tellement entraînants que, bien loin de fatiguer, ils communiquaient le contagieux de leur envergure. Des ailes, on se figurait en avoir comme lui quand on était avec lui, et ce senti d'ailes aux épaules était très chatouillant pour la vanité.

Et puis le plané paraissait si naturel à cette noble intelligence qu'elle montait dans les espaces sans trace d'effort, encore moins de guindé. On sentait qu'en parlant comme elle parlait, elle parlait sa langue. Et comme sous l'enveloppe du mythe, derrière le symbole esthétiseur, il y avait un homme vivant intensément sa vie de penseur, et la vivant ainsi en épris convaincu de l'éternelle beauté de l'art, on était gagné par sa chaleur d'élocution, conquis par le vibrant de toutes les fibres de son riche organisme.

On écoutait, écoutait de toutes ses oreilles, et le temps passait sans qu'on s'en aperçut. Cela ne ressemble-t-il pas au contraire de l'ennui.

XXII

Chenavard et Rossini. — Glück et Beethoven. — Il faut mourir frère. — Le Verbe fait chair. — Le malade. — Musique hygiénique. — Transformation. — Hé bien! qu'en penses-tu? — La marche des arts. — *La mousiquette.* — Sur les affiches. — Trente-six chandelles. — Ce qui suffit. — Tu es *inzénieux!*

Le peintre-philosophe pessimiste Chenavard fréquenta beaucoup Rossini durant presque toute la vie de l'illustre compositeur. Il fut l'un de ses plus intimes amis. Amitié toute d'entraînement personnel, car en tant que poursuiveurs du beau, qu'artistes, on peut dire qu'ils étaient aux antipodes l'un de l'autre.

Rossini suivait d'instinct, et sans perdre son temps à en démonter le mécanisme au moyen de la critique transcendante, sans en agiter à perte de vue les *pourquoi?* les *comment?* les *conséquemment,* la pente d'art sur laquelle son génie le faisait glisser avec une paresseuse facilité. Il écoutait la voix qui chantait en lui et la traduisait pour nous tout naturellement, parce qu'il était créé et mis au monde pour cela, parce que l'on obéit à sa manière d'être, parce que l'effet produit toujours la cause, en un mot parce qu'il était Rossini.

Chenavard, lui, était l'homme des spéculations sans fin à travers l'idéal, l'abstracteur de quintessence par excellence. Il induisait, déduisait et construisait d'après induction et déduction. Il discutait, systématisait sans cesse. Il ne croyait pas au progrès, il ne croyait même pas à une production de l'heure présente en valant la peine. Il n'y avait plus rien à trouver en sculpture, à ses yeux, depuis les Grecs, rien en peinture, après les artistes de la Renaissance et Rembrandt, rien en musique, à la suite de Glück et Beethoven, nous avons vu tout cela. C'était fini ! fini sans remède ! L'humanité vieillie, à son déclin, n'avait plus qu'à s'envelopper le plus noblement possible dans le drap qui allait lui servir de suaire, et se préparer à bien mourir, il nous l'a dit lui-même. Ça pouvait sembler désagréable, désobligeant même, pénible ; mais rien à faire à cela. Ainsi en avaient décidé les dieux immortels dans leur sagesse. *Frères, il faut mourir ! Il faut mourir, frères !*

Rossini n'ignorait rien de toutes ces choses, car il eut fallu, pour qu'il en fut ainsi, n'avoir jamais entendu Chenavard parler cinq minutes. Or, connaître ce maître causeur, c'était l'écouter, la parole étant peut-être sa plus pénétrante séduction. Il n'a jamais vécu que pour penser tout haut, aussi haut que ferme. Un mythologue de ses amis a pu dire avec raison que le Verbe s'était encore une fois fait chair en lui. Mettons, pour ne pas scandaliser certaines consciences, que ce grand idéaliseur a su faire sa chair : esprit et parole.

Or donc qu'un soir, Rossini, malade, gardait la chambre, somnolent, ennuyé, broyant du noir, en dépit de sa gaîté naturelle, son ami Chenavard vint lui tenir compagnie.

On commença par échanger les inévitables phrases sur le temps et l'état de la santé. Mais les deux hommes en présence ne pouvaient pas tourner bien longtemps dans ce cercle de banalités courantes. Chacun d'eux possédait une intelligence trop supérieure pour cela. Le musicien n'avait pas plus la possibilité d'empêcher son génie de noter musicalement ce qu'il éprouvait, que le peintre-philosophe d'interdire à son imagination et à sa raison d'esthétiser, de moraliser, de voler intellectuellement vers les sommets lumineux.

Aussi, Rossini ne tarda-t-il pas à dire, en se levant de son fauteuil pour gagner le tabouret du piano :

— Je vais, avec ta permission, faire un peu de musique *hygiénique*. Il faut, mon pauvre vieux, que tu en passes par là et excuses un homme souffrant, aux prises avec le mal et ayant droit aux bénéfices d'une telle situation.

Puis ouvrant le piano avec un empressement et un plaisir de grand enfant, après ces quelques paroles d'excuses qui ne permettaient pas d'objection :

— Vois-tu, mon médecin m'ordonne cet exercice. Il prétend qu'un sempiternel compositeur comme moi, qui a passé toute sa vie à jouer sur des *do, ré, mi, fa, sol*, ne peut pas sans réel danger abandonner cette petite gymnastique. Il dit que, si j'en agissais ainsi, je m'exposerais au sort de ces boutiquiers à vie active qui se retirent tout à coup des affaires... et meurent dans l'année. Ton devoir de garde-malade est donc de m'écouter et... même, au besoin, de m'enconrager.

Il n'en était nullement besoin. Rossini venait de parler malicieusement, semblant rire sous cape de

la corvée imposée à son ami. Souplement, italienne-
ment moqueur, la raillerie relevant en virgule un
coin de sa lèvre, avec la douceur d'accent de son
pays, il semblait savourer ce supplice en perspec-
tive. Mais dès que ses doigts eurent parcouru deux
ou trois fois le clavier, sa physionomie subit une
transformation complète. Il devint sérieux, de plus
en plus sérieux, puis grave, puis presque solennellement passionné, le visage pâli, les traits tirés
comme par des fils intérieurs venant du plus profond
de l'être, le noble souffle de l'art passant visiblement
sur sa face, éclairant son front.

Une fois parti, il se mit à aller, aller! entré tout
entier cœur et chair, et nerfs et muscles, comme
cerveau, comme *moi* imaginatif, pensant, créant,
tout entier dans un monde visible et tangible pour
son seul génie; oubliant notre planète et la chambre
où il était, et tout ce qui l'entourait, et son compagnon garde-malade, comme il s'oubliait lui-même.

Cependant, il finit par revenir à lui, par redescendre du ciel où il planait dans l'ivresse des hauteurs
sans bornes, par reprendre pied sur le tapis de la
pièce.

— Hé bien! qu'en penses-tu? fit-il, retrouvant
son ton narquoisement bon enfant, ayant l'air de
s'applaudir d'un bon tour devant la mine effarée de
Chenavard.

Et l'interpellé — rappelé, en sursaut, de quelque
rêve qu'il venait de poursuivre, lui aussi, à sa manière, et que la musique du maître avait été capable
de bercer, mais non de commander, dominer, diriger — l'interpellé, aux prises avec les devoirs de
l'urbanité la plus élémentaire, de s'empêtrer dans

toutes sortes de lieux communs peu en rapport avec sa tournure d'esprit.

L'air qu'il venait d'écouter, déclara-t-il, était certainement une des plus belles pages musicales que l'on eut écrites depuis des années...

Rossini l'interrompit malicieusement :

— Que tu viens d'écouter, dis-tu ?

— Mais... oui.

— L'expression écouter te paraît-elle entièrement exacte ?

Chenavard eut un geste vague de la main :

— Mettons : que je viens d'entendre, si cela te fait plaisir.

Et le musicien, se frottant les mains :

— Oui, c'est mieux ainsi... sans être encore parfait. Mais continue, mon cher... Que je ne t'interrompe pas. Tu n'aurais qu'à perdre le fil de tes louanges. Tu en étais à « depuis des années »... Sans remonter, bien entendu, à Beethoven et à Glück. Développe, mon ami ! développe ! Cette fois, c'est moi qui *t'écoutes*. Seulement, tâche d'être conséquent avec toi-même, je veux dire avec tes plus inattaquables théories. Sois bienveillant, ménage un pauvre malade ; mais ne donne pas pour cela une trop forte entorse à tout ton système d'esthétique.

Il s'agitait, semblable à un chat jouant avec une souris.

Mais Chenavard ne se déconcerta pas. Il se sentait capable de fournir la carrière réclamée par la civilité. Il enfourcha une adroite généralisation et essaya de la chevaucher sans se compromettre.

La musique, il ne le niait pas, il l'avait toujours déclaré sans ambages, était un art de la fin, celui des époques de décadence. Elle avait pour mission de fournir un mode d'expression approprié aux dernières manifestations de la langueur et de la mélancolie humaines à leur déclin. Il ne s'agissait plus de bâtir, puisque l'on touchait à l'anéantissement et que l'imagination des hommes avait conscience de la décrépitude des êtres et des choses. L'architecture ne rencontrait donc plus de source vive capable d'alimenter son activité créatrice. L'humanité n'avait plus la noble confiance de l'antiquité classique en sa force et son harmonieuse et saine et jeune beauté. A quoi bon alors la sculpture ? Elle avait passé aussi l'âge plus complexe, mais de complet épanouissement, auquel l'on doit la couleur, les œuvres des peintres. Les heures écoulées ne reviennent jamais ; nous ne gardons d'elles que le sentiment nostalgique de leur fuite. Cela sonne en écho dans nos cœurs comme un glas funèbre, comme une lamentation sans fin, comme une sorte de plain-chant montant sous les ogives d'une cathédrale mystérieusement drapée d'ombre, au chœur à demi plongé dans la nuit autour de la pâleur des cierges presque consumés. C'était bien quelque chose que d'exprimer cet état de la conscience humaine ! C'était pourquoi la musique avait sa place marquée...

Rossini l'arrêta :

— Tout ceci jusqu'à Beethoven, oui ! Mais ce n'est pas du Beethoven que je viens de te jouer.

— Quoi que ce soit, c'était très beau.

Mais le compositeur n'entendait pas qu'il en fût quitte à si bon compte :

— Pardon ! pardon ! Mais puisque ce ne peut pas l'être, très beau ! Puisque, d'après toi, Beethoven est le dernier révélateur possible ! Puisque...

— Enfin ! ta musique m'a fait le plus grand plaisir !

— Parce que tu es mon ami... Parce que tu me savais souffrant en l'écoutant, et que ça te rendait indulgent. Mais tout cela n'empêche pas que Beethoven !... Tu me l'as dit cent fois : après lui, rien... plus rien ! Or, avec rien le meilleur cuisinier est incapable de confectionner quelque chose. Je viens de te jouer de la musiquette.

Il prononçait *mousiquette*, et cet accent italien, joint au traîné de son articulation, produisait un effet de comique irrésistible :

— De la *mousiquette*, mon vieux ! de la toute petite *mousiquette*.

Chenavard essayait de se raccrocher aux branches :

— Je te répète que tu m'as causé un plaisir...

— Hé non !

— Je puis t'affirmer que si, moi !

— Alors, c'est que tu aimes la *mousiquette* ! Tu n'arriveras pas à sortir de là. Beethoven étant mort avec son secret, la source de toute inspiration s'étant éteinte avec lui, il ne nous reste à nous, pauvres diables, que la *mousiquette* !

Et riant, riant de l'idée :

— Je leur ferai mettre à l'avenir sur leurs affiches pour mes représentations : « *Mousiquette* du signore Rossini ».

Alors, tâchant de prendre un air sérieux :

— Qu'en penses-tu, mon ami ? Que me conseilles-tu ?

Chenavard pensait avoir enfin rencontré une issue qui allait lui permettre de sortir de l'impasse au fond de laquelle son ami le tenait acculé. Il réclama :

— Veux-tu me laisser m'expliquer?

Rossini hésita, méfiant :

— Hé oui!... mais tu t'y connais! tu t'y entends!... Avec ta langue dorée, tu vas m'entortiller !
Je vois ça d'ici. Et pourtant, tu ne peux rien opposer à mon argument.

— Ecoute.

— Je veux bien. Mais tu vas m'y faire voir trente-
six chandelles, c'est certain.

Chenavard se mit à lui expliquer que l'on est
toujours de son époque, qu'il est impossible d'échapper à son temps, à son milieu ; mais que l'on est, ou
le premier, ou le second, ou le dernier de ce temps,
de ce milieu. Et sa conclusion fut :

— Etant admise l'époque, que nous ne pouvons
supprimer, je te regarde comme en étant une des
plus remarquables organisations musicales. Tu n'avais
pas à être Beethoven ; tu es Rossini, cela suffit.

Le compositeur se laissa tomber dans son fauteuil :

— Je m'y attendais ! Mon ami, tu es *inzénieux*,
très *inzénieux* !

XXIII

Vous est-il arrivé de poser à un enfant un problème tellement simple que cette simplicité même l'empêche de le résoudre ?

Par exemple : « Combien valent 97 œufs à douze sous la douzaine ? ». Hé bien ! il est certains hommes qui incarnent dans leur personne des problèmes de ce genre. Plus on cherche à les pénétrer et moins on arrive à les connaître, et cela pour la raison qu'ils sont tout en surface. Les artistes surtout appartiennent à cette catégorie. On a affaire avec eux à de merveilleux instruments, mais, tout de même, à des instruments réclamant une mise en jeu du dehors. Ils donnent une voix harmonieuse au vent qui passe, à la façon des harpes éoliennes de l'Italie romantique de nos pères.

Murger a une lyre de ce genre à son service, une

lyre que tous les vents du pays de la bohème font vibrer au gré de leurs caprices gais ou tristes, dansant follement le cancan ou douloureux jusqu'à la plainte d'hôpital.

Il n'a que cela, mais l'a, et l'a bien.

Il lui dut la larme et le rire ; on n'a pas à réclamer plus d'un poète. Poète ! il le fut certainement, et plus que bien des virtuoses qui ont paradé avec plus de succès depuis, de succès à grand orchestre. Mais il ne faut pas chercher un Murger plus compliqué que les *quatre-vingt-dix-sept* sous des quatre-vingt-dix-sept œufs à douze sous la douzaine.

Il chanta en simple oiseau. « Le petit vin clair » où la chanson de Mimi ou Musette « mouillait son aile », donna l'élan, le battement du vol aux siennes ; et les duretés de l'existence surent obliger le poète à laisser tomber la contagieuse larme de Musset dans son verre, complétant ainsi l'artiste.

Ce Musset a scandé élégiaquement :

> C'est une dure loi, mais une loi suprême,
> Vieille comme le monde et la fatalité,
> Qu'il nous faut du malheur recevoir le baptême,
> Et qu'à ce triste prix tout doit être acheté.

Murger, paraît-il, ne se borna pas au baptême ; d'autres sacrements suivirent, parmi lesquels l'on voit figurer celui de *la confirmation*, comme il disait lui-même avec un sourire légèrement piteux.

Quelques vieux de la bohème qui ont connu Mimi, la Mimi de Rodolphe-Murger, nous font un portrait bien inattendu de la gracieuse compagne de l'*ancien nid*.

Mimi, en son vivant, fut une maigre et sèche personne, grondeuse à voix aigre, piglarde, d'humeur peu commode, tout de suite exaspérée et, s'il faut en croire d'aucuns, ayant le geste un peu trop leste, trop enclin à suivre. Quelle ironie, Mimi se livrant à des *voies de fait* sur la personne de Rodolphe.

Mieux vaut la Lisette de Béranger chaussant des lunettes et reprisant des bas, promue gouvernante de ménage de vieux garçon.

Ah ! comme la lumière trop crue décolore ! comme la réalité s'entend à crever les bulles de savon irisées de magiques couleurs ! Lisez les *Souvenirs* de Champfleury, ceux de Schaunard, Schannard, Schanne, composés de choses vues, ces mêmes choses rêvées les yeux ouverts par le poète que fut Murger : quelle dégringolade, quelle désillusion, quelle chute dans le banal, la misère quelconque d'une entrée dans la vie à la va comme je te pousse !

Voulez-vous vous rendre compte de l'apport du rayon poétique de Murger dans les *Scènes de la vie de Bohème ?* parcourez les récits véridiques de ceux de ses compagnons qui ont mis la postérité à même de savoir *ce qui était arrivé*, et vous verrez !

Le poète excusait les *vivacités* de Mimi par de bienveillantes paroles lorsque ses amis tentaient de le révolter contre quelque incartade par trop mimée de sa maîtresse :

— Pauvre fille, elle n'est pas solide. C'est cela qui la rend irritable. Elle est nerveuse parce qu'elle se sent minée aux sources de la vie.

Et il poussait un profond soupir.

Si l'on objectait :

— Ce n'est peut-être pas une raison...

Il hochait mélancoliquement la tête :

— Mais si ! mais si !... Je n'en conçois même guère de meilleure.

La tendresse de Murger pour le féminin concevait, expliquait, pardonnait tout.

Il faut dire aussi que cette tendresse, facilement généralisée, éclose souvent un peu à l'aventure, pouvait servir parfois de demi-excuse à la jalouse Mimi. Les coups qui pleuvaient sur l'amant en faute s'adressaient sans doute avant tout à la rivale entrée et cachée dans son cœur trop large. C'était encore de l'amour.

Le féminin, qui n'abandonne jamais ses fidèles, ne se montra jamais oublieux, ingrat, aux heures difficiles que connut si souvent Murger. A son lit de mort, il trouva un jeune visage de femme pour lui sourire tristement, le soutenir de sa présence sympathique. Un baiser de femme ferma sa paupière, après avoir réchauffé ses lèvres en train de se décolorer.

Il avait demandé ce baiser, cette dernière douceur. Il l'eut. Une femme vainquit sa frayeur pour lui procurer la sensation d'une suprême amitié.

Le musée du Luxembourg possède un tableau un peu démodé, mais qui obtint un grand succès en son temps : *Le combat de Coqs*, de Gérôme. La jeune fille légèrement intimidée qui assiste, accroupie, à ce combat, à la droite de la toile, est à peu près le portrait de la brave enfant — un ex-modèle du nom de Delphine — qui fournit son dernier rêve de poésie au *romancier* et au *poète* de la jeunesse.

La jeunesse ! c'est d'elle que Murger est mort. Elle était sa raison d'être. Elle allait partir, il n'avait plus rien à faire sur la terre : il l'a suivie.

Il mourut encore trop tard, pourtant, car il connut : *Le dernier rendez-vous*. Un pli amer en demeura sur ses lèvres. Il se mit à railler son culte, à briser son idole, à renier ses aspirations, à rire au nez de ce qui avait été la vie, le souffle de son être, l'idéale expression de sa nature artiste.

Un jour, à Louis Ménard qui lui reprochait de dures paroles à l'adresse de cette jeunesse dont il avait tiré de si gracieux accords, des accents si émus, il répondit :

— J'ai célébré et recélébré sur tous les tons la jeunesse ! parbleu ! c'était mon gagne-pain !

Son sarcasme transformait sa lyre, ou sa guitare, comme on voudra, en orgue de barbarie.

Il se calomniait. Murger a fait autre chose que *moudre* indéfiniment un air en vogue.

Quoiqu'il en soit, il a bien fait de mourir au seuil des années de la redescente. Comme pour tant d'autres, la mort fut pour lui une délivrance.

Finissons sur un souvenir sinon gai, du moins de plein air, d'existence libre dans un cadre sain et frais, un milieu rustique reposant.

Murger fit partie, sur la fin de sa vie, de la petite colonie d'artistes qui s'est perpétuée jusqu'à l'heure qu'il est dans le coquet village de Marlotte, sur la lisière de la forêt de Fontainebleau. Déjà replié, taciturne, il se plaisait aux promenades solitaires sous bois. Un grand coquin de chien à mine de maraudeur le suivait dans ses courses quotidiennes. Un pareil chien appelait pour complément un fusil. Murger se rêva chasseur. Son compagnon l'eut bien vite jugé sous ce rapport et refusa dédaigneusement une collaboration que la maladresse du maître rendait ridiculement infructueuse. Il s'asseyait sur son train de derrière dès que l'infortuné chasseur faisait mine d'épauler, et s'obstinait à ne pas se mêler de l'affaire.

Murger renonça à la chasse. Ce fut le commencement de celles du chien. Il avait fait la connaissance, à l'auberge, d'une bête de son espèce, d'un animal braconnier d'instinct comme lui, du chien du patron de l'établissement, de Toto. Les deux quadrupèdes se livraient à des battues sans nombre d'où ils revenaient harassés, la gueule ensanglantée éloquemment.

Le garde-champêtre se fâcha, mais en malin, amateur de *goutte*. L'aubergiste la lui payant, il ne vit que les déprédations de la bête de Murger. Son verre à la hauteur de l'œil, masquait Toto.

— M. Murger, vous me forcerez à dresser procès-verbal.

Et Murger, philosophiquement, répondait :

— Faites ! Ça me donnera peut-être un vernis de chasseur sérieux.

XXIV

Hippolyte Castille a écrit quelque part, au début d'une de ses lettres signées du pseudonyme d'*Alceste*, et très remarquées à l'époque où elles parurent : « Jamais, je m'en confesse, je ne me suis tant ennuyé qu'à cet âge charmant (dix-huit ans). Ce n'est pas ma faute : c'était le mal du temps où je quittai les bancs. Ce mal datait déjà de loin. Les premiers symptômes se manifestèrent vers la fin du règne des Bourbons. Un mauvais génie était né, et ses ailes lamentables commençaient à voiler la clarté du soleil..... Il paraît qu'on vit alors se produire en France divers phénomènes. Sur les places publiques, les gens s'étiraient les bras et bâillaient en regardant le ciel, comme s'ils l'eussent pris à témoin de l'ennui qu'ils éprouvaient. Dans je ne sais quelle pièce, l'acteur

Frédérick Lemaître, racontant les impressions de sa jeunesse, qui datait sans doute de la naissance du mauvais génie, disait au public : « Où est-il le temps « où le visage collé aux vitres des magasins, j'exci- « tais par mes bâillements les bâillements des filles « de boutique ? » Lorsque je pris ma stalle au théâtre de la comédie humaine, le mal était à son comble. Lamartine disait à la tribune de la Chambre des députés : « La France s'ennuie. » Cet écho de mes propres sentiments me frappa. Lamartine me parut alors un profond observateur. »

Le « la France s'ennuie » de Lamartine avait, ce qui peint la période où la phrase fut prononcée, la portée d'un mot d'homme d'état. Or, la France ne s'est pas résignée facilement à s'ennuyer. Ce n'est que de nos jours que, le changement de toutes les habitudes sociales par le fait du surmenage, de l'anémie et de la nervosité née de cette manière d'être, ont fait signer un pacte avec un ennui ayant en quelque sorte acquis droit de cité.

Nos pères, eux, n'avaient pas pris la chose avec tant de calme. Ils ne consentirent pas sans résistance à venir vieux au monde. Ils protestèrent en tirant de toutes leurs forces en sens contraire, jusqu'à la gaminerie inclusivement. Ce fut l'époque des farces, des farces d'écoliers, d'écolier qui a le diable au corps.

Henri Monnier l'avait à lui tout seul autant que tous ses contemporains réunis. Durant une partie de sa vie, il fut *la farce* personnifiée. Romieux, de farceuse mémoire, ne vient qu'au second rang. La farce s'est fait chair et c'est en Monnier qu'elle a vécu parmi nous.

Ce n'était pas par des bâillements, comme Frédérick Lemaître, que, lui, entrait en relation avec les demoiselles de boutique. Il lui fallait quelque chose de plus pimenté, de plus monté de goût. Il était bien question de provoquer des décrochements de mâchoires par une mimique *ad hoc !* Non ! non ! il fallait quelque chose de plus senti. Répandre adroitement sous le nez de ces demoiselles tel ou tel produit, naturel ou chimique, de senteur plus ou moins suffocante, à la bonne heure ! Voilà qui vaut la peine de se mettre en campagne. Aussi s'y mettait-on.

Plusieurs fois déjà, on avait pénétré dans le magasin sous un prétexte improbable, et commis le méfait sous les yeux... et sous le nez de ces demoiselles. Mais ce n'était là, en quelque sorte, qu'une entrée en matière. A présent, elles étaient prévenues ; se méfiaient, avaient sans doute fait appel à un secours masculin, qui attendait, guettait, lui aussi, était caché, là derrière, quelque part. Il devenait nécessaire d'opposer tactique à tactique, invention stratégique à défense stratégique. Pour cela faire, il fallait opérer avec un compère.

On le laissait à quelques pas derrière soi, dissimulé, et porteur du produit odorant auquel on voulait procurer l'entrée libre de la boutique. On se présentait hardiment. Ses demoiselles, reconnaissant l'ennemi, poussaient des cris. Le secours masculin sortait de sa cachette. On se sauvait à toutes jambes, poursuivi par lui. On l'éloignait ainsi le plus que l'on pouvait du lieu du combat. Alors le compère entrait tranquillement, accomplissait son œuvre, et le tour était joué encore une fois, et l'asphyxiant produit, chimique ou naturel, lui aussi accomplissait son œuvre incongrue.

Ce genre de plaisanterie n'effarouchait pas nos pères. Ils appelaient cela de la gaîté.

Une farce moins malpropre est celle que fit un jour Monnier au gardien du pont des Arts. On payait alors un sou pour passer sur ce pont. Henri Monnier promit à quelques amis de leur faire traverser la Seine sans qu'ils eussent à débourser la moindre pièce de monnaie.

Arrivé à l'entrée du pont, il se place près du tourniquet, à côté du dit gardien, et compte gravement, à chaque camarade qui s'engage sur la passerelle :

— Un... deux... trois... quatre... cinq...

— Six, Monsieur, fait observer le gardien.

— Non, cinq, je ne me suis pas trompé.

Les amis, durant la discussion, avançaient, arrivaient, à la suite les uns des autres au bout opposé du pont.

Le gardien fit observer :

— Six, vous dis-je. Voyez, on peut encore les compter là-bas. Un... deux... trois... quatre... cinq... six...

— Je n'en aperçois que cinq.

— Et ce sixième. Le petit, à gauche.

Les amis étaient sur l'autre rive. Monnier déclara, conciliant :

— C'est possible !... Après tout, ce n'est pas mon affaire. Ça ne me regarde pas. Je ne connais pas ces messieurs.

Et il présenta dignement son sou.

Henri Monnier s'entendait admirablement à jouer le personnage de Joseph Prudhomme, ou, plutôt, Joseph Prudhomme ne faisait qu'un avec Monnier, était l'exagération logique, la caricature fidèle de sa propre manière d'être.

Un soir, Monnier-Prudhomme (c'est lui qui va narrer, mimer, faire revivre la scène), remontat une de ces rues un peu louches qui se croisaient, formant le quartier dit de la **Butte des Moulins**; butte que le percement de l'Avenue de l'Opéra a fait disparaître, emportant dans ses tombereaux de décombres les dernières marchandes d'amour au plus juste prix qui, autrefois, pullulaient en ces lieux.

M. Prudhomme cheminait, le menton dans son faux-col, lunettes d'argent sur le nez, la canne à pomme d'or en main. Une malheureuse se détache de l'ombre et vient rôder autour de lui :

— Dis donc, mon petit homme ?... Dis donc ?

— Que désirez-vous de moi, Madame ?

— Je demeure tout près, mon petit homme.

— Madame !...

— Ne fais donc pas le méchant !

Le fait est que M. Prudhomme se montait, se préparait à devenir éloquent :

— Me tutoyer, Madame !...

— Allons, ne fais donc pas la bête !

— Faire la bête !... me tutoyer !... Vous me tutoyez, Madame !... et nos familles ne se connaissent seulement pas !

Comme on disait autrefois dans les petits journaux : tête de la dame ! tableau !

Monnier rentra alors tranquillement chez lui. Mais en route, son imagination amusée lui fit continuer la scène, trouver le second tableau du vaudeville. Voici ce tableau.

M. Prudhomme s'est laissé tenter. Il a suivi la nymphe, il est monté chez elle. M. Prudhomme fait ses farces à la suite de la farce racontée. Nous assistons à l'orgie.

M. Prudhomme en train de se griser d'amour, de boire à la coupe du plaisir vénal, exprime sa passion avec cette rhétorique qui est un des charmes de sa personne :

— Je nage au sein des plus vives satisfactions, Madame !... Je suis à Paphos, Madame !... Madame ! J'en aperçois le clocher !

Mais son délire répréhensible passé, revenu enfin à lui, M. Prudhomme revient aussi, du même élan, à la morale utilitaire de sa nature. Devenu sérieux, dogmatique, superbement emphatique, il pose la question motivée par les circonstances :

— Les allaiterez-vous, Madame ?

Il est de l'école de Rousseau. Les recommandations de l'*Emile* ne lui sont pas étrangères. Il sait qu'elles ont une portée sociale. Aussi avec quel accent de dignité supérieure demande-t-il :

— Les allaiterez-vous, Madame ?

Cette préoccupation, même en une heure d'oubli, l'honore et lui restitue son véritable caractère, le sacre, jusque sur les débris de l'orgie consommée, sinon bon époux, du moins bon citoyen, bon garde national. L'auréole n'a été que légèrement entamée.

Nous n'avons fait que passer et la Butte des Moulins n'est plus, tandis que M. Joseph Prudhomme est immortel.

Allons retrouver Henri Monnier à la campagne, en Normandie. où il habita l'été durant la dernière partie de sa vie.

Fidèle aux coutumes bourgeoises, il se rend chaque jour à la gare, pour voir descendre et monter les voyageurs, lors de l'arrivée du train.

Le voici justement, appuyé sur sa canne (la canne à pomme d'or de son double, M. Prudhomme.) Il est près de la barrière ; car les voyageurs (les voyageurs arrivés à temps), sont montés, le coup de sifflet du chef de gare donne le signal du départ.

Tout à coup, une paysanne arrive en courant sur la route bordée de pommiers. Elle fait de grands gestes, agite ses longs bras maigres et son prodigieux parapluie rouge au dessus de sa tête :

— Attendez ! attendez !... Me voilà ! attendez-moi !

Ah ! ouich ! attendre ! La locomotive vient de s'ébranler.

La paysanne est là, maintenant, à côté de Monnier, tout contre la barrière qu'elle secoue avec rage, tandis que les wagons passent, passent doucement, doucement, sans se presser, s'activant avec la lenteur de la force sûre d'elle.

Et un cantonnier déclare :

— Il est trop tard ! Vous ne pouvez plus monter. Il fallait vous lever plus matin, la mère !

La mère affolée répète, sans entendre ce qu'on lui dit, toute à son idée :

— Attendez donc un peu, au moins !

La marche du train s'est accélérée, le dernier wagon vient de filer rapide, et l'on voit derrière, gravissant son escalier échelle, le conducteur serre-frein.

Quant à la barrière secouée, frappée à coups de poings exaspérés, elle est demeurée toujours là, en travers de la route, opposant son obstacle inconscient de chose.

Alors, la vieille se tournant de droite et de gauche, cherchant instinctivement un secours de sympathie, aperçoit Monnier toujours appuyé sur sa canne.

Elle se démène de nouveau, avec le besoin d'être

plainte, approuvée, de faire partager son indignation :

— Vous venez de voir, mon bon Monsieur ! Si ce n'est pas honteux !... Je manque le marché par la faute de ces pierrots-là ! Ça ne vous a pas pour deux sous de complaisance !... Si ce n'est pas une honte ! une femme de mon âge !

Mais Henri Monnier, loin de compatir à sa peine, prononce, frappant le sol à petits coups de sa canne, ponctuant ses paroles :

— C'est bien fait ! c'est très bien fait ! Je suis bien content de ce qui vous arrive.

Et comme la vieille se sauve, hors d'elle, il ajoute :

— C'est fort bien fait ! Ça vous apprendra ! *morale* : Madame, ça vous apprendra.

XXV

Bonne opinion de soi-même. — Courbet. — La colonne Vendôme. — Voyage à Munich. — Chenavard. — Peintre et philosophe. — De la bonne... — La Bavaria. — Très haut. — Ça c'est épatant. — N'importe où. — On pourrait peindre d'ici. — Antithèse. — Courbet et Corot. — Pas une place vide. — Le père de Corot. — La croix d'honneur. — Je double ta pension. — Chez le père Gagne. — La danse des bouteilles.

« Si mes idées pouvaient prévaloir, le monde ne tarderait pas à voir clair. »

Quel individu a pu se montrer assez béatement satisfait de lui-même pour prononcer cette phrase d'une outrecuidante vanité atteignant au sublime du genre ?

Le même qui, venu de son pays (Ornans, dans le Doubs), à l'âge de vingt ans, pour devenir avocat ou peintre, au choix, déclara devant le *Massacre de Scio* d'Eugène Delacroix : « Ce n'est pas mal, mais j'en ferais bientôt autant si je voulais. »

C'est Courbet, Courbet en personne, et ce ne pouvait être que lui.

Courbet n'était plus d'humeur sceptique, quand il s'agissait de ce gros et jovial garçon qu'il admirait autant qu'il l'aimait et estimait, et qui était lui-même.

Sa maxime était exactement l'opposé du : *Que sais-je ?* de Montaigne. On peut la formuler en ces termes : Je sais tout... je sais tout et encore bien davantage. Courbet se jugeait tout bonnement étonnant, et rien ne l'étonnait moins que de l'être. Ça lui semblait tout naturel. Rien ne l'embarrassait lorsqu'il s'agissait de lui.

Oyez plutôt.

On sait qu'après la Commune, durant le règne de laquelle il avait joué le rôle naïf que l'on connaît, il fut condamné à payer les frais de la refonte et de la remise en place de la colonne Vendôme — jetée à bas, d'ailleurs, contre son opinion, puis qu'il ne voulait que la faire déboulonner. Or il disait volontiers à propos de cette condamnation :

— Elle n'est pas juste, c'est évident. Il y aurait à en appeler du verdict à des juges mieux instruits... Enfin puisqu'ils tiennent à me la faire payer, leur colonne ! qu'ils me mettent au moins dessus !

Se voir au haut de cette colonne, à la place de Napoléon, ne l'eut pas surpris le moins du monde.

Mais laissons de côté l'homme politique accidentel.

Courbet a fait en Allemagne, avant la guerre, à Munich, un voyage triomphal dont les artistes de là-bas ont pieusement gardé le souvenir.

A son retour, le maître répétait :

— Ils ont tous été très gentils... très gentils. Aussi, je leur ai appris à peindre.

Et en effet, il leur avait « enseigné le truc en une leçon. »

Chenavard avait proposé à Courbet de faire avec lui le voyage de Munich, et la proposition avait été acceptée avec empressement.

« C'en était une chance ! On pourrait causer en

en fumant des bonnes ! On ne serait pas seul chez ces Ostrogoths d'outre-Rhin ! De cette façon ce devait être bien plus amusant ! »

Courbet s'était frotté vigoureusement les mains.

— Juste ce qu'il me fallait ! Pas du même métier ! Moi, je suis peintre, vous, vous êtes philosophe. Nous ne nous attraperons pas à propos d'art ! Hein ! est-ce que ça ne se rencontre pas bien ?

Et Chenavard avait accepté de n'être plus peintre, avec le bon et large sourire que l'on connaît.

Courbet, lui, avait nagé dans le ravissement, ne se tenant pas d'aise de la finesse de son observation :

— Non ! mais comme cela tombe bien ?

Voici maintenant l'instant, le moment de sa leçon de peinture, magistralement donnée aux respectueux Germains.

L'évènement avait eu lieu dans une brasserie. On venait de faire une visite aux monuments de Munich, et l'on se reposait en se rafraîchissant... á flots. Courbet trônait, ayant une véritable cour d'artistes du pays formant un cercle extasié autour de lui. Il avait daigné leur dire :

— Vous êtes très gentils, très aimables, aussi, je veux vous apprendre à vous servir des couleurs... Car vous ne savez pas ce que c'est que de toucher une palette... Vous maniez ça comme s'il s'agissait d'une jeune fille ! Pour peindre, il ne faut pas craindre de s'attaquer à la pâte, de faire de la bonne... (Courbet avait la plaisanterie grasse, et le mot de Cambronne lui venait facilement sur les lèvres). Tenez ! qu'on m'apporte une boîte de couleurs !

On s'était empressé d'aller lui chercher ce qu'il

demandait, ainsi qu'une palette, un chevalet et une toile.

Alors, le maître avait dépouillé son habit et son gilet, retroussé les manches de sa chemise, et, à califourchon sur une chaise, s'était mis à mêler énergiquement les tons avec son couteau à palette, continuant à enseigner.

— Est-ce que ce n'est pas de la bonne ?... Oui ? Hé bien ! c'est avec ça qu'on doit peindre. Regardez !

On eut entendu voler une mouche. Le cercle des artistes Allemands contemplait avec des yeux énormes, écoutait recueilli, suivait la solide cuisine du couteau à palette transformé en merveilleuse truelle à gâcher et plâtrer de vigoureux tons sur la toile, des tons d'une richesse en même temps que d'une justesse étonnantes.

Les bons gros yeux bleus s'écarquillaient, s'arrondissaient ingénus, avides d'admiration. De temps à autre, à la suite d'une plaisanterie de l'*élève de la nature*, un gros rire courait, enfantait une houle d'épaules et de larges ventres secoués. Puis, le silence religieux, l'attention tenace recommençaient.

Et si la forme parlée de l'enseignement de Courbet pouvait laisser à désirer, la leçon pratique qui l'accompagnait, et qui ne demandait qu'un œil et une habileté manuelle de vrai peintre, offrait le plus grand intérêt.

Ce diable d'homme était véritablement prodigieux dans son prestigieux. On n'avait devant soi qu'une admirable, une incomparable machine à exécuter des tableaux ; mais quelle machine ! quelle organisation. « Un œil et une main », a-t-on pu dire ; mais quel œil ! et avec quelle main à son service !

Courbet fut peut être un des plus forts *artisans* de la peinture qu'offrit jamais cet art. A ce titre l'admiration enthousiaste des peintres de Munich était justifiée.

La leçon terminée, on était sorti en bande de la brasserie. Les disciples de l'instant précédent désiraient prendre une revanche nationale, étonner à leur tour, fasciner le grand homme par la vue d'une œuvre d'art locale dont ils étaient fiers.

En se levant, ils avaient chuchoté, comploté. Il s'agissait de mener Courbet devant la monumentale statue de la Bavaria, de le faire entrer dedans et de lui en faire visiter les différentes parties.

— Allons ! avait consenti le maître bon enfant. Je ne demande pas mieux moi, puisque je suis venu pour voir ce qu'il y a de digne d'être regardé.

On s'était donc rendus, en corps, à la Bavaria.

Une fois en présence de la colossale allégorie, on s'était arrêté pour mettre Courbet face à face avec elle.

On l'attendait là. Il allait sans doute se sentir écrasé par le monument.

Mais les peintres de Munich en avaient été pour leurs frais. Le maître avait résumé son impression en des termes d'un véridique trop froid pour annoncer le moindre effarement.

— C'est très haut ! très haut ! s'était-il contenté de constater.

L'exaltation du patriotisme avait fait entendre à un des auditeurs : « C'est très beau ! » Mais Courbet, franc comme l'or, s'était hâté de rectifier :

— Très haut !... j'ai dit : très haut !

Alors, on l'avait fait pénétrer dans la statue, avec l'espérance qu'à force de grimper et de se mouvoir de droite et de gauche à l'intérieur, il se rendrait mieux compte de l'importance de l'œuvre.

En gravissant l'escalier il soufflait, soufflait, s'arrêtant de temps en temps pour répéter, revenant à son idée :

— Très haut !... très haut en effet !

Enfin, l'on était parvenu dans la tête de la Bavaria. La carcasse de cette tête enfermait une sorte de pièce où tout le monde avait pu tenir. Ses yeux servaient de fenêtre.

Courbet s'était approché de celui de droite et s'était mis à regarder le paysage.

Cette fois les exclamations admiratives avaient plu :

— Superbe !... étonnant !... Ça, c'est épatant !... Voilà quelque chose premier numéro ! Cela, ça y est !... Voilà les choses dont vous devriez tirer parti !... Inutile de vous casser la tête pour trouver des motifs ! C'est extraordinaire qu'on puisse avoir chaque jour la nature ainsi devant soi, sans songer à la rendre ! Ça ne vous dit donc rien, tout ça !... Pas besoin de choisir du regard à gauche, ou au fond, ou par là. Vous n'avez pas besoin de vous donner de torticolis. La nature s'y entend mieux que vous, allez ! En tout, et partout, on n'a qu'à s'asseoir au premier endroit venu... et à copier, copier de son mieux. Tout le reste n'est que fadaises, pures fadaises !... Vous avez eu une fameuse idée de placer votre grande machine en face d'un tel horizon. On pourrait peindre d'ici.

Ça avait été la seule allusion faite à la Bavaria. Elle était là à propos, pas autre chose. Les peintres de Munich n'avaient pas osé le pousser davantage sur ce point.

Cette silhouette du peintre d'Ornans, est l'antithèse de celle que l'on peut tracer du peintre de Ville-d'Avray. Antithèse de natures comme de talents. Au réalisme de Courbet, s'oppose le rêve pictural de Corot ; à la résistante pâte de l'un, le *lait*, comme l'on disait, de l'autre. Tout solide jusqu'à l'air mastiqué, chez le premier ; tout fluide jusqu'au purement poétique de l'aérien, chez le second.

Pour ce qui est de la différence des natures, l'une expansive seulement dans l'admiration de son *moi*, l'autre toute de bonhomie, écoutez ce qui suit :

Corot a toujours eu en lui comme un écho du bonheur, calmement savouré, en quelque sorte ruminé, de la saine vie agreste. S'il ne fut pas à toutes les époques de son existence un favori de la fortune, un heureux au sens courant du mot, il ne cessa jamais d'être un optimiste. En présence de circonstances trop dures, de l'âpre frôlement des choses, il avait son rêve, son beau rêve où se réfugier. Il était de ces poètes qui vivent de poésie, et non de ceux qui en meurent.

Parvenu tard à la célébrité, longtemps discuté, il n'en demeura pas moins fidèle à sa vision idéale de la nature. Il se résigna à jouir de ses productions, puisque nul ne daignait en rechercher l'émotion. Il les avait toutes accrochées successivement aux murailles de son atelier. En les indiquant d'un mouvement circulaire du bras, il disait avec candeur aux quelques visiteurs, tous artistes et non acheteurs possibles, qui venaient le voir :

— Pas une place vide, la collection est au grand complet. Il y a là de vieux, vieux amis. Toute ma carrière se déroule là. Il n'est pas une de ces toiles qui ne me dise tout bas quelque chose. Peut-être n'ont-elles qu'une valeur de souvenir tout personnel.

Cela paraît être l'avis des malins. N'importe, j'aurai rudement joui de la nature à ma façon... Et puis, bah ! toutes ces études ne doivent pas être aussi mauvaises que cela !

Et Corot, devenu songeur, visiblement repris par les heures du passé, demeurait silencieux, regardant monter dans l'espace les floconnements de sa grosse pipe.

Le père de l'artiste, brave commerçant habitué à juger la valeur marchande des choses plutôt que leur portée esthétique, ne voyait pas du même œil que *son bon à rien* de fils cette totalité persistante de la collection de ses œuvres. *Le moindre ducaton*, laissé en échange par un amateur ou un marchand, *eut bien mieux fait son affaire.*

Aussi répétait-il volontiers à *ce garçon*, avec une sentencieuse conviction :

— Ecoute ce que je te dis ! Tu ne feras jamais rien !

Et plus le nombre des paysages accrochés au mur augmentait, plus il en revenait à son idée :

— Entends-tu ! tu ne feras jamais rien !

Et ancré dans son *raisonnement*, il se frottait les mains d'avoir toujours cherché à décourager la prétendue vocation invoquée pour obtenir une pension. Il avait eu du nez en restreignant la dite pension à un sage minimum ! Telle qu'il l'avait fixée lors de l'entrée *du garçon* dans la carrière... Une jolie carrière !... telle il la servait encore, rien de plus ; non pas qu'il ne fut très à son aise, mais comme leçon. C'était une manière de manifester sa réprobation en même temps que de montrer sa prudence.

Cependant, comme les bourgeois poursuivent aussi un idéal à leur manière, son idéal, à lui, se fixait à la boutonnière, prenait corps sous la forme d'un petit ruban de couleur rouge.

Ah! dame! la croix de la Légion d'honneur, ça vaut la peine de faire des sacrifices!

Or, il arriva un jour où Corot eut cette croix.

Le père n'en revenait pas :

— Quoi!... vrai!... pas possible. Mais alors, tu aurais du talent!

Et se jetant dans les bras de son *enfant*, gonflé d'orgueilleuse joie, il laissa échapper du cœur :

— Je double ta pension!

Enfin! sa peinture rapportait quelque chose à l'artiste!

L'ami qui, vingt fois, a entendu Corot raconter cette scène et nous l'a racontée lui-même, avait encore dans les oreilles le bon gros rire du peintre au souvenir de l'accolade paternelle.

La bonne humeur et la joviale facilité de Corot dans les rapports de camaraderie était proverbiale.

Aussi les pensionnaires de l'auberge du père Gagne, si longtemps foyer de la colonie de paysagistes de Barbizon, se sont-ils transmis traditionnellement l'anecdote de la danse des bouteilles improvisée par le maître lors de la noce de la fille de l'aubergiste.

Corot avait fait disposer à la façon de quilles, également espacées, une série de bouteilles sur le plancher. Il s'agissait de parcourir, en queue de serpent, à sa suite, les vides laissés, sans rien renverser, ni casser. Et il va sans dire que, commencée lentement, la danse, toujours Corot en tête, se déroulait de plus en plus rapide, avec toutes sortes de risques amusants.

XXVI

**Critiques critiqués. — Le homard de Jules Janin. — La critique
faite homme. — Sainte-Beuve. — Chez Mérimée. — Le
pistolet. — Le critique systématique. — Le placement de
Taine. — Le poète critique. — Théodore de Banville et
Leconte de Lisle. — Un chapitre de *Traité de Poésie*. — Le
critique démolisseur. — P.-J. Proudhon. — Mazas et la
guillotine. — Au Café Concert. — Plus comme la Malibran.
— Tambour et tocsin. — L'orgue de l'avenir. — Palingénésie
esthétique. — Proudhon et la synthèse.**

Critiquer des critiques, avec motifs de le faire,
est toujours amusant. Jules Janin baptise le homard
cardinal des mers, ce qui cuit ce dernier, le montre
vu sur une nappe n'ayant rien de commun avec celle
de l'Océan.

Nos pères, que cette optique de gastronome a
réjouis profondément, nous en ont conservé l'anecdote, que nous replaçons volontiers, à l'occasion.
— Quoi! Janin, ce censeur des autres a commis une
bévue de cette force? — Mais oui! les dieux som-
meillent quelquefois. — Et rêvent. — Comme vous
voyez. — C'en est à se frotter les yeux, en se demandant si l'on ne rêve pas soi-même. On se contente de se frotter les mains. C'est fort amusant,
vous dis-je, de critiquer les critiques.

Eh bien! critiquons.

Tout d'abord, le critique dans les moëlles, le critique né critique, critique même quand il se voulait, plus qu'il ne se croyait, poète ; critique encore sous le costume du romancier, critique en tant qu'auteur de *Volupté* autant que de *Joseph Delorme* et des *Pensées d'Août*, etc. : graines germantes d'où devait sortir le *Causeur des Lundis*.

Sainte-Beuve, lors de l'apparition des *Consolations*, s'était empressé de porter à Mérimée un exemplaire de son ouvrage. La semaine suivante, naturellement, visite de l'auteur, anxieux de l'effet produit par une première lecture ou au moins un feuilletage du volume.

La conversation s'engage, avec émotion de la part du débutant, légèrement ponctuée d'ironie à froid, côté Mérimée.

— Vous voyez, votre bouquin est là, sur mon bureau... tout coupé.

— Je vous remercie d'un aussi sympathique accueil. Vos excellents conseils sont de ceux...

— Oh ! mes conseils !...

— Je n'en connais pas qui puissent m'être plus précieux. Votre goût sûr, votre esprit éclairé, votre compétence en tout ce qui concerne...

— Merci pour toutes ces aimables... salutations ; mais...

Sainte-Beuve commençait à se remuer sur son siège, mal à l'aise :

— Je...

— Permettez ! je n'ai lu que les deux premières pages des *Consolations*... et pour cause !

Le futur maître de la critique eut un involontaire redressement piqué :

— Ah !

— Oui, uniquement les deux premières. Et c'est peut-être à cette circonstance que nous devons de pouvoir causer et nous trouver ensemble, comme nous le faisons en ce moment.

— Je dois donc penser...

— Attendez ! attendez ! Je viens au fait. Je vais vous expliquer la chose. Vous verrez combien l'effet de vos vers est saisissant.

Sainte-Beuve, fort oppressé, poussa un soupir :

— Saisissant ?

— Oui. Vous allez juger. Je ne connais rien d'aussi éloquent que les faits.

— Et ?

— Hé bien ! On m'apporte vos dites *Consolations*... J'ouvre le volume. Je n'avais pas fini la première page, que mon bras décrivait un arc de cercle et que ma main faisait tourner machinalement la clef de ce tiroir, où je renferme mon pistolet. Comme j'entamais la seconde page, le tiroir se trouva ouvert, on eut dit de lui-même, et le pistolet dans ma main. Je continuai, distrait seulement une seconde par le petit *crac* du chien armé. Arrivé au bas de cette deuxième page, une subite impression de froid près de la tempe me fit comprendre que je venais d'appliquer le canon de l'arme contre mon front. Un simple mouvement de doigt et je me verrais tout à fait consolé... Quelqu'un m'interrompit dans l'instant que je passais à l'autre feuillet. Sans cela, je vous le répète, la troisième page agissant à son tour, je n'aurais sans doute pas le plaisir de vous serrer aujourd'hui la main.

Sur la sellette, maintenant, le systématique constructeur d'une œuvre de critique que le temps commence à entamer mais encore imposante à la façon d'un monument : H. Taine.

La tournure d'esprit un peu trop éprise de dialectique qui portait Taine à résoudre par une formule hégélienne la question de savoir s'il pouvait rester ou non dans l'Université après la situation faite aux professeurs de celle-ci durant les années qui suivirent le coup d'Etat, aux risques de s'attirer cette riposte de Prévost Paradol : « Moi je n'ai consulté que ma conscience », cette tournure d'esprit qui, dans un célèbre article sur Stendhal, lui faisait déduire de ce posé : « Beyle est un homme supérieur », la supériorité en tout et partout, envers et contre tout, de son roman *Le Rouge et le Noir*, cette même tournure d'esprit, qui commandait les actes de sa vie comme elle hypnotisait, suggestionnait sa critique, lui joua un tour qui en mit trop éloquemment en lumière les dangers pour que l'anecdote doive être passée sous silence. Elle prouve que Taine, s'il délibérait par voie de syllogisme avec sa conscience, n'en était pas moins un consciencieux dans toute la force du terme. Si Prévost Paradol agissait comme il sentait, lui le faisait mathématiquement comme il pensait.

Après la guerre et la Commune, Taine, plein du dégoût des jours d'anarchie traversés, voyait dans le principe d'autorité l'unique garantie de toute existence viable. L'autorité, pas d'autre *palladium*. Autorité avec, pour résultat, la sécurité, tout était là à ses yeux. Poussant son principe jusqu'à ses dernières conséquences, il en arrivait à déclarer la Turquie le pays par excellence pour dormir tranquille. Là, l'autorité la plus absolue, donc...

Or, Taine avait des placements d'argent à faire.

Il se décida d'après le raisonnement que nous avons arrêté à son *donc*. Il obéit aveuglément au dit *donc*, et avec une logique de boulet de canon qui montre son cerveau plus propre aux spéculations métaphysiques qu'aux spéculations financières, il acheta des fonds turcs.

Le critique systématiseur d'idées générales ne s'était pas enquis de l'état critique des finances de sa Turquie à autoritarisme impliquant une sécurité non moins absolue. En raisonneur absolu, lui, il s'était absolument trompé, comme on a pu dire du pape déclaré infaillible qu'il « se tromperait infailliblement à l'avenir ».

Au tour d'un critique affirmant en poète, et critiqué en cela par un autre poète.

Je rencontrai un jour Leconte de Lisle sur le boulevard Saint-Michel.

Il me dit :

— M'accompagnez-vous ? Je vais chez Banville.

— C'est son jour, je puis y aller.

Banville accueille Leconte de Lisle avec une certaine inquiétude nerveuse du regard. C'est qu'il a envoyé deux volumes de vers de lui au chef respecté de l'Ecole parnassienne, et pense bien que la visite est à propos de ces vers.

En effet, Leconte de Lisle aborde le sujet délicat :

— J'ai lu...

Banville est un peu haletant :

— Ah !... Et ?...

Leconte de Lisle pince les lèvres :

— Dans le premier volume, un vers à rime masculine fait défaut.

Banville s'empresse, ému, agité :

— Une faute du compositeur !... je sais... je sais !

Leconte de Lisle répond, imperturbable :

— Dans le second volume, il manque un vers... à rime féminine, cette fois. Et comme ça se suit très bien en ce qui concerne le sens...

Banville baisse le nez, bras mous tombés le long du corps :

— Oui, oui, cette fois... cette fois, c'est moi qui ai oublié... complètement oublié.

Leconte de Lisle s'incline :

— Bien ! bien ! Ainsi ce n'est pas une licence poétique ?... Je me disais aussi... Comme dans votre excellent *Traité de poésie* vous avez résumé le chapitre *Licences poétiques* dans cette phrase : « Il n'y a pas de licences poétiques »... Mais si c'est un oubli de... de vos oreilles, vous le réparerez, voilà tout.

Pour terminer, le critique démolisseur sans rival, le critique qui au nom de la critique risque à chaque instant de tuer sous lui la critique.

Gustave Flaubert écrit, le 12 août 1865 à Edmond et Jules de Goncourt : « Je viens de lire le Proudhon sur l'art ! On a désormais le maximum de la *pignouferie socialiste*. C'est curieux, ma parole d'honneur ! »

Le livre de Proudhon auquel il est fait allusion dans cette lettre a pour titre : *Du principe de l'art et de sa destination sociale.*

Ce titre seul devait faire bondir l'auteur de *Salammbo*, le lutteur convaincu en faveur de l'art se suffisant à lui-même.

Proudhon n'a pas su se défendre d'un excès opposé à celui de Flaubert, mais tout aussi dangereux.

La destination sociale de l'art, la poursuite de son rôle utilitaire, l'ont entraîné sur une pente glissante et ne permettant guère d'y maintenir son équilibre.

Le logicien socialiste ayant un jour défini, en ces termes, le beau devant un critique : « Le rapport de la forme à la fonction », ce dernier, appuya comiquement la thèse d'un exemple en montrant les aussi imprévues que pittoresques conséquences.

— Dans ce cas, constata-t-il, le monument le mieux réussi, le plus parfait, le plus admirable de Paris est la prison de Mazas. Des murs tout ce qu'il y a de plus hauts et de plus solides, je ne connais rien qui soit plus expressif, qui réponde mieux à la fonction de garder des prisonniers malgré eux, de les empêcher de s'évader.

Et ce qui prouve que Proudhon était bien plus préoccupé de déductions abstraites que d'art, c'est que bien loin de chercher à trouver des objections à cette vive repartie qui visait à mettre son principe en pièces, il en parut fort frappé. Mais dans un sens opposé à ce qu'attendait son adversaire.

— Oui, oui, répétait-il, comme se parlant à lui-même, oui, oui, c'est cela ! c'est très juste : Mazas est une œuvre caractéristique d'architecture. Mazas répond exactement a la définition.

Et à la question :

— Alors vous trouvez que c'est une belle construction ?

— Mais... oui... parfaitement.

L'ami salua ironique :

— Il en faut pour tous les goûts !

Puis, voulant aller jusqu'au bout :

— Et la guillotine ?

Proudhon fit la grimace.

L'autre éclata de rire :

— Dame ! rien de plus caractéristique, non plus ! Un rapport parfait entre la forme et la fonction : les bois de support, le couteau, la lunette pour la tête, la bascule, le panier !... c'est parlant.

Ça parlait même trop, surtout trop fort, ça hurlait.

À l'époque où Proudhon poursuivait, avec la conscience qu'il apportait à tous ses travaux, ses recherches en vue du livre sur l'esthétique, des artistes de sa connaissance, consultés par lui avec la naïveté si souvent enfantine du génie, s'amusèrent à lui jouer un tour de rapins.

L'implacable logicien, qui passait de temps à autre la soirée avec eux, leur ayant parlé, comme à l'ami ci-dessus, de ses conclusions en ce qui concernait la plastique, et de son désir de pénétrer également les arcanes de la musique, ils s'offrirent en qualité d'initiateurs, et ne trouvèrent rien de mieux que de le conduire dans un petit café-concert situé alors derrière le jardin du Luxembourg.

On voit d'ici quels paradoxes purent être développés à propos des étoiles du lieu.

Proudhon, en grand enfant uniquement épris de rationnel, aussi peu compétent que possible en ce qui touchait à l'art et aux impressions qu'il procure aux organisations faites pour en jouir, Proudhon écoutait consciencieusement et musique et appréciations critiques. Il discutait le tout avec un sérieux qui faisait la joie de ses compagnons.

Aussi les paradoxes de se croiser avec les paradoxes !

La liberté n'était pas « une noble comtesse du noble faubourg Saint-Germain »; le « coup de gueule » de la chanteuse de *beuglant* l'emporterait un jour sur les roulades de la Malibran, comme

> Un jour viendra que le père éclairé
> Donn'ra sa fille au forçat libéré.

La voix de faubourg peuple et non Saint-Germain serait la voix de l'avenir démocratique et social dans sa vraie voie. Ce jour là, préparé par la mélodie du tambour battant la générale, les harmonies du tocsin scandant les pas de l'émeute, ce jour-là verrait les orgues du cléricalisme remplacées par l'orgue de barbarie populaire. Plus d'église, la rue ! Foin de l'art d'hier, d'un art d'*accomoder les restes !* place à la palingénésie esthétique révolutionnaire !

— N'est-ce pas ? fit un des railleurs à Proudhon, qui semblait méditer, profondément absorbé derrière ses lunettes posées à l'envers.

Ce dernier leva, puis secoua la tête :

— Peut-être. Tout ce que vous venez de débiter, il se peut par moquerie, un peu follement exprès, est moins fou que vous ne le supposez. Le pour et le contre se valent pour le penseur qui de thèse et antithèse sait tirer une généralisante synthèse.

XXVII

Comme je pénétrais, il y a des années, au Palais
de l'Industrie, un jour d'ouverture du Salon, les
remous de la foule me poussèrent tout à côté d'un
vieillard à figure 1830, d'une maigreur un peu cas-
sée et replié aux épaules sur le manque de poitrine,
mais à l'allure aimablement et spirituellement sau-
tillante.

Les gardiens le saluaient au passage, de grands
coups de casquettes. Lui, leur rendait leur politesse,
d'un soulèvement de chapeau gaîment bref. Comme
il se découvrait ainsi, je vis que le sommet de sa tête
possédait le toupet inévitable des gens marqués au
coin des années de la fin de la Restauration et du
temps du règne de Louis-Philippe.

Trois ou quatre messieurs l'accompagnaient. Son

trottinement actif le lançait souvent en avant d'eux. Alors il se retournait comme pour les encourager à la course, en les raillant de leur démarche plus lente.

L'un des suivants me frappa sur l'épaule :

— Comment va ?

C'était un critique d'art de ma connaissance. Je lui demandai le nom de l'amusant personnage.

— Mais, c'est Etienne Arago. Vous ne l'avez donc pas entendu ? Il vient de nous faire trois calembours en rien de temps. Il n'existe que lui dans Paris qui soit capable d'une telle profusion de l'article.

Je me mêlai, sans intention, sans but déterminé, par le simple fait de la causerie engagée, à la compagnie d'Etienne Arago.

Il m'eut bientôt traité en ami, avec une gracieuseté bienveillante, une facilité liante d'excellent et honnête vieillard. Au cours de notre promenade à travers les salles, il m'adressait la parole comme si j'eusse été depuis longtemps des siens, comme si le hasard seul ne nous eut pas rapprochés et que je fusse venu au Palais de l'Industrie avec ceux qui lui faisaient escorte.

Les traits d'esprit, les à peu près, les calembours ponctuaient ses observations sur les tableaux exposés.

Tout cela jaillissait pêle-mêle, gentiment, sans la moindre insistance ni prétention, coulant de source ou dardé avec une bonhomie fine et une bonne humeur égayée autant qu'intarissable dans ses manifestations.

Le vieillard m'avait vu rire diverses fois de ses bons mots et pointes. Cela acheva de nous rapprocher tout-à-fait.

Arrivés au grand salon de l'ouest du Palais, vulgairement et irrévérencieusement surnommé *le dépotoir* par les artistes, il fit une station prolongée devant l'énorme toile de Cormon : *Le Caïn*. Cette toile devant, peu après, prendre place au musée du Luxembourg, il l'examinait en qualité de conservateur de ce Musée.

Tout-à-coup un malin sourire entr'ouvrit les minces lèvres et plissa les yeux d'Etienne Arago. Il vint à moi, me prit par dessous le bras, me mena devant le tableau où le meurtrier de la Bible, en marche vers l'inconnu avec sa famille, fuit l'œil de Jéhovah, et me dit, m'indiquant du doigt tous ces marqués du signe de réprobation :

— Ils vont *cahin-caha*... cahin-caha.

Et il se mit à se frotter les mains, baissant modestement les yeux, en coupable ravi, au fond, de son crime, le redoublant :

— Ils vont cahin-caha.

Il appuyait plus sur cahin :

— *Cahin*... caha.

Plusieurs volumes ne suffiraient pas pour contenir tous les *mots* semés, le long de sa vie, par Etienne Arago avec une facilité d'esprit bien caractéristique. Nous allons en rapporter quelques-uns qui sont véritablement charmants.

Tout d'abord l'amusante réponse qu'il fit à des Belges vantant patriotiquement leur armée nationale. L'un d'eux lui disait :

— La France, grand pays... oui, oui, M. Arago, grand pays ! Mais, savez-vous, tout de même, si notre armée passait la frontière... vos soldats auraient du mal, peut-être bien, savez-vous !

Arago eut un soulèvement d'épaules insouciant et répondit :

— Hé bien ! et les douaniers ! Vous ne songez donc pas aux douaniers !

Le pauvre *savez-vous* demeura tellement interloqué que pas une parole ne parvint à sortir de sa gorge. Cette menace imprévue de nos douaniers, voltigeant à travers cet esprit lourd, et y dansant une sorte de gamin cavalier seul, y avait apporté des désordres qui empêchaient son propriétaire de retrouver l'équilibre cérébral nécessaire à l'éclosion de ses pensées.

Maintenant un quatrain politique remontant au début du second Empire, un quatrain de dépité, d'hostile, de dédaigneux, mais tout cela sans aucune possibilité de méchanceté.

Nul n'ignore, de notre génération, le genre d'industrie nocturne exercée par les hommes à hautes bottes de la Compagnie Richer. Vers 1852 ou 3, c'était un nommé Domange qui pratiquait le même sacerdoce. Ceci dit, voici le quatrain, improvisé devant quelques amis politiques, à qui je dois de pouvoir le donner ici :

> Quand le peuple devient flatteur,
> Il a parfois le goût étrange ;
> Sur la voiture de Domange,
> Il écrit : Tout pour l'Empereur !

Voilà pour l'agression. Passons, à présent, à la haute et large conciliation possible sans abdiquer ses principes, tout en permettant de faire la part belle à ses amis. Personne ne s'est jamais montré plus fidèle qu'Etienne Arago à ses convictions politiques. Jamais caractère ne fut plus loyal, plus noble, plus digne de tous les respects. La vie de ce vieillard pourrait être offerte en exemple à tous. Elle est bien remplie et révèle sous le vaudevilliste aimable et souriant qu'Arago à sû être à ses heures (heures nombreuses, embrassant la plus grande partie de son existence) une conscience et une volonté de stoïcien : une conscience incapable du moindre compromis, servie par une énergie indomptable. Arago fut un homme, au sens le meilleur du mot ; mais il fut un homme d'esprit, ce qui ne saurait rien gâter. Etant sûr de lui, il ne craignait pas de faire la part des choses, de comprendre les circonstances et, comme nous allons le voir, de sauver au besoin une situation par une plaisanterie. Il savait que la plupart des mets sont fades, insipides, répugnants, sans un peu de sel. Or ce ne fut jamais le sel qui manqua à son intelligence. Ecoutons-le en faire usage pour aider un ami à digérer un morceau difficile à avaler en se plaçant à un certain point de vue.

Victor Borie — dont George Sand parle fréquemment dans sa Correspondance, qui a été un agronome distingué, qui fut gendre de l'ancien directeur de l'Odéon, Charles de La Rounat, et qui mourut occupant une haute situation administrative au Comptoir d'Escompte de Paris, — Victor Borie, exilé politique, connut, en Belgique, des jours difficiles. Les proscrits, dont Etienne Arago faisait partie, vivaient comme ils pouvaient sur la terre étrangère, et, le plus souvent, leur double titre d'étranger et de proscrit ne leur permettaient que de pouvoir bien peu. Presque tous connurent plus que la gêne ; quelques-uns, dont fut Borie, eurent à lutter contre la véritable misère.

Complètement acculé, ce dernier résolut de prendre le taureau par les cornes. Il était sous le coup d'une condamnation à la prison : il se dit qu'il fallait profiter de la chose pour éviter de mourir de faim, pour avoir, au moins, le toit et le couvert, quelque dur que put être ce pain du condamné, quelques sombres et lourds, pour l'enfermé, que dussent être les murs d'une maison de détention.

Il rentra en France et alla tout droit chez le directeur de sa prison :

— Je suis Victor Borie, condamné, par tel jugement, à telle peine. Veuillez m'ouvrir, ou plutôt, me fermer vos portes sur le dos.

Or le prisonnier venait se livrer mal à propos. On était un dimanche, jour de fête, et le directeur se croyait en droit d'abdiquer ses fonctions ce jour-là, tout au moins pour ce qui concernait le dehors.

Il opposa à Borie :

— Mais je n'ai pas d'ordre...

— Demandez-en.

— Mais je ne vous connais pas...

— Il n'est pas difficile de faire connaissance, puisqu'il y a condamnation.

L'administrateur était perplexe :

— Vous arrêter serait peut-être illégal.

Tout à coup, son visage s'éclaira. Il croyait avoir trouvé.

— Si vous reveniez demain... hasarda-t-il. D'ici là je me serai renseigné et...

— Et si je ne reviens pas, si je retourne en Belgique... par votre faute, pensez vous que cela vous serve en haut lieu.

— Vous ne vous sauverez pas, puisque vous vous livrez de bonne volonté.

— Je n'en sais rien. Je puis changer d'avis. Tenez ! c'est à prendre ou à laisser. Arrêtez-moi de suite, ou rien de fait. Je suis venu, non par goût, mais parce que je ne sais ni où manger, ni où coucher. Si vous me donnez le temps, ou même l'espoir, de rencontrer nourriture et gîte, je doute fort que l'envie me revienne de vous faire une seconde visite. Ce sera donc à vos risques et périls que vous allez prendre une décision. Pour moi je m'en lave les mains. J'ai fait mon devoir, arrangez-vous pour faire le vôtre.

Le directeur de la prison trouva enfin une solution :

— Je ne puis pas répondre à votre désir en vous emprisonnant. Mais j'ai une chambre dans mon appartement que je puis vous offrir jusqu'à demain, et vous dînerez avec moi.

L'offre fut acceptée. Et voilà comment Victor Borie se trouva emprisonné.

Sous les verrous, il se remit à ses travaux d'agronomie, prépara la publication d'ouvrages sur la question.

Or la dite question intéressait puissamment l'empereur Napoléon III. Il ne vit plus en Borie un adversaire politique, mais un confrère, et un confrère des plus compétents.

D'abord, il le gracia ; et puis, comme lorsque le vent a tourné, tout change avec lui, comme aussi, selon la remarque de Franklin et de Monsieur Perrichon, on s'attache à ceux qui vous doivent quelque chose, l'empereur décora son ex-prisonnier gracié.

Grand embarras de Borie. Pour avoir traité des questions intéressant l'agriculture, il ne s'était pas rallié au régime impérial. Ses amis étaient toujours les autres, revenus ou restés là-bas, les camarades de l'autre côté de la frontière, du pain dur mangé en commun..... quand il y en avait. Il prétendait bien ne pas renoncer à ses convictions politiques, nullement entamées. Mais, d'autre part, comment refuser une croix si honorablement offerte ?

On ne lui demandait aucune concession, on ne réclamait aucune palinodie. On le décorait parce qu'on le jugeait digne de l'être. Voilà tout !

Voilà tout ! c'était vrai. Mais attacher le ruban à sa boutonnière, n'était-ce pas une sorte d'aquiescement tacite à un ordre de choses que l'on avait le devoir de réprouver ?

Dans son embarras, Victor Borie se décida à consulter Etienne Arago. Il lui écrivit :

« Voilà ce qui se passe, la position dans laquelle je me trouve. J'ai confiance en toi, j'estime ton caractère comme il mérite de l'être, je ne ferai rien que par ton conseil. Hé bien que dois-je faire ? »

Arago répondit, avec son ingénieuse finesse, sa gaîté de brave cœur, son bon sens aiguisé de bons mots :

« Mon cher, en ce monde il faut que chacun porte sa croix ; porte la tienne ».

Et ce trait d'esprit, pareil à l'épée d'Alexandre, trancha son nœud gordien.

Proudhon a écrit, dans les *Confessions d'un révolutionnaire* : « Ce qui manque à notre génération, ce n'est ni un Mirabeau, ni un Robespierre, ni un Bonaparte ; c'est un Voltaire. »

Il a diablement raison ! Un peu d'esprit, répétons-le, ne saurait jamais nuire, et est capable d'arranger bien des choses.

Etienne Arago conserva toujours dans sa cervelle comme un gai rayon du soleil de son Midi perpignanais. Au dehors, ce rayon se traduisait invariablement en un sourire de fine bonhomie.

Les duretés de la vie — et Arago savait par expérience personnelle quel en pouvait être l'acharnement et la durée —, les duretés de la vie ne purent jamais avoir raison de cette bonne humeur tenant (qu'on permette ce rédigé dans la note des livres de *Morale en action*) à une bonne conscience. Arago, qui connut le capricieux de la Fortune dans ses tours de roue les plus divers, les hauts et les bas de la politique, l'incendie d'un théâtre qu'il dirigeait, avec la faillite pour conséquence, qui sut habiter une mansarde pour payer intégralement ses dettes, montra toujours sur son visage l'éclairante sérénité du devoir accompli tout naturellement.

Le collaborateur de Balzac à ses débuts, le dom Rago de l'*Héritière de Bérague*, le producteur de plus de cent pièces de théâtre, avec ou sans collaborateurs, le journaliste, etc., dépensèrent sans compter une verve qui ne se démentit jamais, si inépuisable qu'elle reparaissait à tout instant dans la conversation même.

Lorsque son vieil ami Jules Grévy lui fit avoir la place de conservateur du Musée du Luxembourg, cette place comportant logement dans les bâtiments du boulevard Saint-Michel qui dépendait de l'Ecole des Mines, il put descendre de sa mansarde. Mais avant de prendre possession du logis officiel, il dut faire une visite au logé de cette époque, le marquis de Chennevières.

M. de Chennevières demanda à Arago un peu de temps pour chercher un appartement de son goût. Il lui dit :

— Vous savez comme c'est peu commode.

Arago secoua le chef :

— Je sais ! je sais !

Et M. de Chennevières concluant :

— Vous seriez donc fort aimable si vous vouliez bien un peu attendre.

— Attendre?... C'est que, mon cher monsieur, il y a vingt-cinq ans que... que j'attends.

Puis, gaîment :

— Vous me répondrez que je dois en avoir contracté l'habitude. Mais voilà !... à mon âge... si je veux profiter un peu de mon... de votre... de notre logement, vous devinez qui ne me donnera peut-être pas du temps... comme, du reste, il est entendu, n'est-ce pas ? que je suis disposé à vous en accorder.

XXVIII

Les deux Dumas. — Le jeune homme et l'homme fait. — Sur
le trottoir d'en face. — Chez Legouvé. — Les invitations de
Meissonnier. — L'enterrement de Paul Lacroix. — A propos de Denise. — Les quiproquos au théâtre. — Henri
Mirault *amicissimo*. — *La Dame aux Perles*. — La valise
chez le concierge. — Dialogue avec un héritier. — C'était le
propriétaire ! — Un sujet pour Labiche. — Peut-être à
l'église. — Ne pas oublier cette conséquence.

On a dit de Dumas père que c'était « une force
de la nature ». Dumas fils est au contraire une résultante toute d'ordre social, la résultante d'un ordre social donné à une époque donnée. Il y a de la
culture artificielle de serre, au dernier point, chez
lui. Son esprit s'en ressent. Aussi, tandis que son
père semait le sien en prodigue qui a une mine à
son service, bien loin de dépenser sa verve comme
une monnaie courante, à la manière paternelle, col-
lectionnait-il cette monnaie en numismate qui soigne
son médailler.

Mais le médailler étant des plus riches, lui rendre visite rétrospectivement convient à ces *Souvenirs*.

Les mots de jeune homme de Dumas fils, tout en
sentant le jeune homme, annoncent déjà l'homme.

On connaît son gai : « Mon père est si vaniteux qu'il monterait derrière sa voiture pour faire croire qu'il a un nègre ».

Le suivant est plus âpre, avec un tantinet d'oubli de jeter le manteau à la façon de Sem et Japhet qui est légèrement désagréable : « Papa me repasse ses vieilles bottes et ses vieilles maîtresses ».

Mais est-il authentique ? On prête aux riches et nous avons dit que Dumas fils l'était notoirement, en fait de traits, frappés avec un coin d'acier.

Arrivons à quelques médailles soigneusement mises dans le jour leur procurant toute leur valeur par l'homme fait, admirable constructeur dramatique jusque dans les moindres choses.

Le fils d'un vieil ami — un garçon qui depuis....., mais alors il n'était que rédacteur du *Journal des Débats* —, le fils d'un vieil ami a emprunté à Dumas trois mille francs. Ils seront rendus *avant l'Août*, *foi*... d'emprunteur.

La trinité se passe, mironton, mirontaine... mais le jeune fils du vieil ami ne passe plus par les rues où son prêteur le rencontrait fréquemment avant.

Il y avait à cette époque un lieu où il était impossible de ne point se montrer quand on appartenait au Tout-Paris : c'était le boulevard des Italiens. Mais ce boulevard a naturellement deux trottoirs avec une chaussée entre, une chaussée combien embrouillée de voitures !... Dumas y aperçut enfin « son gaillard »... mais justement de l'autre côté de cette chaussée, sur le trottoir en face. « Bon, se dit-il, j'aime autant cet *en-face* pour me promener : Je le prendrai à l'avenir ». Et il le prit.

Les jours suivants, il ne vit rien venir. Enfin, un après-midi, de nouveau de l'autre côté de la chaussée... il ne se trompe pas, c'est !... Du coup, il traverse, lancé par l'agacement, fond sur celui qui l'avait vu avant d'être vu et a traversé, avant qu'il traversât, et cherche encore à l'éviter :

— Pardon, mon cher !...

— Me voilà !

— Je sais bien. Mais pourquoi me fuyez-vous ainsi ?

— Moi, pas du tout !... Au contraire !...

— Vous me cherchez... pour me rendre mon argent ?

— Je... je...

— C'est une bonne idée. Quand vous me l'aurez rendu, je suis sûr que nous nous rencontrerons... amicalement comme devant. Ça arrangera tout, n'en doutez pas. Essayez et vous verrez !

C'était *la scène à faire* exécutée, en plein air, par l'auteur dramatique lui-même.

Effet de dialogue à présent.

Un soir, après dîner, Dumas jouait au billard chez Legouvé. Quelqu'un lui demanda :

— Nous donnerez-vous quelque chose, au Théâtre-Français, cet hiver ?

— J'espère que non.

— Vous...?

— J'espère que non.

Et au milieu de rires excités par l'énorme soupir qui accompagna ces paroles inattendues :

— A moins que je ne puisse résister au désir d'acheter quelque nouveau tableau. J'ai à compter avec ma manie.

— Quel rapport ?...

— Est-ce que vous vous figurez que j'écris des pièces pour mon plaisir ?

— Pour le nôtre...

— Pas plus ! J'écris quand j'ai envie d'une toile que je n'ai pas assez de sous pour me payer.

— Mais enfin le besoin... le plaisir de produire.

— J'aime mieux que d'autres produisent pour moi.

— Ça ne vous amuse plus de...

Dumas fils étouffa de la main un bâillement à la taille de son soupir :

— Même la comédie ne m'amuse plus. Allez donc, avec cela, mettre de la vie dans des comédies !

— Mais les applaudissements d'un public emballé... le succès !...

Dumas se pencha sur le billard :

— Messieurs, vous êtes une galerie qui juge des coups : le succès, je vais le demander, si je puis, au jeu de billard.

Effet d'accessoire, cette fois.

Ami de longue date du peintre Meissonier, son voisin avenue de Villiers, Dumas fils invitait fréquemment ce dernier à déjeuner ou à dîner. Le peintre s'amusait à renvoyer pour toute réponse, en guise d'acceptation, un dessin tracé à la diable, en quelques coups de plume, au dos de la lettre d'invitation portée par un domestique.

Dumas, en vrai collectionneur, était content d'une part, vexé de l'autre. Le dessin, bien, bravo !... Mais, parfois, sur le papier, un pli irritant au possible !... Il fit porter les nouvelles invitations sur une feuille choisie à dessein pour un dessin, avec ordre de rouler, de ne pas plier.

Un carton spécial, consacré à Meissonier intime par l'auteur des *Idées de Madame Aubray* dit à quel point il eut à s'applaudir de son truc de théâtre transporté à la ville.

Le demi-monde porte, comme dédicace : A HENRI MIRAULT, *amicissimo*. A. DUMAS FILS.

J'ai connu ce fidèle de l'auteur de *La Dame aux Camélias*, qui lui dédia également un curieux roman écrit dans des circonstances très particulières : *Le Régent Mustel*. C'est dire que je lui ai entendu souvent raconter des anecdotes sur son ami. En voici une qui me semble assez amusante :

« C'était à l'enterrement de Paul Lacroix (bibliophile Jacob). Je me trouvais à la droite d'*Alexandre* durant le service. Il mettait à cette époque la dernière main à *Denise*, terminait son cinquième acte.

« Les grands enterrements, vous le savez, n'en finissent plus. Notre mobilité de Parisiens s'accomode mal d'un cérémonial ainsi prolongé.

« Pour causer un peu, je demandai à Alexandre :

« — Ça marche-t-il, ton bibelot?

« — *Denise?*

« — *Denise.*

« — Oui... Mon grand coup de scène sera on ne peut plus émouvant.

« — Alors, tu tiens ta conclusion?

« — Je la tiens.

« — Veux-tu me conter ça?

« — Si ça te fait plaisir.

« Et voilà Alexandre qui me construit d'abondance son cinquième acte, subissant lui-même l'entraînement de sa propre verve, en proie à une émotion grandissante qui ne tarde pas à me gagner.

« *Denise* fait ceci. » Sa voix se mouillait. « Son « père, homme d'une honnêteté inflexible... » Bref, nous nous attendrissons en chœur sur le sort de la pauvre fille et larmoyons à qui mieux mieux, retenant à peine de gros soupirs, des secouements de poitrine sur la route du sanglot.

« Comme la toile tombait enfin dans nos imaginations, j'entends, derrière nous, le dialogue que voici entre deux messieurs du rang de chaises qui suivait le nôtre :

« — Des proches ou des intimes du défunt, sans doute... voyez-les !

« — Oui. ils ont l'air tout à fait chagrins.

« — C'est un brevet honorable pour un mort de laisser derrière lui de tels regrets.

« — Oui, oui, les vieux amis, il n'y a encore que cela de vrai.

« Et je m'en voulais d'avoir donné ainsi la comédie sans le vouloir. J'en voulais presque à Denise.

« Je fis part de mon observation à Alexandre, qui, auteur dramatique jusqu'au bout des ongles, constata :

« — Les *quiproquos* sont un puissant ressort dont on tire les effets les plus surprenants au théâtre. »

Encore un quiproquo, mais, cette fois, ne se rapportant qu'indirectement à la personne de Dumas, ne remontant à celle-ci qu'à travers un de ses ouvrages : *La Dame aux Perles*.

Voici l'anecdote :

M. Henri Mirault, en vertu de l'adage : *Les amis de nos amis sont nos amis*, s'était lié avec une dame qui avait droit à revendiquer sa part de modèle dans la confection de *La Dame aux Perles*.

La dite dame habitant à Paris, une rue située juste à la sortie d'une gare de chemin de fer.

De santé délicate, fréquemment languissante, la

dame aux perles ne laissait pas parfois d'inquiéter ses intimes.

Tel est le point de départ dont le hasard se servit pour amener l'imbroglio qu'il nous reste à rapporter : triste état de santé et logement au seuil d'une gare.

Un matin, M. Mirault revenait de la campagne — par cette gare — valise en main, après une huitaine de villégiature. Comme il mettait le pied sur le trottoir de la rue en question, une association d'idées lui fit se dire mentalement :

« Cette pauvre Madame ***, il faudra que j'aille prendre de ses nouvelles au premier jour. Elle n'était pas bien lors de mon départ. »

Et voilà justement que, devant la maison, il aperçoit une longue file de voitures de deuil. La porte est tendue de noir. L'initiale du nom de Madame*** se détache sur l'écusson.

« Je n'avais que trop raison ! C'est son enterrement !... Le billet de faire-part doit être à mon domicile... Pierre qui sait que je reviens aujourd'hui ne me l'aura pas envoyé... Comment faire... Alexandre qui n'est pas à Paris ! Il n'aura pas su plus que moi !... Il faut, au moins, qu'un de nous deux suive le convoi de son héroïne. Mais ma valise ! Malheureuse femme, encore si jeune !... »

Et la tête de travailler, l'imagination d'aller son train qui est rarement celui de la réflexion !

« Je dépose ma valise chez le concierge... Je la reprendrai... Je ne puis pas manquer... C'est doublement un devoir de l'amitié. Justement, voici le corps... »

Et sans songer à demander des explications au concierge :

— Mon ami, gardez-moi ceci... Je suis désolé...
J'ignorais... Mais j'entends faire acte de bonne volonté... J'irai comme je suis.

— Ah! monsieur, quel malheur !

— Oui, oui! très grand, je rejoins vite le cor-
tège.

On arrive à l'église, on se place. Henri Mirault
est près d'un héritier. Nouveau dialogue :

— Quelle perte !

— Irréparable, monsieur !

— Si subitement !

— Un coup de foudre, monsieur.

— Une personne de tant de cœur.

— Hélas !... Quel deuil !

— Vous êtes parent ?

— Neveu.

— Mes condoléances... Alexandre n'est pas à
Paris... Sans cela !... Quel coup pour lui aussi !

— Je ne connais pas monsieur Alexandre.

— Un ami, s'il en fut, de Madame votre tante.

— Ma tante ?

— Je l'ai moi-même beaucoup fréquentée.

— Il va la retrouver.

— Qui ? il ?

— Mon pauvre oncle, depuis dix ans qu'elle est
morte, n'a jamais pu s'habituer à ce malheur.

— Depuis dix ans ?...

— A peu près.

— Et c'est votre oncle que nous...

— ...Avons à pleurer.

C'était le propriétaire de Madame ***. Un propriétaire à même initiale, dont on célébrait le service.

Henri Mirault est obligé d'avaler ce service jusqu'au bout.

Quelque temps après, il raconte son aventure à Dumas, lequel ne cesse pas d'approuver de petites inclinaisons du chef :

— Très bien !... parfait !

Puis quand le récit est terminé :

— Du théâtre vécu. On a eu raison de le dire, *la vie est* souvent *l'image du théâtre.* Tu... tu en fournis la preuve.

Mirault, lui, un peu agacé de cet air de pince-sans-rire :

— Eh bien ! utilise mon cas ! c'est ton affaire !

Signe de dénégation de la part de Dumas :

— Ce n'est pas mon genre. Un vaudeville ! Porte ça à Labiche.

Et comme se parlant à lui-même :

— Dire que cette pauvre *** était peut-être à l'église, de l'autre côté du catafalque... qu'elle a peut-être aperçu l'ami Mirault... les femmes ont de si bons yeux...

Alors, au dit Mirault :

— Elle est capable, à la prochaine visite que tu lui feras, de te parler de ta présence à l'église. N'oublie pas de faire songer Labiche à cette conséquence non moins comique que le reste.

XXIX

Mes souliers font toc, toc !
Mes souliers font toc, toc !

Quel est ce gai jeune homme, un peu lourdement paysan d'allure, mais à la face si bonassement intelligente, qui s'acharne sur ce bout de refrain campagnard, le hurle, le glapit, en même temps qu'il le bondit, le trépigne, au beau milieu d'un salon bourgeois légèrement éffaré de cette gymnastique ?

Ses souliers, en dépit de ses affirmations, soulignées par les répétitions bacchanalement musicales, ne font pas : *toc, toc !* mais boum, boum !

Comme on gagne vite chaud à se livrer à un semblable exercice, ce jeune homme a tranquillement, à la bonne franquette, retiré son habit. C'est en manches de chemise qu'il se démène, — avec la con-

viction du gars solide et du travailleur consciencieux, — devant les dames et les messieurs formant
le cercle.

— Comment se nomme-t-il, s'il vous plaît ! Il est
très amusant.

A l'Ecole Normale, dont il est élève, ses camarades ne le désignent que par un surnom. Ils
l'appellent : *le Paysan du Danube*.

— Cela paraît justifié. Mais encore ?...

— Il a pour prénom : Francisque, et son nom de
famille est Sarcey.

— Francisque Sarcey, alors ?

— Exactement, comme vous le dites. Son père est
un maître de pension de Dourdan, dans le départe-
ment de Seine-et-Oise.

— Il a tout à fait l'air d'en venir.

Tels furent les bruyants débuts de Francisque
Sarcey dans le monde.

Rochefort à un autre début, au début du premier
numéro de *la Lanterne*, parle du cavalier seul qu'il
esquisse devant ses lecteurs. En appliquant le mot et
la chose à Francisque Sarcey, nous pourrons dire :
Combien de fois ! dans combien et combien de
chroniques, d'articles de tous les genres, y compris
la critique ! ne l'a-t-il pas dansée, un peu paysanne
mais plaisant justement par son manque de prétention.

La bamboula risquée par Sarcey alors élève de
l'Ecole Normale, avait lieu chez les parents d'un de
ses camarades de cette école, Edouard de Suckau.

Dans la même maison venaient également Edmond
About, Taine, J. J. Weiss, la *fameuse promotion*,
comme on a dit depuis d'eux.

Profitons de ce qu'About et Taine sont ainsi sous
notre main, suivent naturellement sur notre plume,

pour aller de Sarcey, qui danse toujours, à eux, sur qui nous avons d'autres choses à dire.

Sarcey a raconté, dans ses amusants *Souvenirs*, les mauvaises farces faites, à l'Ecole Normale, à l'élève philosophe Taine alors très épris de Spinoza. Il a narré la plaisanterie de l'os de gigot dépouillé des moindres parcelles de la chair qui l'entourait (de tous ses attributs) et présenté à Taine comme étant la *réalité en soi*.

About, naturellement, n'était jamais au second rang lorsqu'il s'agissait de ces traits ou de ces amusements. Pas de bons tours où il n'eut part, une part directrice, un rôle de général en chef. Pas de bons mots dont il ne pût plus ou moins revendiquer la paternité. On ne s'en aimait pas moins, on ne s'en aimait peut-être que plus pour cela.

About demeura grand ami de Taine, une fois tous deux sortis de l'Ecole, lancés, chacun à sa façon, dans la vie. Quoique faisant le cas mérite de la haute intelligence de son camarade, il le taquinait toujours volontiers. C'était une habitude prise, et, aussi, la souriante manifestation d'une sincère camaraderie.

Nous allons voir comment Taine, un soir, déconcerta une attaque de son terrible adversaire.

On était réunis chez un ami qui habitait dans le haut du quartier Bréda. Taine au milieu d'un groupe de littérateurs, philosophait sur l'amour, induisait, déduisait, généralisait, développait toute une brillante théorie formée de parties admirablement liées par une dialectique serrée. About intervint tout à coup, faisant gaminement allusion à la vie studieuse et retirée de son ami :

— Voyons ! mon cher, tu nous parle là de choses qui te sont fort étrangères, apprises uniquement de seconde main. Il eut mieux valu aller à la source...

Taine l'interrompit froidement :

— C'est juste... tu as raison... Je reconnais la légitimité de ton observation.

Alors, s'adressant a ceux qui l'entouraient, formant un cercle d'écouteurs :

— Je vous demande quelques minutes, messieurs. Je serai à vous dans un instant.

Il alla prendre son chapeau et sortit.

On se regardait les uns les autres avec une surprise ahurie.

Edmond About éclata de rire :

— Elle est très bonne ! très drôle ! très originale, celle-là ! Il m'a damé le pion. Je m'avoue battu. Vous vous demandez ou il est allé ? Parbleu ! à la recherche d'arguments puisés aux sources ! Le quartier est propre à lui en fournir toute une collection.

Il se tordait, il en pleurait :

— Ah ce brave Taine ! ce brave Taine ! Il n'y a pas à dire, il m'a coupé la musette ! Je suis archibattu.

Taine revint au bout d'un certain temps, très calme, très sérieux, très convaincu, et reprit sa place au centre du cercle immédiatement reformé :

— Maintenant, messieurs, que je sais ce que c'est que la chose, je continue. Je prétendais donc (et j'avais parfaitement raison *a priori*) que l'amour...

Je me suis trouvé une fois avec Edmond About au Palais de l'Industrie. Il y faisait une tournée de critique, préparant son Salon pour le *XIX* siècle.

L'artiste, avec lequel je me promenais, connaissait About. Nous liâmes conversation. Cet artiste était père d'une jolie jeune fille, et la question d'usage fut naturellement posée :

— Est-elle toujours aussi ravissante ?

Le père, rengorgé, voulut rendre au complimenteur la monnaie de sa pièce :

— Vous avez vous-même des demoiselles bien charmantes.

Les filles d'About, que nous venions d'apercevoir courant gracieusement à travers les salles, formant à elles seules une petite bande, méritaient le qualificatif. Mais leur père, modeste pour elles, riposta gaiement :

— Oh ! moi, je me rattrape sur la quantité.

Le banal compliment en retour se trouvait esquivé délicatement. Mais ce que l'intonation d'Edmond About révélait surtout, c'était une profonde tendresse pour les siens, une douce satisfaction d'heureux chef de famille.

En opposition avec des sortis de l'Université demeurés marqués par cette Université et ne le niant pas, ne la reniant pas, en opposition avec Taine, About, Sarcey, un exaspéré d'avoir respiré l'atmosphère renfermé de l'école, un assoiffé de plein air aspiré ruralement à pleins poumons de rural, un affamé d'indépendance, ayant crié sa soif et sa faim avec une originalité que cette Université, qu'il le voulut ou non, avait fait éclore, où quelque chose de sa culture perçait.

Louis Ménard, avec qui je me promenais sur les quais, m'indiqua un jour d'un mouvement de tête deux individus venant dans le sens opposé :

— Jules Vallès et son secrétaire.

Quelques secondes après, il y avait échange de poignées de mains, puis Vallès présentant son compagnon à Louis Ménard, déclara gaiement, avec, dans l'éloge, un amusant bourru qui ne l'atteignait

pas, bien au contraire lui servait de spirituel passe-
port :

— Une encyclopédie vivante, mon cher, une
encyclopédie faite chair et vivant parmi nous pour
que ses amis aient, comme c'est souvent mon cas, le
plaisir de la consulter sans avoir à tourner et tourner
les pages, comme pour leurs maudits dictionnaires...
dont j'ai des nausées rien qu'en y pensant.

Ces nausées, on eut dit que la puissance de
suggestion du souvenir les réveillait en lui.

Je me suis trouvé une autre fois avec l'auteur de
l'*Enfant*, du *Bachelier*, et de l'*Insurgé*.

Un soir, (vers 1879 ou 1880), le hasard d'un
placement de première représentation, me fit le
voisin de Jules Vallès. C'était au concert de la Scala.
Un ami de la presse, un peu auteur dramatique,
Julien Sermet, nous avait conviés à venir voir une
Revue de fin d'année. Un des clous de la soirée,
était une scène de lutte entre un artiste long et
fluet, d'aspect impalpable, le danseur légèrement
clown de l'établissement et le chanteur dit « *petit
bossu* », Chalier. Ces deux insectes malingres,
substitués aux athlétiques gaillards, que l'œil du
spectateur est habitué à rencontrer dans les arènes :
c'était l'imprévu jusqu'au déconcertant.

— Quel affreux gnôme ! grogna nerveusement
Vallès, dans une crispation souffrante autant que
révoltée de toute sa face.

Le gros public riait, pris d'une joie frénétique,
applaudissait, tapait des pieds.

Je crois voir encore la tête de l'auteur des *Réfractaires* tomber lourdement en avant, donnant
l'impression d'être entraînée par le poids du front
et j'entends ces mots gronder dans sa gorge :

— Tas d'idiots !... C'est odieux !

Comme s'il eut voulu justifier le dernier qualificatif de cette exclamation, le gnôme s'affaissa sur
lui-même en poussant un petit cri aigu. On eut dit
un sac vidé faisant, flouc ! sur le plancher de la
scène, le malheureux, en prenant une pose de défi,
venait de se fouler le pied. On dût le relever et
l'emporter. Ce fut le clown qui prit dans ses bras
l'avorton désarticulé, lamentable, pareil à une gue-
nille.

Vallès qui s'était levé, sortit, n'en pouvant pas
supporter davantage. Il y avait plus que du dégout
dans l'expression de ses traits, dans le précipité de
sa retraite. Il y avait aussi, il y avait surtout de la
colère de révolte, de l'exaspération. Il en voulait à
tout un public égoïste, à tous ces inconscients, de
leurs rires niais en face du spectacle des infirmités
des répugnantes misères de l'espèce humaine. Il lui
avait crié intérieurement tout cela dans son apos-
trophe :

— Tas d'idiots !

A lui, ce qui venait de se passer sur le théâtre
lui semblait simplement odieux, odieux à en faire
frémir toutes ses fibres. C'était Jacques Vingtras qui
venait de se dresser précipitamment pour un retrait
de dégoût.

Je n'eus plus l'occasion de rencontrer Vallès. Il
me fut seulement donné de saluer son cercueil au
passage.

Boulevard Saint Michel, à peu près à la hauteur
de l'Ecole des Mines, une foule houleuse, au dessus
des têtes de laquelle flottaient des drapeaux rouges,
entourait un corbillard stationnant au ras du trottoir. C'était le grouillement des jours de manifesta-

tion, prètes à tourner a l'émeute.

Après une demi-heure de fièvreuse attente, on vit sortir la bière d'une porte-cochère. Derrière on se signalait Rochefort, très pâle, ayant a son bras Louise Michel. Il y eut un long cri de *Vive la Commune !* puis l'on se mit en marche, d'un pas rapide, activé par les agents, comme un troupeau de bêtes lancées sur la piste du char funèbre. Une pancarte indiquait une délégation d'Allemands.

A partir de la rue Soufflot, on commença à se battre. La pancarte avait exaspéré des étudiants. Les coups de cannes pleuvaient, les chapeaux roulaient sur la chaussée. Et le grand écrivain, paysan dans l'âme, allait, allait, entrainant à sa suite une révolutionnaire cohue de réfractaires de la capitale des capitales.

XXX

**Barbey d'Aurevilly. — Opinion de Sainte-Beuve. — Le jeune
secrétaire de Revue. — Vous avez failli déranger l'inspiration. — Le chantre de Brummel. — Plaignez-le seulement,
etc., — Pompe aspirante et refoulante. — Le voisin de table. —
Démonstration sur la nappe. — Ça m'est tout à fait indifférent. — Votre canne que vous oubliez ! — L'homme nu de
l'éditeur Lemerre.**

Peu d'écrivains ont laissé après eux un souvenir
plus fantasquement fantaisiste que Barbey d'Aurevilly. Cela vient peut être qu'au lieu de se borner
à être ce qu'il fut réellement : un artiste très individuel, il a outré à plaisir, porté jusqu'à une sorte de
paroxysme les qualités brillantes dont la nature
l'avait doué, sacrifiant tout au désir d'effarer ses
contemporains par la singuliarité d'une pose qu'il
croyait originale et qui n'était peut-être que de la
queue de romantisme.

Barbey d'Aurevilly ne se vêtait pas, il se drapait ;
il ne riait pas, il ricanait ; il ne causait pas, il déclamait, dissertait, il pontifiait, ou transperçait d'un
coup de rapière. Il ne vous regardait pas, mais vous
sondait, vous soupesait ; il n'écrivait pas, il enlu-

minait ; il ne vivait pas, mais se mouvait dans un perpétuel cauchemar qui devait le hanter aussi bien le jour que la nuit, lui faisant tout apercevoir à travers un prisme, légèrement déconcertant pour les autres.

Sainte-Beuve a pu écrire que c'était « un drôle de corps », un « homme d'esprit infecté de mauvais goût ». Et ailleurs : « pourquoi donc, lorsque l'on est un esprit essentiellement distingué et brillant, aller prendre tant de soin pour se déguiser en couleur de carnaval ? » Il déclare encore que, en général, quand il le lit, il ne retient de lui que des « mots et des traits ». Quoiqu'il se hâte de constater, entre parenthèse, que ces mots et ces traits sont, la plupart du temps, « fins, distingués », on sent de l'impatience sous l'éloge, une vive critique aussi.

D'Aurevilly était sur la scène même chez lui, jusque dans l'habituel laisser-aller d'intimité de la chambre.

Un jour, le jeune secrétaire — Lucien Faucon — d'une Revue de jeunes gens se hasarda chez ce bizarre homme de lettres pour lui demander un article destiné à la naissante publication :

Après avoir gravi l'escalier et s'être orienté, l'étage atteint, d'après les indications du concierge, le débutant frappe enfin à une porte qui doit être la bonne. C'est, en effet, Barbey d'Aurevilly en personne qui ouvre.

Le jeune secrétaire de la jeune Revue s'incline, balbutiant :

— Monsieur..... cher maître, j'ai l'honneur de venir vous.....

Sans répondre, le cher maître lui indique un siège, d'un geste éloquemment senti.

— Merci, pardon, cher maître..... Mes amis de la Revue m'ont chargé...

D'Aurevilly a regagné sa table de travail. Il s'y assied et se remet à écrire gravement, employant ses encres de diverses couleurs, le dos tourné à son visiteur.

Ce dernier, timide, comme un jeune à l'entrée de la carrière, demeure gauchement posé sur le bord de sa chaise, retenant sa respiration.

Pendant ce temps, la plume court, le papier s'enlumine. Les lignes jaunes, bleues succèdent aux violettes et aux rouges, avec un faux air de manuscrit du moyen âge. Le temps passe. Le secrétaire finit par se croire oublié. Il se prépare à une retraite modeste, sans tambour ni trompette. Mais le cher maître s'est dressé de son fauteuil et vient à lui, imposant :

— Jeune homme, vous avez failli déranger l'inspiration. C'est une vierge pudique, austèrement farouche....

— Mille excuses, je venais.....

— Jeune homme voyez-vous, il faut respecter le penser de l'artiste comme on respecte l'effusion de cœur d'un croyant parlant à la divinité, agenouillé devant l'autel, les yeux fixés sur le tabernacle, prêt à frapper de son front les dalles de la vieille et sévère église. Tous les deux prient, communient, ont la sensation du soufle divin passant sur leur front et à travers les boucles de leurs cheveux.

— Je regrette profondément, je.....

— Il n'y a plus à regretter à présent, jeune homme : l'inspiration vient de me quitter, je suis à même de vous recevoir. Le temple est redevenu appartement.

Maintenant, Barbey d'Aurevilly dans le monde.

Il parle, le dos à la cheminée, le geste nerveux, la voix martelante dans le saccadé, les mots agités en panaches, avec l'aisance d'un homme qui n'ignore pas qu'on fait cercle autour de lui, qu'il est la grande attraction de la soirée.

Selon son habitude, il a posé son chapeau (un chapeau Barbey d'Aurevilly, digne du chantre de Brummel, du dernier des dandys), il a posé son chapeau sur un fauteuil, mêlé aux écouteurs, tenant bien sa place, ayant sa raison d'être là. Mais une grosse dame, arrivée en retard, tout essoufflée et minaudant se laisse tomber, sans le voir, sur ce témoin muet de la gloire du maître si imprudemment livré aux hasard des lourdes étourderies.

Le couvre chef est aplati.

Excuses effarées de la grosse dame. Mais d'Aurevilly, de s'incliner, avec son sourire ancien régime :

— Il vous doit, au contraire, mille grâces, belle dame, plaignez-le seulement de ne pas être à même d'apprécier..... toute l'étendue de son bonheur.

Ce ne fut jamais la hardiesse de l'image qui fit reculer Barbey d'Aurevilly. Il les aimait, avant tout imprévues et fouettant justement l'attention par cet imprévu. La trivialité ne lui faisait pas peur ; car il savait la mener d'un tel train, en la faisant caracoler dans sa phrase, que tout devait passer, avec cette allure, une allure du reste quelque peu grand seigneur. On n'a pas à chercher ces mots lorsque l'on met flamberge au vent.

Un jour, dans une réunion mondaine, il écoutait gravement, mêlé à un groupe, un verbeux causeur avocat de sa profession, et le faisant bien voir. Quand cet intrépide bavard eut terminé ses flots d'éloquence sur tout et sur tous, d'Aurevilly lui dit, au milieu d'un silence de toute la compagnie, permettant à chaque syllabe de produire le maximum d'effet :

— Monsieur, vous venez d'absorber, de pomper, d'aspirer toute notre attention.

L'autre faisait la roue :

— Oh ! vous êtes trop indulgent, en vérité.

Mais l'intention de d'Aurevilly n'était pas d'en rester là :

— Si, si ! pardonnez-moi !.... Vous êtes une vraie pompe, monsieur ! vous pompiez..... une vraie pompe !

Puis, se retirant majestueusement, après un salut ironique jusqu'à terre :

— Une pompe aspirante... et refoulante. Je me sens refoulé... refoulé... refoulé !

Ceci n'est qu'une méchanceté férocement amenée. Voici à présent une malice.

Dans un dîner, Barbey d'Aurevilly a pour voisin de table un tout petit homme, très savant peut être, mais incapable de parler d'autre chose que des questions se rapportant à la science dont il s'occupe : l'astronomie. Il ne tarda donc pas à enfourcher son dada dès le potage, et il fut de toute impossibilité de lui faire mettre pied à terre. Il rapportait, expliquait, démontrait sans se lasser, sans soupçonner qu'il pouvait lasser. D'Aurevilly avait pris le parti de l'écouter, ou, du moins, de paraître l'écouter, dans le plus profond silence.

Le petit savant, heureux de cet air d'attention, s'en donnait à cœur joie, sans se douter qu'un orage se formait de minute en minute.

Les paroles ne lui suffisant plus, il avait sorti un crayon de sa poche, un bout de crayon, petit comme lui, à son image, et tracé des figures sur la nappe.

On était arrivé sans encombres du potage au café. Encore quelques instants et l'on passerait au salon, et le vieux petit savant pourrait se retirer, avec la satisfaction de son imaginaire succès. Mais, par malheur, dans cette maison fidèle aux préceptes de Brillat-Savarin, on retardait volontiers le départ de la salle à manger. On y dégustait longuement le café, dans cette atmosphère que le maître gourmet déclare lui convenir seule.

Ce fut ce qui perdit tout. Barbey d'Aurevilly, remuant flegmatiquement sa cuiller dans sa tasse, déclara :

— Je dois vous dire, monsieur, que ce dont vous venez de me saturer m'est absolument... mais absolument indifférent... tout ce qu'il y a de plus indifférent.

Le petit vieux savant tressauta :

— Mais monsieur !..

— C'est comme cela, monsieur, comme cela.

L'autre s'était levé, jetant sa serviette près de sa soucoupe, s'en allait furieux. D'Aurevilly venait d'apercevoir le bout de crayon, oublié sur la table dans cette fuite irritée. Il appela :

Monsieur !.. monsieur !

Et le petit homme s'étant instinctivement retourné, il lui tendit le minuscule objet :

— Votre canne, monsieur !.. votre canne que vous oubliez !

Je ne me suis rencontré qu'une fois avec Barbey d'Aurevilly, et un court moment. C'était chez François Coppée. D'Aurevilly, déjà bien vieux n'en avait pas moins l'attitude cavalière des anciens jours. La mine était un peu devenue une mine de poupée usée, ses mouvements, ceux d'un pantin mu par des ficelles ; mais il y avait encore de brusques réveils permettant d'apprécier ce que le vieux lutteur avait dû être autrefois.

Ce jour là, le paradoxe caressé par lui consistait à taxer l'éditeur Lemerre d'immoralité, à cause du bonhomme nu qui tient une bêche sur la couverture de ses volumès. C'était tiré de longueur et cela fit long feu. Comme il est arrivé à tant d'autres, Barbey d'Aurevilly se survivait.

XXXI

Barbey d'Aurevilly, chez Théophile Sylvestre. — Geule de
canon. — Matin d'une mauvaise action. — Cruche et amphore. — Mot de Flaubert. — Salon et vessie. — Deux mots
du duc d'Aumale. — Anecdote intime. — Chez Tessié du
Motey. — De Flotte. — Dans les airs. — Tout simple. —
Souvenirs despotiques.

Leconte de Lisle m'a narré sa première entrevue
avec Barbey d'Aurevilly. La scène avait lieu chez
Théophile Sylvestre.

« Théophile Sylvestre se leva et, de sa forte voix
méridionale, indiquant un grand corps sec aux pan-
talons à la hussarde, à la redingote 1830 (taille de
guêpe, basques en ballon) au jabot de dentelle et
aux manchettes idem, gronda :

« — Le colonel !

« D'Aurevilly s'inclina avec une raideur militaire
d'officier en demi-solde, de fashionnable botté et
éperonné. Silvestre reprit, indiquant du pouce relevé
la vaste bouche de son ami :

« — Vous voyez cette gueule de canon chargé à
mitraille et prète à cracher le fer et le feu des inju-
res..... c'est Barbey d'Aurevilly tout entier.

« Le désigné salua de nouveau d'un air fat et
convaincu :

« Lui-même, en personne, fort exactement *décliné*.

« Puis serrant du bout des doigts la main offerte par l'arrivant :

« — Heureux de la rencontre... J'ai lu vos vers, monsieur !... Je les ai lu en poète, car j'en produis moi-même... mais d'un genre différent... Je ne vous cacherai pas monsieur, que je trouve vos vers fort froids, terriblement froids... des vers de glacière, monsieur... à vous donner l'onglée, monsieur... Voilà mon opinion, monsieur.

« — Parfaitement, monsieur. Elle a le mérite d'être nettement formulée.

« — N'est-ce pas, monsieur ?

« — Elle est d'une clarté éblouissante.

« — J'en suis fort aise... Moi, monsieur, je n'aime que les vers passionnés, expression d'une convulsion intime... Mais je vais, si vous me le permettez vous en réciter quelques uns, de ceux que j'estime le plus parmi les nombreux que j'ai inscrits sur le velin.

« — Volontiers, monsieur.

« Et d'Aurevilly s'emballa dans la fureur de son débit pédantesquement exalté. Quand il eut terminé, je pris la parole :

« — Franchise pour franchise me permettez-vous une appréciation ?

« Barbey fit un signe d'acquiessement :

« — Parfaitement. Mais permettez-moi de vous dire que le dernier morceau a été composé le matin d'un jour où je devais commettre une mauvaise action. De là peut-être le feu sombre....

« Je l'interrompis gravement :

« — Mais permettez !... c'est que je ne leur

trouve aucun feu... ni sombre ni flambant. Je ne leur trouve, non plus, aucune passion. Ils ont, par dessus le marché, le défaut de manquer de couleur et de sonorité. Nul lyrisme, nul sentiment de la métrique, nulle idée du jeu de la rime. Ça n'existe pas, c'est vide et plat.

« Barbey d'Aurevilly prit cérémonieusement congé :

« — Chacun son goût, monsieur, chacun son goût ».

Il éreinta son antagoniste dans un article où il le traitait d'anti chrétien et d'Indou. Il écrivait à peu près : Leconte de Lisle prétend s'être plongé sept fois dans le néant. Sept fois, je ne sais pas!... mais une fois c'est certain. Il le rapprochait, on n'a jamais su trop pourquoi de *son copain* Banville (pourquoi aussi *copain?*), qu'il qualifiait avec l'aménité ordinaire de son style : *une cruche qui s'est cru une amphore...*

Un soir Flaubert demandait qu'elle était cette caricature, qu'il apercevait dans le coin d'un salon. Leconte de Lisle lui dit :

— Mais c'est ce Barbey d'Aurevilly qui nous a tant injuriés.

Flaubert examina la singulière poupée un instant, puis éclata de son gros rire :

— C'est lui!... il est comme ça! Hé bien! je suis vengé!

Autre anecdote de Leconte de Lisle sur Barbey d'Aurevilly :

Un jour, après le passage au salon en sortant de table, une spirituelle dame du monde désireuse de la commodité de ses invités déclara :

— Vous savez, messieurs, que vous êtes libres jusqu'au thé.

D'Aurevilly fit la bouche en cœur et devant tout le monde :

— Oh! moi, madame, j'ai une vessie d'airain.

Je rencontre Leconte de Lisle, rue Mazarine. Il sort de l'Académie et me raconte, tout chaud cette fois, un joli mot du duc d'Aumale à propos de brigues de toute espèce en faveur de recommandés ou recommandées pour le prix de vertu :

« Vraiment, messieurs, l'on se croirait à la cour ! ».

Puis ce second, du même prince, homme d'esprit :

« Oh! la monarchie! la monarchie! je sais aussi bien que n'importe qui ce qu'en vaut l'aune! Mais, que voulez-vous! on se doit à sa famille! »

Quelques pages de psychologie intime : un coin intérieur de Leconte de Lisle raconté par lui-même.

Peu d'hommes se livraient moins que le maître : les lignes qui vont suivre, presque sténographiées, peuvent donc être présentées comme un document rare en même temps que plein d'intérêt.

« Aujourd'hui (25 juillet 1892) je rencontre Leconte de Lisle sous les galeries de l'Odéon. Il fait, me dit-il, une promenade de désœuvré, broyant du noir. Ses pensées sont grises comme cet après-midi orageux, à ciel bas. Nous faisons les cent pas en causant. Peu à peu, le maître ramène notre conversation — par quelques généralitées pessimistes — à un ordre de préoccupations intellectuelles qui dominaient sa songerie avant notre rencontre et qui semble encore le tenir comme hypnotisé, en dépit de ses efforts pour se montrer causeur aimable :

« — Plus je vieillis, plus je m'aperçois que je ne sais rien... rien de rien. Nous sommes des inconscients nageant au sein de l'inconscient.

« Je cite la phrase de Renan :

« — *Nous sommes de simples fonctions de la nature :*

« Alors, dans un sourire pâle, pinçant les lèvres :

« — Dans ce cas, la plus vilaine des fonctions.

« Puis, repris tout à fait par une obsédente tension de souvenir :

« Vous ai-je conté mon aventure avec Tessié du Motey et de Flotte ?... C'est étrange comme elle me poursuit depuis quelques jours ! C'est au point que j'en arrive à perdre la conscience de ma personnalité et à douter si c'est bien moi qui vous parle en ce moment. Existai-je ? Etes-vous une réalité ? Quelque chose existe-t-il, est-il réel ? Du diable si je le sais !... Enfin voici l'histoire, puisque vous ne la connaissez pas.

« Et il commença avec une voix lointaine, faisant l'effet de venir du fond évoqué, de lui appartenir :

« — J'étais jeune, je débutai, attaché à la *Démocratie pacifique* et vivant dans un milieu de phalanstériens. J'habitais, rue des Beaux-Arts... Je note avec intention ce point. Du Motey qui, lui, demeurait rue de Rivoli, en face le jardin des Tuileries, m'avait invité à dîner chez lui ainsi que de Flotte. Au dessert, on me demande de réciter quelques pièces de poésie que je venais de faire paraître dans la *Revue indépendante*. J'opposai que je ne savais pas mes vers par cœur et que, naturellement, je n'avais pas de numéros de la revue sur moi.

« — Va chercher cela chez toi, me dit Tessié du Motey.

« Je me récriai :

« — Merci bien ! Les Tuileries sont fermées à cette heure : il me faudrait aller gagner, soit la place de la Concorde, soit le Carroussel !

« De Flotte s'écria :

— Bah ! une petite demi-heure !

... Tu es jeune ! tu as des jambes ! Nous t'attendrons en prenant le café. Tu nous feras grand plaisir. Allons ! un peu de courage !

« Je cédai, je pris congé momentanément de mes deux amis... Je me vois fermant la porte de l'appartement... Je me vois sur le palier... puis descendant jusqu'en bas les marches de l'escalier... puis : plus rien !.. Un vide absolu, une absence complète de moi-même. Cette courte période de mon existence plonge, se perd dans une nuit profonde, un indéfinissable *nihil*... Et me voilà remontant l'escalier, mes *Revues indépendantes* sous le bras. Je sonne.

« — Comment ! c'est toi ! Tu as renâclé !.. Mais non ! il a les revues !.. Tu les a donc retrouvées en bas dans ta poche !

« C'était du Motey qui s'exclamait. De Flotte se contenta de constater :

« — Il n'y a pas cinq minutes que tu es parti.

« Une réponse, aussi imprévue pour moi qu'elle pouvait l'être pour les autres, me monta comme d'elle-même aux lèvres, comme si un autre *moi* que le mien, agissant pour son compte, en moi, avait la clef du mystère et me la donnait, à moi-même, par mon intermédiaire :

« — Pour raccourcir, je me suis élevé dans les airs, j'ai volé par dessus les Tuileries.

« Je m'arrêtai et abasourdi par ce que je venais de dire, cherchant sur les visages de mes amis des traces de l'effarement que je devais sans doute leur avoir causé.

« Mais ils m'écoutaient très calmes, sans marquer la moindre surprise. Et comme c'était mes traits qui, vraisemblablement, exprimaient un effarement grandissant, de Flotte déclara tranquillement, l'air désireux de me rassurer :

« — C'était tout simple ! Tu as bien fait... J'en fais fort souvent autant pour aller chez toi. Il m'arrive fréquemment de m'envoler aussi par dessus les maisons ou les arbres.

« — Et je ne sentais pas la moindre moquerie dans le ton de ces paroles, et sa figure demeurait impassible. On eut pu croire qu'il parlait d'un simple tour sur les boulevards, la canne à la main..... J'eus, une seconde, l'abominable sensation que j'étais en train de devenir fou.

« Nous fîmes quelques pas en silence sur le trotoir, Leconte de Lisle et moi. Après quoi, il termina brusquement :

« — Encore à l'heure qu'il est, à l'instant où je vous parle, cette impression de folie m'oppresse, m'angoisse même. Je me répète intérieurement que j'ai dû être fou à une minute de ma vie et que je ne peux échapper à cette minute, l'effacer, qu'elle demeure en moi, le *moi* absurde, incompréhensible que je me figure être et qui n'est, peut être, en définitive, qu'une apparence chimérique emportée dans le tourbillion chaotique des choses.

« Comme nous nous serrions la main pour nous séparer, il ajouta :

« — Dire que, deux cents fois dans ma vie, j'ai été despotiquement ramené à ce souvenir de jeunesse, et toujours avec la même révolte intérieure, le même énervement, la même valse intellectuelle du vertige ».

XXXII

Sous l'Odéon. — Leconte de Lisle. — Caro. — Renan. — Meilhac. — Boissier. — Un chapitre de Zola. — Le porc épique. — Leconte de Lisle et Gustave Planche. — Knémides. — Au café de la rue des Quatre-Vents. — Vers portés à la *Revue des Deux-Mondes*. — Leconte de Lisle et sa santé. — Le vers moule de la pensée. — Pailleron, Montigny et l'*Age ingrat*.

Je me suis promené bien des fois avec Leconte de Lisle sous les galeries de l'Odéon. C'était entre une heure et deux de l'après-midi, soit avant qu'il se rendit à la bibliothèque du Sénat, soit avant qu'il allat à une séance de l'Académie.

L'entendre causer chez lui était exquis ; mais se livrer avec lui à une péripatéticienne digestion était encore vingt fois supérieur, surtout pour un chasseur d'anecdotes tel que je le suis.

Je pouvais questionner et il avait le loisir de me répondre. Que d'amusants souvenirs ! Il m'en revient quelques-uns à l'esprit.

Alors *Le monde où l'on s'ennuie* soulevait un monde de potins. Pailleron l'avait, disait-on, semé de personnalité. Entre autre, celle visant un professeur de philosophie sous le masque du Bellac de la pièce, avait failli, disait-on aussi, amener une démission devant faire du bruit. On nommait Caro. Je demandai à Leconte de Lisle s'il connaissait ce dernier. Il me répondit :

— Caro est un homme qui rougit modestement quand on parle du bon Dieu devant lui. Le bon Dieu, c'est son bien, sa chose, son œuvre. Il n'en est pas que le défenseur patenté, breveté avec garantie du gouvernement, il l'eut inventé s'il n'existait pas. Faute de mieux, il le démonte, le remonte, se monte et le démontre — pour dames —, le montre avec grâce, l'impose avec une autorité pleine de séduction, d'une voix un peu grosse, tant soit peu ecclésiastique que de grassouillettes mains accompagnent du geste spiritualiste qui convient.

Et ce profil de Renan :

— Tout petit... Un nez avec appendice.

Et cette riposte à Henri Meilhac.

Après une séance académique le fin Parisien pour qui les antiques théogonies manquaient du sérieux qu'elles ont dans les poèmes de Leconte de Lisle, qui ne les concevait qu'à travers la musique cascadeuse d'Offenbach, s'approcha du maître :

— Là, vraiment, vous croyez à ces dieux-là !

Leconte de Lisle s'inclina gravement :

— Comme aux autres.

— Vous... vous ne faites pas d'exception ?

Leconte de Lisle parut réfléchir, puis :

— Si.

Meilhac poussa un soupir de délivrance :

— Ah !

Il attendit, enfin hasarda :

— Et laquelle ?

Nouveau salut de Leconte de Lisle :

— J'ai des doutes sur la divinité de Jésus-Christ.

— Très amusant comme paradoxe ! Très joli ! très joli !

Leconte de Lisle opposa imperturbable :

— Je n'ai pas le moindre désir de paradoxe, je vous donne mon opinion, voilà tout.

Meilhac répéta involontairement :

— Voilà tout !...

Puis se décidant à prendre congé :

— Chacun son goût, c'est vrai, n'est-ce pas ? Il en est de cela comme du reste... comme du reste ! il en faut pour tous les goûts !

Et la réponse à Boissier, qui abordait toujours son collègue avec une affectation d'apparence légèrement dédaigneuse :

— Faites-vous toujours des *verses*, mon cher *poëte ?*

— Toujours, mon cher professeur *qui, quæ, quod.*

Boissier ne se servit plus, en serrant la main du poète que de la formule : « Bonjour mon cher monsieur Leconte de Lisle.

Revenons à l'Odéon.

Le maître se promène d'un pas nerveux, les muscles de la face contractés, l'œil exaspéré, allumé de courtes flammes sous le monocle. Il tient un journal à la main. M'apercevant, il se met à agiter la feuille du jour, d'un secouement fébrile irrésistible :

— Vous arrivez à propos ! Nous allons voir si vous approuvez et admirez encore !... C'est répugnant à plaisir ! d'un ignoble voulu, pourléché avec amour ! Ecoutez ! écoutez ceci ! Vous allez voir !

Dépliant alors son journal et se préparant à lire,

au rez-de-chaussée, le fameux chapitre de Zola, dans le roman *La Terre* : « Jésus-Christ était d'un naturel venteux...» :

— Prêtez l'oreille !

Et Leconte de Lisle commence, lit, lit, de sa voix bien timbrée, un peu chantante et scandante, avec son débit magistralement ample, lyriquement oratoire le feuilleton scatologique.

C'est une transformation complète du passage, un grossissement panthéistique procurant aux faits le jeu grandiose de forces de la nature. Les canonnades malpropres du héros venteux de Zola tournent à la tempête, plutôt à un formidable cyclone des mers des Indes.

Grêle, éclairs, foudre, nuées s'effondrant, rage d'ouragan mugissant, hurlant, tout y est. C'est un prodigieux cataclysme.

Je ne puis me contenir.

— Bravo ! bravo !

— Comment !... bravo !

— Superbe ! cher maître !

— Dégoûtant !

— Pas comme vous venez de le lire ! J'ai cru voir Zeus, assembleur de nuages, ébranlant l'Olympe d'un froncement de son sourcil courroucé.

— Mais, ce que j'ai lu...

— Je n'ai écouté qu'une chose, c'est le comme vous lisiez !... Un emballant lyrisme qui a tout primé, tout transposé, tout porté à un superbe diapason.

Le maître replia son journal :

— Moi, j'appelle ça une littérature de porc.

— De porc-*épique,* en ce cas, cher maître.

Leconte de Lisle, qui n'aimait guère les calembourgs, ne réprima pas une grimace :

— Allons faire un tour au Luxembourg, voulez-vous ?

Extrait d'un carnet de notes :

Leconte de Lisle me raconte (19 juillet 1892) comment il est entré en relations amicales avec Gustave Planche.

« Planche, me dit-il, était un esprit, somme toute, assez plat, bourré de pédantisme, plus capable de s'attacher aux points et virgules, plus susceptible de critique grammaticale ou rhétorique que de comprendre une originalité, de deviner l'éclosion d'un génie ; mais il avait une honnêteté professionnelle indiscutable dont j'ai bénéficié un jour.

« Je venais de publier les *Poèmes antiques* et il m'avait doctement éreinté dans un compte-rendu, tout en m'accordant courtoisement des qualités d'un ordre relevé. Les querelles qu'il me cherchait portaient sur des points de détails tout de langues. Il m'accusait d'avoir traduit en Français, d'avoir démarqué plutôt, mal à propos, des termes ayant une valeur d'adjectifs et de les avoir, en les francisant gauchement, mués en substantifs. Il citait entre autres mes *Knémides*, acceptées par tout le monde depuis, mais alors jugées par lui néologiquement, qui plus est illogiquement barbares.

« Planche se grisait presque tous les soirs au café des Quatre-Vents où se réunissaient aussi de vieux professeurs en *us* et en *os*, habitants du quartier des écoles. Or, l'un d'eux entreprit le critique sur sa critique qu'il lui prouva fausse. La traduction pouvait bien former dans notre langue un substantif grec. Planche était en défaut avec son *adjectif*.

« Gustave Planche se rendit aux arguments présentés et doucement avec une belle docilité :

« — Bien ! J'insérerai une rectification dans le prochain numéro de la revue.

« Et il fit comme il avait promis.

« J'allais le remercier au café des Quatre-Vents de son bon procédé. Il s'écria :

« — C'est vous ! Vous êtes Leconte de Lisle !... Et vous êtes venu pour cela ! Savez-vous que vous êtes un très brave et très gentil garçon ! Vous devez avoir quelques pièces de vers en portefeuille. S'il peut vous être agréable de les faire paraître à la Revue, c'est moi qui les présenterai... C'est très gentil ! très gentil ! ce que vous venez de faire !..... Oui, oui ! je me charge de vos vers dans la Revue.

« Et Leconte de Lisle termina ainsi :

« C'est de cette façon que divers morceaux de moi ont paru dans la *Revue des Deux-Mondes.* »

Si vous le voulez, nous allons aborder ensemble le Leconte de Lisle rencontré sur le boulevard Saint-Michel.

— Bonjour, maître.

— Tiens, c'est vous, comment allez-vous ?

— Et vous même, cher maître ?

— Moi ? mal.

Ici, léger mouvement de gêne pour les nouveaux présentés, sourire des amis. Il y a plus de quarante ans que les vieux camarades connaissent l'invariable réponse. Leconte de Lisle porte son pessimisme philosophique dans la question de sa santé. Il va comme le reste, c'est-à-dire qu'il ne *va pas du tout.*

— Mon ami ça ne va pas... pas du tout, du tout !

Le pessimiste s'est plaint, l'homme d'esprit se

garde bien d'insister : il sourit. Il n'en est pas moins convaincu, au fond, pour cela. Ce n'est que par bon goût qu'il nuance cette conviction d'un rien de scepticisme.

La Rochefoucauld a écrit à peu près que l'on supporte facilement les peines des autres : Leconte de Lisle sait que ce ne saurait être qu'à la condition qu'on ne parle pas de ses peines d'une façon trop suivie. Aussi glisse-t-il, se garde-t-il d'appuyer. Il s'excuse presque d'une mauvaise santé trop réelle.

Le tact de l'artiste esquive les lamentations si habituelles aux malades. La timidité joue également son rôle ici.

Il faut insister sur ce côté timide du poète de l'impassibilité. Nul n'a poussé plus loin que lui la pudeur de ce *moi* dont Montaigne a poursuivi toute sa vie l'enquête quoique le déclarant *haïssable*.

Quelques mots de pure littérature.

Dans sa conversation Leconte de Lisle procédait par phrases venues d'un seul jet, que ponctuait un déroulement scandé et sonore, tenant du vers, semblant regretter de n'en être pas un.

« La prose n'est pas mon fait, me déclara-t-il un jour ; mes idées s'y dispersent, s'y diffusent. J'ai besoin du moule du vers pour leur permettre de prendre corps. Le vers force à se concentrer, à résumer, à formuler. Il grave dans le souvenir ce qu'il exprime justement parce qu'il a obligé l'écrivain qui l'a fait à le graver, en quelque sorte, à le frapper au coin d'une matrice durable. »

Terminons ce chapitre, au début duquel il a été question de Pailleron, par une anecdote concernant cet auteur.

Le théâtre du Vaudeville ne battait que d'une

aile, depuis quelque temps. Son directeur d'alors —
son directeur par excellence devant la postérité —
Montigny, ne savait trop où donner de la tête.
Quand la guigne s'en mêle, on ne peut dire où cela
s'arrêtera, en fait d'exploitation dramatique. Pas un
auteur à succès sous la main, pas une pièce admissi-
ble à se mettre sous la dent. L'injustice du sort
bute en exaspérant. Montigny en arrivait au point
où l'on s'abandonne, où l'on loue le « destin de
ses coups redoublés », où l'on s'enferre même par
irritation, où l'on s'écrie : « Hé! que tout aille à
tous les diables et moi avec! »

M. Henri Mirault, l'ami de Dumas fils dont j'ai
eu l'occasion de parler à propos de ce dernier, ap-
prit par des racontars mondains que Pailleron avait
une pièce terminée en portefeuille et se demandait
sur quelle scène elle verrait la lumière... de la rampe.
Il était en liaison avec cet auteur, qui avait fait jouer
déjà, mais sans grand succès, un acte au Gymnase,
Le monde où l'on s'amuse, croyons-nous. L'auteur
était même demeuré en froid avec la direction depuis cette demi-chute. M. Mirault offrit d'aller chez
Pailleron pour voir ce qu'*il retournait* de son manuscrit.

— Et faites ce qui vous plaira! avait fini par permettre Montigny à la dérive et lâchant le gou-
vernail.

La pièce est acceptée. On la monte... parce qu'il
fallait monter quelque chose, mais sans aucune espèce d'enthousiasme. Et la preuve, c'est que ça
n'allait pas du tout aux répétitions... mais pas du
tout! Si bien que Pailleron se fâche :

— Cette troupe ne vaut pas quatre sous!... Je

retire ma comédie ! Nous courons au devant des sifflets !

Montigny s'emporte de son côté :

— C'est vous qui gênez tout ! Remportez tout ce que vous voudrez ! Vous n'allez pas m'apprendre ce que c'est que de mettre en scène ! Je sais aussi bien que vous que nous allons au devant d'un four !

— Parfait ! je fiche le camp !

— Bon voyage !

M. Mirault fait tampon, va de l'un à l'autre adversaire, calme diplomatiquement leur fureur :

— Mais oui, vous avez raison !... Vous aussi... Il comprendra. Il cèdera.

Finalement, il est convenu que Pailleron ira passer un mois à la campagne, que Montigny fera à sa fantaisie durant ce temps. Après quoi, une répétition aura lieu devant l'auteur, qui décidera s'il retire sa pièce ou non.

Durant ce mois, Montigny redevenu lui-même, le Montigny des beaux jours, fait si bien que..... que l'on sait le succès de *l'Age ingrat*, qui sauva le théâtre du Gymnase et lança définitivement Pailleron.

INDEX DES NOMS CITÉS

INDEX DES NOMS CITÉS

TABLE

TABLE

ACHEVÉ D'IMPRIMER

LE TRENTE SEPTEMBPE 1914

PAR

A. MAURIÈS, A RABASTENS-SUR-TARN

POUR

MM. G. CRÈS ET Cie

Éditions Georges CRÈS et Cⁱᵉ, 116, boul. St-Germain, PARIS

Publications d'Actualité

Collection "BELLUM"

Cette Collection a été créée pour donner à quelques-uns des meilleurs écrivains de ce temps l'occasion d'exprimer, sous une forme condensée, leurs opinions et leurs sentiments sur la guerre actuelle et l'une ou l'autre des graves questions qu'elle fait naître.

La Collection « BELLUM » ne comportera qu'un nombre restreint de volumes, tous de format petit in-16.

Prix : 1 fr. 75

Il est fait de chaque ouvrage un tirage de luxe : Chine, 6 fr.; Vieux Japon, 6 fr.; Japon, 5 fr.; Vélin de Rives, 3 fr. 50.

Paul ADAM. — **La Littérature et la Guerre.**

Maurice BARRÈS, de l'Académie française. — **Dix jours en Italie.**

Louis BARTHOU. — **L'Heure du Droit. France, Belgique, Serbie** (Portrait de l'Auteur).

Marcel BOULENGER. — **Le Cœur au loin.**

Marcel BOULENGER. — **Sur un tambour.**

Lucien DESCAVES, de l'Académie Goncourt. — **La Maison anxieuse** (Frontispice de R. Vallin).

Maurice DONNAY, de l'Académie française. — **La Parisienne et la Guerre** (Portrait de l'Auteur).

Maurice DONNAY, de l'Académie française. — **L'Impromptu du Paquetage**, pièce en un acte.

Ernest GAUBERT. — **Voix de Femmes.**

Remy DE GOURMONT. — **La Belgique Littéraire**

Remy DE GOURMONT. — **Dans la Tourmente** (Avril-Juillet 1915).

Charles GROLLEAU. — **Une Gloire de la Flandre : Guido Gezelle, prêtre et poète.**

, — La Guerre, Madame...

UN LIEUTENANT DE CHASSEURS. — **Les Chasseurs** (Chasseurs à pied, Alpins et Cyclistes).

Roland DE MARÈS. — **Le Miroir des Jours.**

Henri MASSIS. — **Impressions de Guerre** (Frontispice de Maurice Denis).

Pierre MILLE. — **En croupe de Bellone.**

N**. — **Lettres de l'Empereur écrites en 1916.** Préface de Paul Adam.

Guy DE POURTALÈS. — **A mes amis Suisses.**

Ch. SAROLEA. — **Le Réveil de la France.**

Joseph SCHŒWÆBEL. — **La Pentecôte à Arras** (Frontispice de l'Auteur)

Louis THOMAS. — **Avec les Chasseurs.**

Jean VARIOT. — **Petits Écrits de 1915.**

Jean VARIOT. — **Sainte Odile, patronne de l'Alsace, que l'on fête le 13 décembre.**

Émile VERHAEREN. — **Parmi les Cendres. La Belgique dévastée** (Frontispice de Huygens).

Collection " LES PROSES "

Volumes in-16 (12 × 19) imprimés sur vélin teinté.

Chaque volume, 3 fr. 50 franco.

Paul ABRAM. — **Le Retour.**

Paul ADAM. — **Dans l'air qui tremble** (dessins de Huygens).

Jean AJALBERT. — **Dans Paris, la Grand'Ville** (sensations de guerre).

Marcel AZAIS. — **La Lance d'Achille.**

Léon BARANGER. — **Les Contes arabes de Monsieur Laroze**

Léon BLOY. — **Sueur de Sang.**

Léon BLOY. — **Histoires désobligeantes.**

Léon BLOY. — **Jeanne d'Arc et l'Allemagne.**

COLETTE (Colette Willy). — **La Paix chez les Bêtes** (frontispice de Steinlen).

Émile DERMENGHEM. — **La Vie Affective d'Olivier Minterne.**

Édouard DRUMONT. — **Sur le Chemin de la vie** (souvenirs).

Élie FAURE. — **Les Constructeurs** (illustré).

Ernest GAUBERT. — **L'Amour marié** (*Prix national de littérature*).

Th. HARLOR. — **Liberté, liberté chérie...**

Henri HOPPENOT. — **Les Jeux de la vie et de l'illusion.**

J.-K. HUYSMANS. — **Marthe** (illustrations de Bernard Naudin).